Les outils de la stratégie

Éditions d'Organisation
Groupe Eyrolles
61, bd Saint-Germain
75240 Paris cedex 05

www.editions-organisation.com
www.editions-eyrolles.com

Pour contacter les auteurs
jbojin@alum.mit.edu
jmsconsultants@noos.fr

PRÉCÉDENTS OUVRAGES DE JACQUES BOJIN

– *1001 citations pour le manager entrepreneur,* illustré par HELBÉ, Éditions d'Organisation, Paris 2000, 272 pages.

En collaboration avec Sandrine GELIN

– *Intervenir en public,* Éditions d'Organisation, Paris 2003, 312 pages.

En collaboration avec Marcel DUNAND

– **Documents et Exposés Efficaces** – *Messages, Structures du Raisonnement, Illustrations graphiques,* Éditions d'Organisation, Paris 1982, 190 pages.
– **Dites-le avec des messages** – *Méthodes et Techniques Avancées de Communication Professionnelle,* Éditions Dunod, Paris 1993, 384 pages, (1ère édition).
DEF Internationnal, Paris 1996, 384 pages (2e édition) et Paris 1999, 392 pages (3e édition).

PRÉCÉDENTS OUVRAGES DE JEAN-MARC SCHOETTL

– *Les sociétés de commerce international et l'exportation,* Éditions du Necci, 1980.
– *Réaliser un benchmarking – Se comparer aux meilleurs pour progresser,* INSEP Consulting, Paris 2003.

Les polices de caractères sont deux polices d'Adobe : ITC Friz Quadrata™ pour le texte courant et Futura™.

La mise en page a été effectuée sur FrameMaker™.

ISBN : 2-7081-3287-3

Jacques BOJIN et Jean-Marc SCHOETTL

Les outils de la stratégie

Deuxième tirage 2006

Éditions d'Organisation

D'UN COUP D'ŒIL

STRATÉGIES CLASSIQUES
RESSOURCES & COMPÉTENCES
MODÈLE DELTA
SEGMENTATION
ATTRAIT DU SEGMENT
CONDITIONS DE RÉUSSITE
ORIENTATIONS D'ACTION
CROISSANCE/ PART DE MARCHÉ
MATURITÉ/ POSITION CONCURRENTIELLE
ATTRAITS ATOUTS
APPORTS & LIMITES
SEPT DIMENSIONS ORGANISATION
ÉVOLUTION PLANIFICATION
MISE EN ŒUVRE

SOMMAIRE

L'analyse stratégique

Délimiter un segment

Évaluer l'attrait d'un segment

Déterminer les conditions à remplir pour réussir dans un segment

La mise en œuvre, clé de la réussite

Les sept dimensions de l'organisation

L'évolution de la planification stratégique

Appendices

AVANT-PROPOS ET REMERCIEMENTS

Les vraies richesses sont les méthodes.

Nietzsche

L'objectif de cet ouvrage est de mettre à la disposition des managers, des équipes de stratégie des entreprises ainsi que des consultants et des étudiants en management, un ensemble de méthodes et d'outils éprouvés de réflexion stratégique, sous une forme facilement utilisable.

Il est le fruit d'un travail auquel ont été associés de nombreux consultants et formateurs[1].

La théorie existe pour que chacun n'ait pas, chaque fois, à mettre de l'ordre et à se frayer une voie, mais trouve les choses ordonnées et éclairées : elle est destinée à éduquer l'esprit du futur chef de guerre.

Clausewitz

En effet, il est tiré, en particulier, des manuels de formation internes du groupe ABC, complétés de l'expérience accumulée par les auteurs au cours de leurs interventions, ainsi que des derniers développements en matière de réflexion stratégique.

Les auteurs remercient ici tous les membres d'ABC qui ont contribué à cet ouvrage.

1. Du Groupe ABC et de sa filiale de formation DEF International.

D'UN COUP D'ŒIL

INTRODUCTION

La stratégie à travers un exemple : la Swatch

- Une stratégie d'entreprise reflète un choix...
- ... qui engage l'entreprise à long terme
- La stratégie repose sur l'anticipation des évolutions de l'environnement et de la concurrence
- La stratégie est construite à partir des ressources et des compétences clés de l'entreprise
- La stratégie vise à créer une position unique pour l'entreprise par la recherche d'avantages compétitifs
- La stratégie concerne le périmètre d'activité de l'entreprise
- Les choix stratégiques se traduisent en termes d'engagement et d'allocations de ressources

Définir une stratégie : un travail rigoureux et approfondi

- Le positionnement stratégique d'une activité matérialise sa philosophie de développement
- L'analyse stratégique permet de rassembler tous les éléments nécessaires à la mise au point de la stratégie
- L'analyse de portefeuille permet de différencier les stratégies des différentes activités d'une entreprise
- La mise en œuvre constitue la clé de la réussite d'une stratégie
- La mise en œuvre doit être organisée

INTRODUCTION

Dans un univers concurrentiel, la stratégie est une combinaison des objectifs que s'efforce d'atteindre la firme et des moyens par lesquels elle cherche à les atteindre.

Michael Porter

L'art de la stratégie consiste à rechercher, dans chacun des domaines d'activité dans lesquels l'entreprise est présente, la construction d'un avantage concurrentiel déterminant, c'est-à-dire décisif, durable et défendable.

L'élaboration d'une stratégie engage toujours le devenir d'une entreprise et de ses dirigeants : c'est un moment crucial dans la vie de l'entreprise.

Aussi la stratégie a-t-elle longtemps été l'apanage de l'équipe dirigeante de l'entreprise. Mais aujourd'hui, son élaboration s'est largement diffusée dans l'organisation, car un bon manager a besoin de savoir "où il va" et pourquoi, et d'avoir participé à la réflexion qui a conduit à définir ses objectifs.

Faire de la stratégie, c'est ainsi :

- *définir des objectifs d'activité ;*
- *préciser les moyens nécessaires pour les atteindre (financiers, humains, techniques) ;*
- *s'engager sur un horizon de temps.*

Pour arriver à ces choix stratégiques, de nombreuses analyses préalables sont nécessaires :

- *analyse des activités, des produits, de leurs marges et de leurs utilisateurs ;*
- *analyse des ressources et compétences de l'entreprise ;*
- *analyse des coûts et des sources de différenciation à partir de la valeur ajoutée.*

L'histoire des différentes "écoles" de réflexion stratégique s'étend sur de nombreuses années. Chacune a apporté son lot de méthodes et d'outils intéressants pour effectuer ces analyses et les mettre en perspective.

Cet ouvrage a pour seule ambition de les présenter de manière synthétique, mais pratique et immédiatement utilisable.

Annexe 1

La Swatch :
un succès
foudroyant
de l'horlogerie
helvétique

La Swatch

LA STRATÉGIE À TRAVERS UN EXEMPLE : LA SWATCH

Après avoir longtemps dominé le marché mondial de la montre, l'industrie horlogère suisse est confrontée, en 1983, à une crise grave : le Japon envahit le marché avec des montres à cristaux liquides à bas prix. L'expérience accumulée en mécanique de précision se révèle inadaptée pour contrer cette offensive par l'électronique. De 94 millions de montres fabriquées en 1974, la production suisse chute à 45 millions en 1983. La crise tourne à la catastrophe sociale avec la perte de 60 000 emplois.

La riposte de l'industrie est connue : elle s'appelle Swatch. Elle a été conçue par un visionnaire, NICOLAS HAYEK, qui sera également à l'origine de la Smart. Elle prend à revers l'industrie japonaise en l'attaquant sur son propre terrain avec une démarche véritablement innovante : une montre à bas prix, un design unique, une technologie nouvelle, un effort majeur de marketing.

Swatch connaît un succès foudroyant et s'impose aujourd'hui dans le monde entier en réalisant 94 % de son chiffre d'affaires à l'export. Parmi ses principaux marchés : États-Unis, France, Italie, Royaume-Uni, Allemagne. Hier réputée invincible, l'industrie horlogère japonaise est désormais sur la défensive.

L'approche de Swatch est illustrative d'une stratégie d'entreprise pertinente *(Annexe 1).*

Une stratégie d'entreprise reflète un choix…

Une stratégie est un choix, compte tenu, d'une part de l'évolution anticipée de la concurrence et de l'environnement et, d'autre part, des compétences et ressources de l'entreprise portant sur :

- Les domaines dans lesquels l'entreprise s'engagera ;
- La nature et l'intensité de cet engagement en termes de ressources humaines et financières à consacrer ;
- Les avantages concurrentiels à développer ou acquérir, pour réussir ;
- Les orientations et modalités de mise en œuvre de ces choix : fusions, acquisitions, alliances, etc.

… qui engage l'entreprise à long terme

Swatch a réalisé un certain nombre de choix radicaux :

- Positionnement prix faible, ce qui est paradoxal pour une fabrication réalisée en Suisse ;
- Nouveau procédé de fabrication qui permet de réduire le nombre de pièces d'horlogerie de 150 à 50 ;
- Design unique avec appel à des designers internationaux pour faire du produit un objet de mode ;
- Effort majeur de marketing, avec 15 % du chiffre d'affaires en publicité ;
- Abandon des bijoutiers traditionnels au profit d'une distribution propre dans les corners des grands magasins, etc.

L'entreprise a, en fait, repensé radicalement la manière d'exercer son métier de fabricant.

Il n'y a pas de stratégie sans choix. En d'autres termes, il n'y a pas de stratégie, si l'on ne "renonce pas à quelque chose". Dans ce sens, la stratégie demande du courage pour opérer les arbitrages qui mettront l'entreprise en position favorable pour le futur. Ce choix est d'autant plus difficile qu'il repose sur une vision à long terme : il s'appuie sur des anticipations, voire sur des convictions, quant aux transformations d'un secteur industriel.

Pour ces raisons, certains préfèrent orienter leur action sur des réponses opérationnelles de court terme. Ils évitent ainsi l'exercice difficile sur les choix stratégiques. Pourtant, seule la stratégie peut permettre de mettre l'entreprise dans une position unique qui la différencie nettement de ses concurrents et construire des avantages compétitifs durables.

La stratégie repose sur l'anticipation des évolutions de l'environnement et de la concurrence

Anticipation de l'évolution de l'environnement

La stratégie de Swatch est le fruit d'une compréhension en profondeur des mécanismes qui régissent l'industrie de la montre et des tendances lourdes dans le comportement des clients. En effet, en analysant l'industrie de la montre, on découvre que :

- **L'essentiel de la valeur ajoutée se déplace de plus en plus vers l'aval,** dans le boîtier, la commercialisation et la distribution ; sur un prix de marché de 300 SF, les composants électroniques ne représentent plus que 15 SF.
- **Le statut de la montre auprès des clients se modifie profondément :** la montre devient un accessoire de mode, un objet créatif et *fun* ; ce n'est plus un objet de valeur destiné à durer toute une vie, mais un produit de consommation courante, aussi décoratif que fonctionnel.

Le choix stratégique suppose une appréhension des évolutions, voire des ruptures, qui peuvent transformer l'entreprise et son secteur industriel : évolution des attentes/comportement des clients, émergence de nouvelles technologies, changement des circuits de distribution, globalisation des marchés, etc.

Anticipation des stratégies des concurrents

Ce choix exige aussi d'identifier et d'imaginer les stratégies des concurrents actuels et potentiels :

- Qui seront les concurrents à terme ?
- De quels horizons peuvent-ils venir ?
- Quelles stratégies vont-ils concevoir pour prendre des positions sur les marchés du futur et attaquer l'entreprise ?
- Peut-on se mettre à leur place et imaginer ces attaques pour les anticiper et les rendre inopérantes ?

Ces transformations dessinent une “nouvelle carte du futur”, qu’il s’agit de tracer en remettant en cause l’idée que le futur ne sera qu’une simple transposition ou extrapolation de la situation actuelle. D’où un effort pour abandonner des idées toutes faites sur la situation du marché et de la concurrence et une réelle capacité de “clairvoyance” pour imaginer différents scenarii d’avenir.

Ainsi, les décisions stratégiques sont généralement élaborées en situation d’incertitude : elles consistent le plus souvent à choisir des orientations en fonction d’une situation future, par nature incertaine.

La stratégie est construite à partir des ressources et des compétences clés de l’entreprise

La stratégie de Swatch est bâtie sur l’identification des compétences clés distinctives de l’industrie européenne et de ses alliés par rapport à celle des Japonais et, notamment, ses savoir-faire dans la création, le design et marketing. Swatch capitalise sur plusieurs siècles et sur un savoir-faire artistique accumulé en Europe.

La stratégie est à la fois “déduite” des conditions de son environnement et de sa concurrence et “construite” à partir des compétences clés et ressources de l’entreprise. Cela signifie que l’on ne se contente pas de vérifier que des ressources sont disponibles ou mobilisables afin de tirer avantage d’une opportunité existante, mais bien qu’il convient d’identifier les ressources et les compétences qui pourront servir de socle à la création de nouvelles opportunités.

Aussi, la stratégie ne doit pas seulement être considérée en termes d’adéquation entre les ressources et compétences de l’organisation et les opportunités actuelles, mais également en termes d’obtention et de contrôle de nouvelles ressources, afin de développer des opportunités futures.

La stratégie vise à créer une position unique pour l'entreprise par la recherche d'avantages compétitifs

La plupart des échecs d'entreprise ont aujourd'hui pour cause des stratégies erronées. L'élaboration d'une stratégie ne se réduit pas à un exercice théorique et formel : c'est une démarche concrète, réussissant à combiner les faits, les calculs, l'intuition, le leadership, etc., ce qui demande le savoir-faire d'un métier, s'appuyant sur toutes les théories.

Octave Gélinier

Swatch au lieu d'affronter directement l'électronique japonaise et essayer de rivaliser avec elle sur le plan opérationnel, innove dans l'approche des marchés. Swatch attaque le marché en s'appuyant sur de nouveaux facteurs de succès, notamment le design de la montre et le marketing. En imposant sa règle du jeu, Swatch acquiert un avantage majeur auquel la concurrence peut difficilement riposter.

Les choix stratégiques sont conçus pour la recherche d'un positionnement profitable, soit par rapport aux fournisseurs, soit par rapport aux concurrents, de manière à obtenir un avantage sur le marché. Seuls, des choix stratégiques pertinents permettent aux entreprises de se distinguer de la concurrence. Peu de sociétés s'imposent longtemps sur leur marché par la seule efficacité opérationnelle et, ceci, pour deux raisons :

- **De bonnes pratiques se diffusent rapidement** entre entreprises concurrentes, tendant à gommer les avantages respectifs ;
- **Les entreprises tendent à s'imiter l'une l'autre ;** plus les sociétés procèdent à l'évaluation de leurs performances respectives, plus leurs approches se ressemblent et plus, finalement, elles apparaissent comme semblables.

La concurrence fondée sur la seule efficacité opérationnelle est donc destructrice dans la mesure où elle se traduit par des guerres d'usure qui ne peuvent se résoudre que par une imitation de cette même concurrence.

La stratégie concerne le périmètre d'activité de l'entreprise

La décision stratégique touche les domaines d'activité où l'entreprise entend entrer en concurrence et ceux où elle préfère y renoncer. Par analogie avec la stratégie militaire, il s'agit de déterminer les "champs de bataille" et les "positions" à prendre, en fonction de leur intérêt économique, mais aussi des atouts dont l'entreprise dispose pour y réussir ; chaque champ de bataille possède ses propres lois de succès. Pour poursuivre l'analogie avec la stratégie militaire : les combats en mer, dans le désert, dans la jungle, exigent chacun des ressources et des compétences radicalement différentes.

Le problème du périmètre est fondamental dans les décisions stratégiques, car il est lié à la manière dont les managers conçoivent les frontières de leur organisation, sa nature et son propos.

Les choix stratégiques se traduisent en termes d'engagement et d'allocations de ressources

Swatch a réalloué ses efforts sur les maillons aval de l'activité horlogère : le design de la montre, le marketing et la distribution.

Un choix stratégique se traduit nécessairement par une nouvelle allocation de ressources entre activités, marchés, étapes de la chaîne de valeur etc. Un des principes fondamentaux de la stratégie hérité de la stratégie militaire consiste à concentrer les ressources sur des marchés bien choisis pour "basculer l'adversaire" ou transformer les conditions de marché à son avantage. Il y a bien évidemment un risque à vouloir s'engager sur un nombre de "fronts" trop important et disperser ainsi ses ressources.

En d'autres termes, l'allocation des ressources est révélatrice de la stratégie effectivement mise en œuvre ; au-delà du discours des dirigeants qui décrit une stratégie "explicite", les choix d'allocation de ressources mettent en lumière la stratégie "implicite" effectivement conduite.

DÉFINIR UNE STRATÉGIE : UN TRAVAIL RIGOUREUX ET APPROFONDI

On ne peut se passer d'une méthode pour se mettre en quête de la vérité des choses.

Descartes

Cet ouvrage reprend l'ensemble des analyses qu'il faut mener à bien pour effectuer un travail sérieux de définition d'une stratégie pour une entreprise, qu'elle soit mono activité ou diversifiée.

Il comprend quatre parties :

- Le positionnement stratégique,
- L'analyse stratégique proprement dite,
- L'analyse de portefeuille,
- La mise en œuvre.

Pour bâtir haut, il faut creuser profond.

Proverbe mongol

Bien que l'analyse stratégique précède généralement le positionnement, nous avons préféré commencer par celui-ci pour des raisons pratiques. En effet, cette partie permet de mettre directement en perspective tous les travaux d'analyse qui seront effectués par la suite, en décrivant le but à atteindre.

Par ailleurs, nombre d'entreprises sont déjà assez avancées dans leur réflexion et dans leurs analyses, et disposent ainsi des éléments nécessaires pour réfléchir directement à leur positionnement.

Le positionnement stratégique d'une activité matérialise sa philosophie de développement

Au cours du dernier quart de siècle, on a assisté à une évolution marquée des grands types de positionnement stratégique, reflétant des différences profondes de philosophie.

Dans les années 80, quatre grands types de stratégies de guerre contre les concurrents

À la suite des travaux de PORTER, la stratégie consistait essentiellement à se battre contre ses concurrents. L'objectif essentiel était d'obtenir un avantage concurrentiel par des manœuvres stratégiques.

La démarche met donc l'accent sur les stratégies de position : choix du champ de bataille (l'ensemble du marché ou des créneaux), choix des avantages concurrentiels recherchés (coûts les plus faibles ou différenciation), puis choix des adversaires et des alliés, choix dans l'allocation des ressources, etc.

Les stratégies correspondantes peuvent ainsi se classer en quatre grands types :

- Dominer par les coûts,
- Éviter la concurrence directe, en se concentrant sur une "niche",
- Apporter une valeur supérieure au client (le "plus client"), et
- Déstabiliser à son avantage les conditions du marché (la "révolution").

Dans les années 90, l'accent est mis sur les compétences et les ressources de l'entreprise

Vers la fin des années 80, HAMEL et PRALAHAD développèrent une nouvelle approche qui mettait l'accent sur le mouvement, sur le choix d'une orientation à long terme et sur l'acquisition, par l'entreprise, des ressources et des compétences nécessaires pour :

- Se différencier de ses concurrents,
- Déployer ses activités,
- Innover,
- Disposer d'une flexibilité suffisante pour s'adapter aux évolutions de son environnement et aux stratégies de ses concurrents.

Le modèle Delta met l'accent sur le renforcement des liens avec les clients

Le plus récent des "modèles" stratégiques, le modèle Delta, développé par HAX et WILDE a comme principe fondamental le renforcement des liens avec les clients et non la guerre avec les concurrents.

Il propose trois grands types de positionnement (qui se subdivisent eux-mêmes en deux ou trois options) :

- Le meilleur produit,
- La meilleure solution client,
- Le verrouillage du système.

Par ailleurs, c'est un modèle très complet, qui intègre et réconcilie l'ensemble des approches de ses principaux prédécesseurs. C'est la raison pour laquelle nous l'avons particulièrement développé dans cet ouvrage.

L'analyse stratégique permet de rassembler tous les éléments nécessaires à la mise au point de la stratégie

Le processus d'analyse stratégique se déroule en quatre étapes.

Segmentation

Segmenter les activités, c'est les découper suivant une logique qui permet de mener à bien l'analyse stratégique.

Cette segmentation ne correspond pas obligatoirement à la logique de l'organisation, ni aux besoins des études marketing. Mais, la réussite de l'analyse stratégique dépend de sa pertinence.

Évaluation de l'attrait des segments

Une fois les segments définis, il s'agit d'évaluer leur attractivité pour l'ensemble de l'industrie concernée, et non seulement pour l'entreprise concernée.

Conditions de réussite et atouts de l'entreprise

L'étape suivante consiste à identifier les facteurs clés de succès, c'est-à-dire les deux ou trois facteurs à maîtriser pour devenir leader (ou le rester) sur le segment.

Ceci permettra ensuite d'évaluer la compétitivité de l'entreprise, c'est-à-dire ses chances de réussite, en fonction des atouts qu'elle possède, ainsi que de ses faiblesses.

Recommandations d'action

L'analyse de l'écart (le "gap") entre les performances actuelles de l'entreprise et ses objectifs stratégiques permet alors d'identifier les actions nécessaires pour renforcer ses forces et corriger ses faiblesses.

L'analyse de portefeuille permet de différencier les stratégies des différentes activités d'une entreprise

Démarche complémentaire de la segmentation, l'analyse de portefeuille se donne pour but de maîtriser l'ensemble de l'activité d'une entreprise diversifiée, en déterminant la position relative de chaque segment et son évolution souhaitable, puis d'allouer les ressources de l'entreprise en fonction de celle-ci.

Il existe différents modèles d'analyse de portefeuille, la plupart issus des travaux des grands cabinets de conseil anglo-saxons. Ces modèles sont formalisés sous forme de matrices.

Il n'y a pas une méthode unique pour étudier les choses.

Aristote

Une construction suivant trois principes similaires

- **Une segmentation par métiers**

  Sous des noms divers, le "métier" recouvre un concept identique :

  - le segment stratégique pour le Boston Consulting Group,
  - le Centre de Stratégie pour Arthur D. Little,
  - la Strategic Business Unit pour McKinsey.
  - le Domaine d'Activité Stratégique pour ABC…

- **Une évaluation sur deux dimensions**

  Ces matrices permettent toutes une évaluation du segment sur deux dimensions :

  - l'attrait économique,
  - la position concurrentielle de l'entreprise sur ce segment.

- **Des choix stratégiques fondés sur la position dans la matrice**

  Elles proposent des choix stratégiques de développement, de maintien ou d'abandon, en fonction de la position du segment dans la matrice, construite à partir des deux dimensions envisagées.

La valeur de tout système dépend de la façon dont celui-ci est utilisé, et la gestion du portefeuille d'activités, qui a été beaucoup critiquée par des personnes qui ne l'avaient pas réellement mise en pratique, ne fait pas exception à la règle.

Ken Ohmae

Des critères d'évaluation différents

Ces matrices diffèrent cependant dans le choix des critères d'évaluation retenus :

- **Le BCG** considère que chacun de ces paramètres peut être évalué par un facteur unique :
  - l'attrait de l'activité en fonction de la croissance de son marché,
  - ses atouts par sa part de marché relative.
- **Arthur D. Little** met en relation :
  - le stade de maturité des secteurs d'activité,
  - la position concurrentielle de la société c'est-à-dire la "force" d'une unité par rapport à ses concurrents.
- **McKinsey** part du principe que les critères de mesure varient selon les industries et les entreprises et utilise une approche multicritères :
  - l'attrait d'une activité peut s'apprécier en fonction de la taille du marché (et non seulement de sa croissance), sa rentabilité moyenne actuelle et potentielle, l'intensité de la concurrence, la cohérence avec la mission de l'entreprise, etc.,
  - les atouts s'évaluent en considérant la performance de l'entreprise par rapport aux facteurs clés de réussite, etc.

Enfin ces matrices se distinguent par le type d'implications, donc de prescriptions, qui découlent de la position sur la matrice.

La mise en œuvre constitue la clé de la réussite d'une stratégie

Enfin, l'articulation entre l'étude stratégique et la mise en œuvre de ses conclusions constitue une phase critique.

Il faut d'abord savoir ce que l'on veut ; il faut ensuite avoir le courage de le dire ; il faut enfin avoir l'énergie de le faire.

Clémenceau

Les praticiens se sont rendus compte que les résultats chiffrés, en particulier sous forme de matrices découlant de l'analyse de portefeuille, devaient, pour ne pas rester lettre morte, s'accorder avec la dimension humaine de l'entreprise. Le *hard* et le *soft,* le quantitatif et le qualitatif méritent d'être traités de front pour que la stratégie se traduise à tous les niveaux de l'organisation et dans le comportement de chacun de ses membres.

Une mise en œuvre suivant plusieurs dimensions

La stratégie n'est qu'une des dimensions de la gestion de l'entreprise. Elle est intimement liée aux six autres :

- La structure,
- Les systèmes,
- La culture commune *(Shared values),*
- Le style de direction,
- Le personnel *(Staff),*
- Le savoir-faire *(Skills).*

C'est ce que McKinsey appelle les sept "S", de leur initiale en anglais.

Chacune de ces dimensions nécessite une attention particulière si l'on veut réussir la mise en œuvre de la stratégie.

Annexe 2

Aux États-Unis, on a observé une relation claire entre qualité de la réflexion stratégique et résultats des sociétés

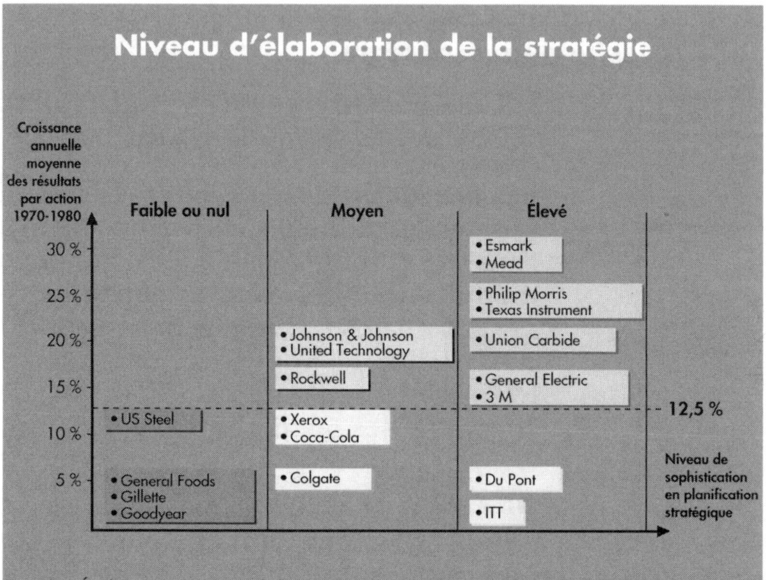

Source : Étude ABC – Ministère de l'Industrie.

Une sophistication croissante des entreprises

Mise à part l'évolution des méthodes, la réflexion stratégique dans les entreprises a connu plusieurs stades et seules un certain nombre de grandes entreprises ou d'entreprises moyennes très en avance se situent au stade le plus avancé. L'expérience prouve qu'il existe une relation assez nette entre la qualité de la réflexion stratégique et les résultats des entreprises *(Annexe 2).*

Ces stades se différencient essentiellement par la manière dont le système de gestion s'articule avec la réflexion stratégique, selon :

- Le type d'informations recueillies,
- Les outils de prévision,
- L'implication des différents acteurs dans le processus (fonctionnels, opérationnels, direction générale).

On distingue généralement quatre stades :

- **Le premier stade est celui de la planification budgétaire.** C'est le reflet d'une gestion assez élémentaire, de type comptable, axé principalement sur les coûts, avec des objectifs peu formalisés.

  La réflexion stratégique, le cas échéant, fait partie du domaine réservé de la direction générale.

- **Le stade suivant est celui de la planification financière** par fonction. On considère alors qu'un plan à trois ans est, en fait, un budget pluriannuel, c'est-à-dire un exercice qui consiste à extrapoler le budget annuel.

  Il s'agit essentiellement d'un exercice réalisé par des fonctionnels.

- **Le troisième stade est celui de la planification intégrée.** Elle s'appuie sur un véritable "plan stratégique", axé sur un diagnostic détaillé, des analyses approfondies et chiffrées.

  Le plan est également réalisé par des fonctionnels, mais en liaison avec les opérationnels. Par ailleurs, il favorise les liaisons et synergies transversales. Le budget annuel est devenu la première année du plan, en plus détaillé.

- **Le stade le plus avancé est celui du management stratégique.** Le processus d'intégration entre opérationnels, financiers et planificateurs est ici nettement plus abouti.

  L'objectif fondamental est ici la création de valeur.

La mise en œuvre doit être organisée

Le management stratégique se caractérise par un dialogue qui permet d'harmoniser et d'équilibrer la vision d'ensemble au niveau du groupe et la vision détaillée au niveau des unités.

Tout le succès d'une opération réside dans sa préparation.

Sun Tsé

Le processus de négociation des objectifs aboutit à :

- Des plans qui descendent en cascade : entreprise, divisions, départements, unités...
- Des plans d'actions détaillés réalisables à court et à moyen termes.

Les plans s'articulent avec la gestion courante et les budgets ; ces derniers correspondent à la "mise en musique" détaillée de la première partie des plans.

Enfin, Les plans de chaque unité doivent, à leur tour, être décomposés en programmes d'actions individuels, au niveau de chaque responsable à l'intérieur d'une unité.

Ce processus peut paraître un peu lourd. Mais, dans une grande entreprise, c'est le seul moyen pour que la stratégie de l'entreprise se reflète effectivement dans les faits et que la vision qui lui a donné naissance se trouve réalisée.

LE POSITIONNEMENT STRATÉGIQUE

LES STRATÉGIES CLASSIQUES

LA STRATÉGIE FONDÉE SUR LES RESSOURCES

LE MODÈLE DELTA, UNE APPROCHE NOVATRICE ET EXHAUSTIVE

LES CHOIX STRATÉGIQUES

D'UN COUP D'ŒIL

LES STRATÉGIES CLASSIQUES

Dominer par les coûts

- Considérer la réduction des coûts comme le principal levier d'action
- Orienter en priorité les efforts de l'entreprise vers la minimisation des coûts complets
- S'appuyer sur l'accumulation de l'expérience
- Exploiter systématiquement des leviers de compétitivité sur la chaîne de valeurs

Éviter la concurrence directe

- Identifier les créneaux où l'on peut bénéficier d'un avantage concurrentiel
- Utiliser des critères de découpage extrêmement divers

Apporter une valeur supérieure au client

- Dominer le marché par une différentiation
- Se concentrer sur la valeur à apporter au client
- Définir les nouvelles orientations en fonction de cette valeur

Déstabiliser à son avantage les conditions du marché

- Remettre en cause les schémas traditionnels
- Anticiper les tendances de l'environnement
- *L'exemple Ikea*
- *L'exemple Benetton*

LES STRATÉGIES CLASSIQUES

Comprenez comment les stratégies naissent par opposition à comment elles sont censées être formulées.

Henry Mintzberg

Les stratégies classiques sont celles qu'une entreprise met généralement en œuvre pour construire (ou conserver) un avantage concurrentiel.

Elles sont au nombre de quatre :

- *Dominer par les coûts ;*
- *Éviter la concurrence directe ;*
- *Apporter une valeur supérieure au client ;*
- *Déstabiliser à son avantage les conditions du marché.*

Elles se distinguent les unes des autres par la réponse qu'elles apportent aux deux questions suivantes :

- *Où affronter la concurrence, c'est-à-dire, quel est le champ de bataille ?*
  - *Sur des créneaux,*
  - *Sur le marché dans son ensemble ;*
- *Comment affronter la concurrence, c'est-à-dire, quelles sont les règles du jeu ?*
  - *En prenant l'avantage sur les coûts,*
  - *En prenant l'avantage par une différenciation ou par une innovation.*

Annexe 1

Premier type de stratégie : être le producteur aux coûts les plus compétitifs sur le marché

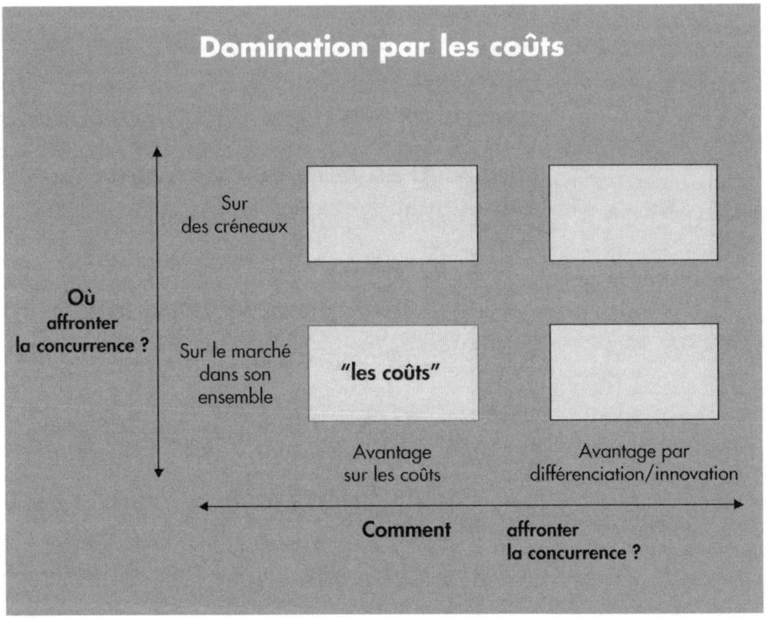

Annexe 2

La réduction des coûts est souvent considérée comme le principal levier d'action

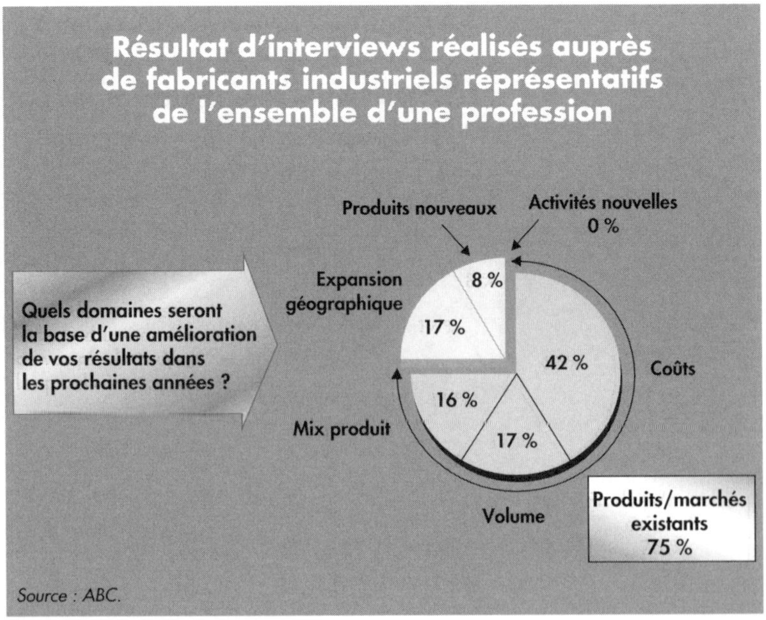

DOMINER PAR LES COÛTS

Il s'agit de la stratégie type la plus évidente. Par son intermédiaire, une entreprise entreprend de devenir le producteur aux coûts les plus faibles de son secteur, en s'attaquant au marché dans son ensemble *(Annexe 1)*.

L'entreprise vise alors une cible large et l'étendue de son activité est importante.

Considérer la réduction des coûts comme le principal levier d'action

La stratégie de domination par les coûts est la première qui vient à l'esprit *(Annexe 2)*.

Elle prend des formes différentes selon les secteurs d'activité et nécessite que l'on distingue les variables clé.

Par exemple :

- **Dans le domaine des téléviseurs,** la domination par les coûts exige :
  - la recherche d'économies d'échelle,
  - une technologie exclusive,
  - un accès préférentiel aux matières premières.
- **Dans le secteur des services de surveillance et de sécurité,** elle repose sur :
  - des frais généraux faibles,
  - une source abondante de main d'œuvre à bon marché,
  - des procédures efficaces de formation en raison du taux de rotation élevé du personnel.

Orienter en priorité les efforts de l'entreprise vers la minimisation des coûts complets

Pour minimiser les coûts complets, il faut diriger les efforts de l'entreprise, à la fois, sur la partie fixe et la partie variable des coûts.

L'important, c'est d'avoir une stratégie très claire : notre croissance repose sur la réduction constante des coûts, sur la qualité, la mondialisation et une technologie avancée.

Noël Goutard

C'est une stratégie gagnante pour le concurrent dont les coûts sont les plus bas du secteur, avec un produit qui répond néanmoins de façon acceptable aux besoins les plus importants de la plupart des clients.

Par exemple :

- **Besnier** avec le camembert "Président", dont les coûts sont les plus faibles de la profession avec un produit d'une qualité acceptable, correspondant aux besoins de la plupart des ménagères.
- **Maisons Phénix** qui s'est imposé sur un produit standard, la maison individuelle préfabriquée, avec les coûts les plus faibles pour une qualité moyenne, mais qui convient à un grand nombre de candidats à la propriété.

Cette stratégie implique une grande rigueur et une recherche systématique de réduction des coûts. Elle doit s'appuyer sur une culture d'entreprise correspondante : rigueur, discipline et frugalité.

Annexe 3

On a observé empiriquement que le concurrent qui a le plus d'expérience a généralement les coûts les plus bas

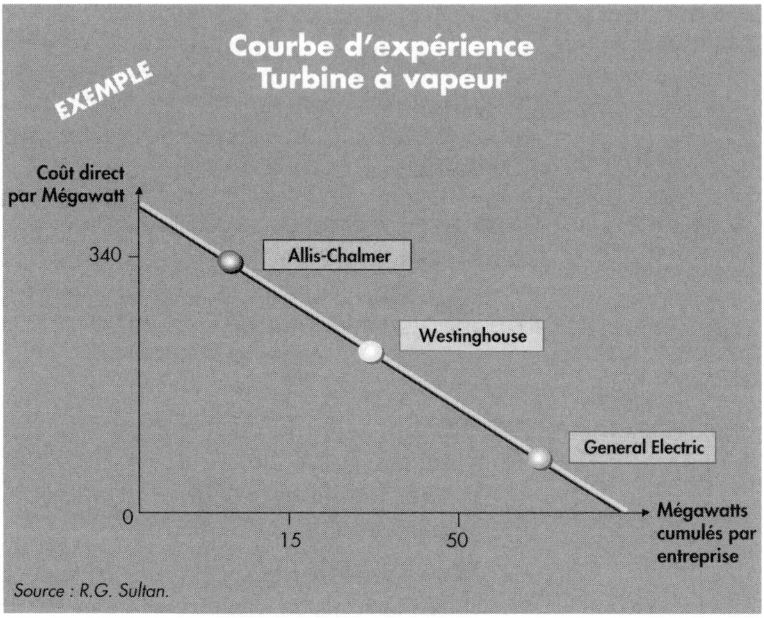

S'appuyer sur l'accumulation d'expérience

C'est l'approche traditionnelle dans les activités où il est possible d'obtenir un avantage concurrentiel important sur le coût ; l'expérience mesurée par la production cumulée peut être le facteur principal de réussite.

L'effet d'expérience s'explique par un certain nombre de facteurs qui entraînent une diminution globale du coût :

- **L'effet d'apprentissage,** lié à la productivité du travail ;
- **L'efficacité** plus grande de l'organisation liée à :
  - l'amélioration des systèmes,
  - l'amélioration de la conception ;
- **Les économies d'échelle** (volume, standardisation, etc.) et l'amortissement des frais fixes sur une base plus large ;
- **L'amélioration des procédés et l'innovation.**

Un seul concurrent peut dominer par les coûts, généralement celui qui a le plus d'expérience. Cette constatation s'appuie sur l'observation empirique. On a ainsi observé que chaque fois que l'expérience cumulée double, le coût diminue d'un pourcentage constant qui varie selon les industries *(Annexe 3).*

Annexe 4

Dans certaines industries, il existe des effets de seuil

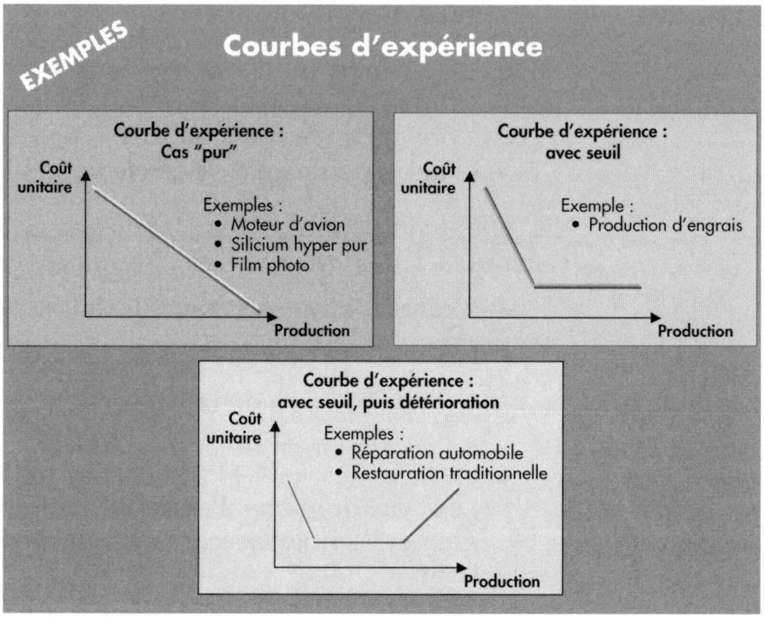

Qui vit de combattre un ennemi a intérêt à le laisser en vie.

Nietzsche

Il se trouve que l'effet d'expérience est plus ou moins important selon les secteurs. On a pu ainsi observer que :

- Pour les composants électroniques, à chaque fois que l'expérience cumulée double, le coût diminue de 30 % ;
- Dans le domaine du pétrole, il ne diminue que de 20 %.

Les implications stratégiques de l'effet d'expérience sont claires. L'objectif de toute entreprise devrait être de s'assurer, dans autant de segments qui sont humainement et financièrement possibles, des parts de marché dominantes. Une forte part de marché, acquise rapidement, promet plus tard des niveaux de rentabilité intéressants.

L'application de cette approche rencontre cependant des limites : d'autres moyens peuvent être exploités pour réduire les coûts ; l'exploitation de l'expérience introduit des rigidités économiques ; enfin, il existe des effets de seuil dans certaines industries. C'est le cas, par exemple, des engrais et de l'agroalimentaire. Dans d'autres domaines, on assiste à un effet de seuil puis à une détérioration. Il en est ainsi dans la réparation automobile qui subit une dégradation avec l'introduction de l'électronique, laquelle élève considérablement les coûts *(Annexe 4).*

Annexe 5

Une nouvelle approche de la réduction des coûts : l'exploitation systématique des leviers de compétitivité

Leviers d'action à chaque niveau de la chaîne de valeur

Maillons	Exemples de leviers
Technologie	Procédé
Conception du produit	Standardisation des composants
Approvisionnement	Réduction des coûts
Production des composants	Interchangeabilité, délocalisation
Assemblage	Automatisation
Transport/stockage	Emballage en kit
Marketing	Volume, politique de marque, image internationale
Distribution physique	Parts de marché régional, libre-service, catalogue, réseaux
Après-vente	Unités d'installation/d'entretien réseaux de franchises

Exploiter systématiquement des leviers de compétitivité sur la chaîne de valeur

C'est une approche plus complète et plus récente ; elle consiste à :

- Identifier les étapes clés de création de valeur dans un segment : conception, formulation de composants, assemblage, logistique, marketing, distribution, etc. ;
- Rechercher à chaque étape les leviers de compétitivité qui donnent un avantage sur les coûts : automatisation, effet de taille, effet de série, effet de volume, etc. *(Annexe 5).*

Cette approche permet de :

- Mettre en évidence la nature et la taille des avantages concurrentiels possibles, à chaque étape de valeur ajoutée ;
- Situer l'entreprise par rapport à ses concurrents dans l'exploitation des leviers de compétitivité ;
- Rechercher des combinaisons efficaces dans l'utilisation des différents leviers de compétitivité pour améliorer le rapport entre le coût et la valeur perçue par le client des produits ou services qui lui sont offerts.

La chaîne de valeur ajoutée paraît aussi plus complète et pertinente que l'effet d'expérience : les leviers de compétitivité sont multiples et spécifiques pour chaque étape de la chaîne.

D'autre part, l'analyse par la chaîne de valeur permet de combiner l'approche par réduction des coûts et celle par différenciation (voir, plus loin, les stratégies qui consistent à "éviter la concurrence directe" et à "déstabiliser à son avantage les conditions du marché").

Annexe 6

Deuxième type de stratégie : rechercher de nouveaux créneaux attractifs

Évitement de la concurrence directe

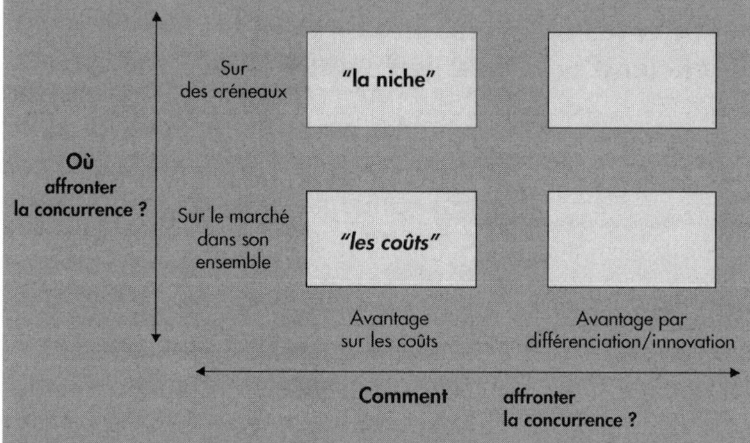

Annexe 7

Le marché peut être découpé par groupes d'utilisateurs

EXEMPLE

Groupes d'utilisateurs de matériel et installations centrales de conditionnement d'eau

	Acheteurs "confort"	Acheteurs "technique"
Secteur d'activité principal	• Bâtiment	• Industrie
Type de client	• Promoteur ou Bureau d'étude	• Industriel ou Bureau d'étude
Préoccupations principales	• Financières (prix de revient au m^2 bâti)	• Efficacité et impact du process sur la qualité du produit

Source : ABC.

ÉVITER LA CONCURRENCE DIRECTE

Cette stratégie repose sur le choix d'une cible étroite, par focalisation de l'activité sur la recherche de créneaux attractifs et non sur l'ensemble du marché *(Annexe 6).*

Identifier les créneaux où l'on peut bénéficier d'un avantage concurrentiel

Cette stratégie consiste à rechercher des niches, c'est-à-dire à concentrer délibérément ses efforts sur un nombre limité de créneaux porteurs à l'exclusion des autres activités du secteur.

Sur les terrains sur lesquels on a des atouts, concentrer toutes ses forces afin d'obtenir une percée décisive.

Clausewitz

En parvenant à gagner une position dominante sur ces créneaux, l'entreprise améliore sa position concurrentielle globale.

Pour appliquer cette stratégie, il faut diviser le marché en sous-marchés qui ont un maximum de différences entre eux et qui nécessitent donc des approches fondamentalement différentes.

Annexe 8

Chaque groupe d'utilisateurs nécessite une approche spécifique

EXEMPLE

Matériel et installations centrales de conditionnement d'air

	Acheteurs "confort"	Acheteurs "technique"
Prospecter et convaincre l'ensemble des décideurs ou prescripteurs (en particulier non-techniciens) **pour se placer favorablement**	● ● ●	● ● ●
Connaître le procédé pour faire une offre adaptée aux besoins du client		● ● ●
Offrir un prix compétitif	● ● ● ●	● ●
Proposer un matériel de qualité adapté à des besoins spécifiques	●	● ●
Apporter des réponses rapides, de la souplesse et des services pour fidéliser le client		

Acheteurs "confort" → **Le prix d'achat est le facteur le plus déterminant**

Acheteurs "technique" → **Le prix d'achat n'est qu'un des facteurs. Ce qui importe c'est la fiabilité, la durabilité, et l'adaptation du matériel au process**

Source : ABC.

Annexe 9

L'entreprise bénéficie d'un avantage concurrentiel sur l'un de ces créneaux

EXEMPLE

Position concurrentielle d'une entreprise de conditionnement d'air

Facteurs clés de succès	Évaluation de la position de X			
	Faible	Moyen	Bon	Excellent
• Prospecter et convaincre l'ensemble des décideurs		●		
• Offrir un prix compétitif	●			
• Connaître le procédé pour faire une offre adaptée			●	
• Savoir gérer efficacement le chantier pour réaliser, dans les délais, l'installation ou la pose			●	
• Proposer un matériel de qualité adapté aux besoins			●	
• Donner des réponses rapides, de la souplesse et du service			●	

- **Avantages concurrentiels évidents de l'entreprise X sur le créneau technique**
- **Mauvaise position sur le créneau confort**

Source : ABC.

Utiliser des critères de découpage extrêmement divers

Quand la supériorité absolue n'est pas possible, vous devez rassembler vos ressources pour obtenir la supériorité relative au point décisif.

Clausewitz

Dans les marchés de produits banalisés, il est difficile de se fonder sur les critères de familles de produits pour dégager des sous-marchés distincts. Ceux-ci doivent se prêter à des efforts spécifiques de la part de l'entreprise.

Il est souvent préférable d'adopter une division différente, qui ne corresponde pas à la distinction par produit.

On peut aussi envisager une différenciation par :

- L'importance du produit pour l'utilisateur,
- Le circuit de distribution. (*Exemple :* pour le textile, on distingue ainsi les grandes surfaces, les détaillants multi-marques traditionnels, les franchisés),
- Le niveau de qualité ou de performance exigé par la clientèle,
- Les critères dans la décision d'achat. (*Exemple :* pour le linge de toilette, on distingue l'achat personnel et l'achat cadeau),
- Le preneur de décision (promoteur, ingénieur-conseil, installateurs, utilisateurs).
- Les groupes d'utilisateurs ou domaines d'utilisation *(Annexes 8 & 9).*

Annexe 10

Troisième type de stratégie : se concentrer sur la valeur à apporter au client

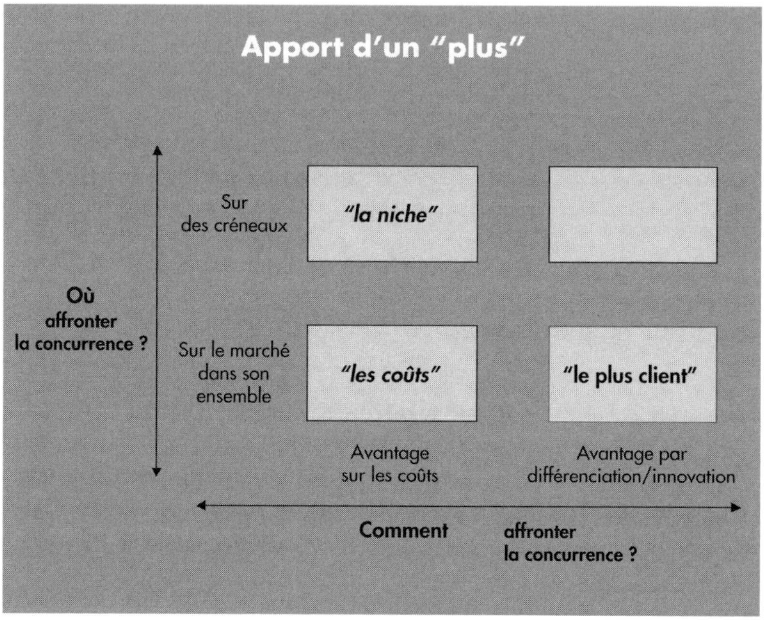

APPORTER UNE VALEUR SUPÉRIEURE AU CLIENT

Cette stratégie type est fondée sur la différenciation. Une entreprise cherche alors à se singulariser au moyen de certaines dimensions particulièrement appréciées par le client.

Il peut s'agir d'un nouveau produit, d'un produit différent, d'un service plus performant ou plus différencié qui correspond aux besoins d'un nombre important de clients du secteur *(Annexe 10).*

Dominer le marché par une différenciation

Si vous êtes obligé d'affronter très souvent le même adversaire, comme c'est le cas pour la plupart des entreprises, tâchez d'introduire à chaque reprise une nouveauté dans votre stratégie ou votre tactique.

David Rogers

Cette stratégie type consiste à mettre à la disposition du consommateur une offre dont le caractère unique est reconnu et valorisé par ce dernier.

On peut ainsi insister sur :

- La sophistication par la marque, par la qualité et l'accès limité ;
- La suppression des prestations non valorisées par la cible de clientèle, ce qui permet de limiter le surcoût ;
- Une spécialisation très fine.

Les modes de différenciation sont propres à chaque secteur.

Par exemple :

- Dans le domaine du matériel de travaux publics, l'entreprise Caterpilar s'est différenciée en s'assurant de la durabilité du produit, de la qualité des services, de la disponibilité des pièces de rechange et d'un excellent réseau de distribution.
- Dans le secteur des produits de beauté, la différenciation tend à reposer davantage sur l'image du produit et sur l'emplacement des présentoirs dans les magasins.

- La compagnie d'aviation JetBlue décida un jour de mettre des écrans de télévision individuels, avec accès à deux douzaines de canaux, derrière chaque siège, et le succès fut instantané.

Plusieurs concurrents peuvent adopter avec succès une stratégie de différenciation en répondant au mieux aux besoins qui y correspondent. C'est d'ailleurs l'avantage de cette stratégie que de pouvoir s'exercer sur plusieurs paramètres dans un secteur où les clients apprécient des caractéristiques différentes.

Pour dominer le marché par une différenciation, l'entreprise doit nécessairement développer une culture qui la favorise, c'est-à-dire encourager l'innovation, avec la part d'individualisme et de goût du risque que cela comporte.

Annexe 11

Se concentrer sur la valeur à apporter au client

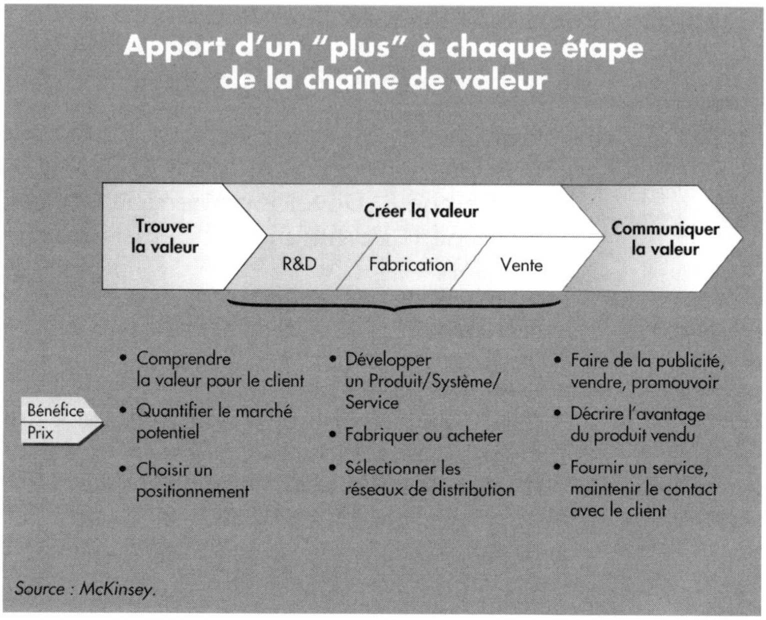

Se concentrer sur la valeur à apporter au client

Il s'agit moins de penser davantage que de penser autrement.

Jean-Marie Domenach

La stratégie de différenciation exige parfois de repenser complètement les activités d'un secteur dans le seul but de fournir une valeur réelle au client. Cette démarche passe par trois étapes : trouver la valeur, générer la valeur à travers la Recherche & Développement, la fabrication puis la vente et, finalement, communiquer cette valeur *(Annexe 11).*

Trouver la valeur

Le présent est considéré comme la préhistoire du futur. C'est donc ce dernier qu'il faut saisir, en identifiant les besoins fondamentaux et latents du consommateur de demain, ainsi que les dynamiques concurrentielles probables. À ces conditions seulement, une entreprise peut devenir et, surtout, rester un leader.

John Sculey

Pour trouver la valeur existante ou potentielle, il est nécessaire de comprendre le client et ses besoins. Cette analyse effectuée, il convient de segmenter le marché (voir le chapitre "segmentation"), car tous les clients n'ont pas les mêmes besoins fondamentaux. Sur cette base, il devient possible de quantifier le marché potentiel. Il est alors important d'évaluer le rapport Bénéfice/Prix et de choisir un positionnement face à ses concurrents. Ce processus, qui consiste à trouver la valeur, réclame une certaine capacité à anticiper les besoins, les croyances et les attitudes des clients en s'appuyant sur l'étude du marché existant, national et international.

Créer la valeur

La création de valeur doit s'articuler à l'étape précédente, c'est-à-dire s'appuyer sur les besoins fondamentaux du client qui ont été identifiés et qui fournissent un avantage concurrentiel certain. Pour développer le produit, le système ou le service, soit en le fabriquant, soit en l'achetant, puis pour sélectionner les réseaux de distribution, il ne faut pas que les procédures et les fonctions de l'entreprise soient considérées comme des données intangibles mais qu'elles s'adaptent à la nouvelle logique qui permet d'apporter une valeur supplémentaire au client.

Communiquer la valeur

La dernière étape consiste à communiquer cette valeur. La publicité, la promotion, la vente doivent être constamment reliées à la valeur définie pour le client qui devient le thème porteur de la communication.

Il importe également d'insister sur l'avantage réel que procure le produit vendu en s'appuyant sur le rapport prix/valeur pour le client. Enfin, en maintenant le contact avec le client et en fournissant un service réel et perçu, on s'assure de la réussite de la stratégie adoptée qui gagne en cohérence.

Définir les nouvelles orientations en fonction de cette valeur

Pour illustrer le processus qui consiste à adopter une stratégie de différenciation en se concentrant sur la valeur à apporter au client, voyons l'*exemple* de la compagnie aérienne scandinave SAS.

En 1979, cette compagnie était confrontée à un déficit de 10 millions de dollars. Comme la plupart des compagnies aériennes, elle s'était centrée sur la réduction des coûts par passager et sur l'achat des avions les plus récents alors qu'elle négligeait les besoins réels des voyageurs, c'est-à-dire le rapport qualité/prix.

Avec l'apparition de la crise, la compagnie avait cherché à agir sur les coûts de façon mécanique, par réduction du personnel et du service en vol. C'était un cercle vicieux car, en réduisant le service au client, l'entreprise a perdu une partie de sa clientèle et a vu ses revenus baisser.

C'est dans cette situation qu'un nouveau PDG, Jan Carlzon, fut nommé pour redresser les résultats de la société. Avec de réelles qualités de visionnaire, il décida de réorienter la société vers le service au client. Il investit 20 millions de dollars dans l'amélioration des services et développa une nouvelle culture pour une entreprise “tournée vers le client”. Comme on peut l'imaginer, il ne se fit pas que des amis et les actionnaires se mirent à crier au scandale.

Annexe 12

Définir de nouvelles orientations en fonction de cette valeur

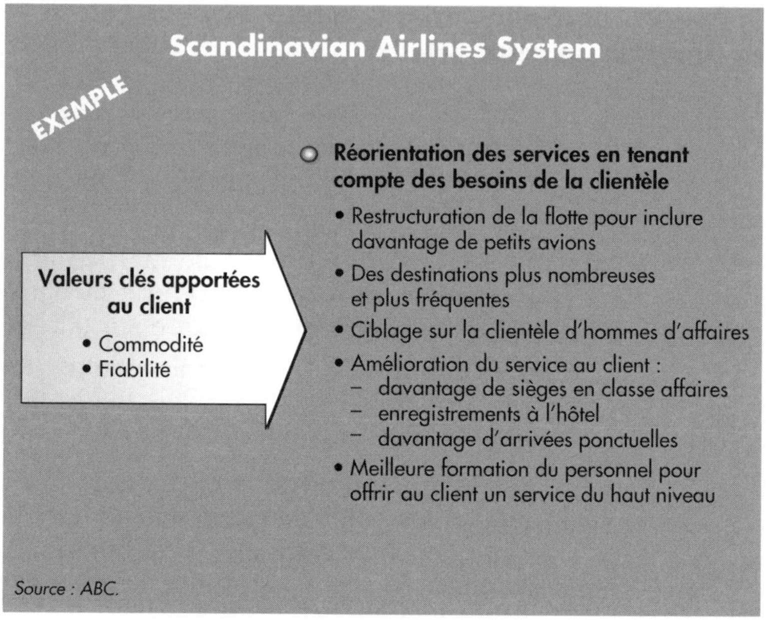

En 1985, Jan Carlzon avait gagné la partie car il fit état d'un profit de 242 millions de dollars. La raison de son succès tient à une réorientation totale du fonctionnement de SAS pour qu'il réponde réellement aux besoins des clients et fournisse les valeurs clé de commodité et de fiabilité qu'ils étaient en droit d'attendre *(Annexe 12).*

SAS a restructuré sa flotte pour y inclure davantage de petits appareils qui pouvaient être utilisés plus efficacement, pour voler plus souvent et, ce, vers davantage de destinations. Aussi, SAS s'est-il centré sur le groupe de clients le plus rentable, c'est-à-dire les hommes d'affaires se déplaçant fréquemment.

C'est par des moyens qui peuvent paraître triviaux que la compagnie a amélioré le service au client : en disposant de plus de places en classe affaires, en proposant une réservation à l'hôtel, en assurant des arrivées plus ponctuelles que les autres compagnies aériennes.

Toutes ces initiatives se sont appuyées sur une formation des employés pour que le service au client soit amélioré et que la stratégie soit perceptible à tous les niveaux de l'entreprise.

Annexe 13

Quatrième type de stratégie : déstabiliser à son avantage les conditions du marché

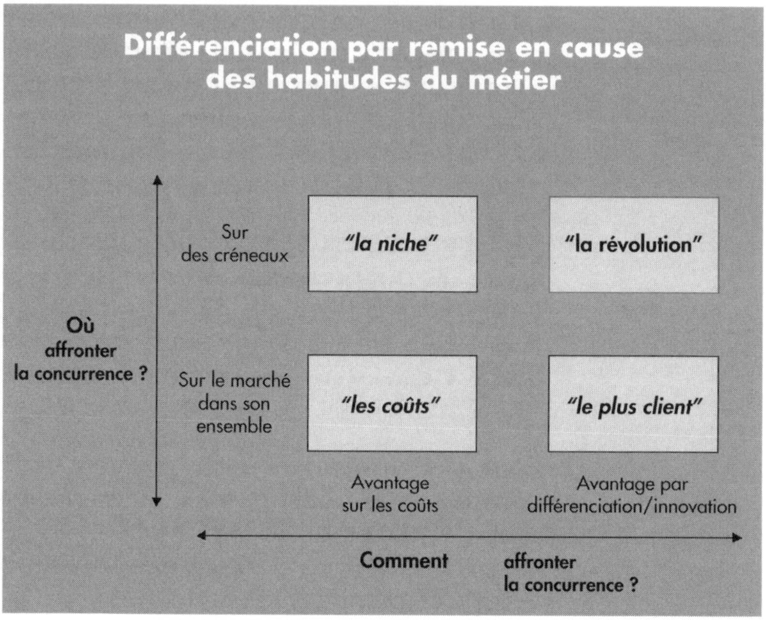

DÉSTABILISER À SON AVANTAGE LES CONDITIONS DU MARCHÉ

Ce qui est maintenant prouvé ne fut jadis qu'imaginé.

William Blake

Stratégie plus radicale que la précédente, la décision de déstabiliser à son avantage les conditions du marché entraîne soit une nouvelle conception du métier, soit la création de nouveaux segments. Elle est particulièrement adaptée à des secteurs traditionnels et peu rentables *(Annexe 13).*

Remettre en cause les schémas traditionnels

Pour sortir des schémas traditionnels, trois modes d'action sont envisageables :

N'ayez pas peur de faire un grand pas si c'est indiqué : on ne franchit pas un abîme en deux petits sauts.

David Lloyd George

- On opère par **remise en cause fondamentale,** c'est-à-dire qu'on rejette les idées couramment admises sur le marché et le mode de fonctionnement de l'activité. Généralement, une telle démarche va "scandaliser" les professionnels car elle révolutionne l'activité concernée.

  Exemple :

  - MacDonald a inventé un nouveau concept : celui de restauration rapide.

- On aborde le marché à partir **d'un concept nouveau** en s'appuyant sur des facteurs de succès jusque-là négligés ou radicalement nouveaux.

  Exemples :

  - *Tetrapak* (emballage et conditionnement) : l'invention de la brick.
  - *Swatch :* la montre devient un accessoire de mode.

- **On décèle des avantages majeurs.**
  Le nouveau mode de fonctionnement apporte alors à celui qui innove un avantage concurrentiel majeur. Cet avantage devient difficilement accessible aux concurrents car il implique un effort double de formation. Il leur faut désapprendre les anciennes règles et assimiler les nouvelles.

  D'autre part, ce changement brutal des règles du jeu prend la concurrence au dépourvu. Elle a du mal à riposter car ses avantages, qui étaient ses points d'appui, peuvent se transformer en faiblesses avec la nouvelle donne.

  Exemple :

  - **Ikéa** sur le marché du meuble (voir page 35).

Annexe 14

La déstabilisation repose sur l'anticipation des tendances de l'environnement immédiat ou plus large

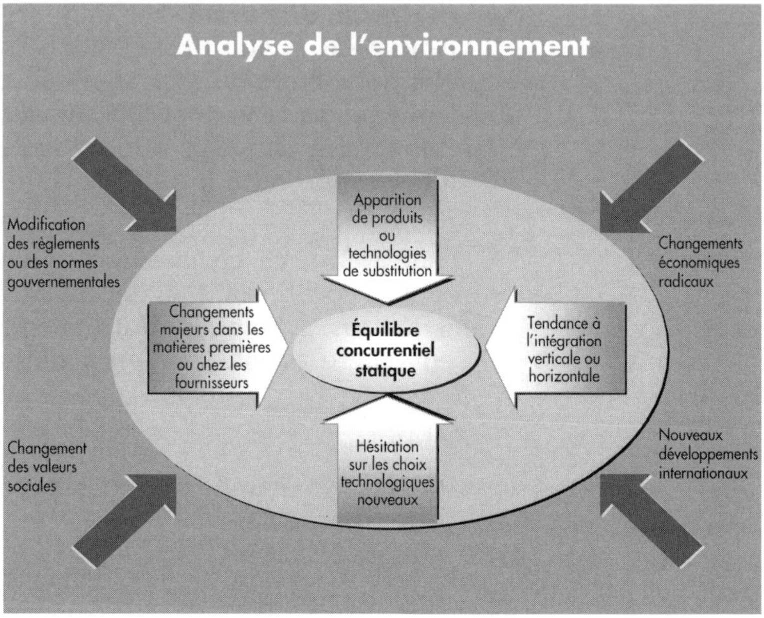

Anticiper les tendances de l'environnement

Le génie, c'est de savoir saisir les opportunités.

Antoine Bernheim

L'analyse de l'environnement immédiat ou plus large, permet de définir une zone d'équilibre concurrentiel à partir de tendances contradictoires.

Ces tendances participent à l'environnement immédiat et concernent le métier de l'entreprise. Il s'agit alors :

- de l'apparition de produits ou de technologies de substitution,
- de la tendance à l'intégration verticale ou horizontale,
- d'une hésitation concernant les choix technologiques nouveaux,
- de changements majeurs au niveau des matières premières ou chez les fournisseurs.

Les opportunités, c'est comme les autobus, il y en a toujours un autre qui arrive.

Richard Branson

D'autre part, l'environnement plus large a un impact indirect sur l'équilibre concurrentiel. On peut citer ainsi :

- la modification des règlements ou des normes gouvernementales,
- des changements économiques radicaux,
- de nouveaux développements internationaux,
- des changements de valeurs sociales qui influent sur le marché.

Certains sentent la pluie à l'avance, d'autres se contentent d'être mouillés.

Henry Miller

À partir de l'analyse de l'environnement, il faut parvenir à définir les variables clés qui vont bouleverser l'équilibre concurrentiel. Il est alors nécessaire d'anticiper pour agir et pour déstabiliser, à son avantage, les conditions du marché *(Annexe 14)*.

Annexe 15

Introduire une ou plusieurs innovations majeures dans la façon d'exercer le métier pour anticiper ou contrecarrer ses évolutions

Un fabricant de meubles : Ikea...

EXEMPLE

	Conception du produit	Production	Distribution	Vente	Service
Approche conventionnelle	Meuble par meuble ou "ensemble" (salle à manger par exemple)	Semi-industrialisation (qualité artisanale)	Magasins spécialisés traditionnels	Vendeur à la commission contremarque	Livraison et montage
Nouvelle approche	Composants d'usage multiple	Automatisée Dispensée	Libre service + catalogue	Grandes surfaces + produits disponibles présentés à plat	Disponible

Source : ABC.

Annexe 16

Introduire ces innovations afin de modifier le rapport coût/valeur pour le consommateur

Un fabricant de meubles : Ikea et sa stratégie

EXEMPLE

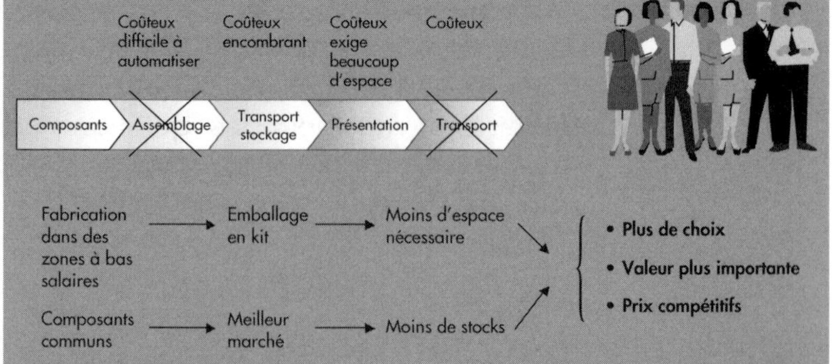

Source : ABC.

Exemple : Ikéa

Dans le cas d'Ikéa, l'introduction de plusieurs innovations dans la façon d'exercer le métier a permis à l'entreprise suédoise de redistribuer les cartes à son avantage en modifiant radicalement le rapport coût/valeur pour le consommateur.

Ikéa est devenu leader dans l'ameublement en kit en répondant à la demande des consommateurs qui ne prévoyaient pas d'utiliser les meubles à vie. Un prix modéré permet de dédramatiser l'achat du mobilier et de modifier le comportement des clients.

Pour mettre en place sa formule, Ikéa s'éloigne radicalement des règles du jeu pratiquées dans l'industrie du meuble sur trois points fondamentaux :

- **Appel à des sous-traitants spécialisés**, Ikea se réservant la conception, le design – À partir de l'observation qu'aucun fabricant n'était en mesure de fabriquer correctement tous les éléments d'un meuble.
- **Rationalisation de la logistique,** pour s'assurer que tous les éléments d'un meuble arrivent en même temps en magasin, tout en limitant les stocks.
- **Nouveau mode de présentation** qui permet de dédramatiser l'achat du meuble.

Cette stratégie de déstabilisation demande une culture d'entreprise qui favorise l'innovation. Ceci a permis à Ikéa de présenter des meubles standardisés qui correspondent à un besoin et à une clientèle différente de celle du marché classique, à des prix particulièrement compétitifs *(Annexes 15 & 16).*

Annexe 17

Introduire une ou plusieurs innovations majeures dans la façon d'exercer le métier pour anticiper ou contrecarrer ses évolutions

EXEMPLE

Un fabricant et un distributeur de vêtements en maille : Benetton

	Conception du produit	Production	Distribution	Vente	Service
Approche conventionnelle	• Gammes larges mais peu profondes	• Teinture en fil	• Intégration de la production	• Peu de marques notoires	• Détail traditionnel
Nouvelle approche	• Petit nombre de modèles standards • Diversité de coloris (effet de série)	• Teinture en plongée	• Sous-traitance spécialisée	• Politique de marque • Image internationale	• Réseau de franchises

Source : ABC.

Annexe 18

Introduire ces innovations afin de modifier le rapport coût/valeur pour le consommateur

EXEMPLE

Un fabricant et un distributeur de vêtements en maille : Benetton et sa stratégie

Création
- Collections permanentes
- Modèles standards
- Stocks de base →

Fabrication
- Tricotage écru et teinture en plongée
- Séries longues réduction des coûts →
- Rapidité de réaction

Distribution
- Livraison rapide aux franchisés →
- Souplesse d'approvisionnement →
- Mise en magasin en moyenne une semaine après

- **Grands choix de modèles**
- **Couleurs adaptées aux tendances de la mode**
- **Rapport qualité/prix**

Source : ABC.

Exemple : Benetton

Le succès de Benetton est de notoriété publique. Cette petite entreprise familiale, créée en 1968, a réussi à s'imposer en modifiant radicalement les pratiques du métier.

En 1969, la première succursale est ouverte à Paris. En 1986, Benetton a réalisé aux États-Unis, un chiffre d'affaires de 831 millions de dollars et ses ventes croissent de 20 à 30 % par an. En ne dépassant pas plus de 10 % d'invendus, la réussite financière et commerciale de Benetton est unique dans la profession. Aujourd'hui, l'entreprise dispose de 4 000 détaillants franchisés, dans 60 pays à travers le monde, et fait partie des 5 premiers distributeurs textile dans le monde.

En s'appuyant sur un petit nombre de modèles teints alors qu'ils sont déjà tricotés, Benetton peut s'adapter très rapidement à la demande grâce à un réseau décentralisé de sous-traitants spécialisés (la maison mère ne fabrique que 20 % de la production vendue), une politique de marque et une image internationale très affirmée, et des franchisés qui se sont multipliés à grande vitesse.

C'est donc en insistant sur la grande diversité des coloris, la rapidité de la fabrication selon les tendances de la mode, à partir d'un stock de base écru et la souplesse d'approvisionnement, grâce à un système de distribution contrôlée par ordinateur à l'aide de codes barres, que Benetton a conquis une position dominante sur le marché *(Annexes 17 & 18).*

D'UN COUP D'ŒIL

LA STRATÉGIE FONDÉE SUR LES RESSOURCES

Anticiper la transformation du secteur grâce à un dessein stratégique

- Anticiper la transformation de son secteur
- Poursuivre un dessein stratégique à long terme

Réussir dans la concurrence à long terme par les compétences clés et les ressources

- Les "compétences clés" constituent le cœur du raisonnement
- L'entreprise est vue comme un portefeuille de compétences

Concevoir des organisations apprenantes qui capitalisent sur les ressources et compétences clés

- Exploiter pleinement et redéployer les ressources et les compétences
- S'organiser autour de compétences et activités clés déterminantes pour le succès
- Organiser les transferts de compétences et la coopération entre les unités d'un groupe
- Exploiter les processus transverses
- Transformer l'entreprise en organisation apprenante

LA STRATÉGIE FONDÉE SUR LES RESSOURCES

Les décisions stratégiques sont celles qui concernent le choix d'affectation des ressources.

Igor Ansoff

La stratégie d'entreprise, en particulier avec les travaux de Porter, a d'abord été définie comme l'art de combattre sur le champ concurrentiel. Dans ce concept, son objectif essentiel était d'obtenir un avantage sur les concurrents par des manœuvres stratégiques conduites sur différents domaines d'activités. Une telle démarche mettait l'accent sur les stratégies de position : choix des champs de bataille, choix des avantages concurrentiels poursuivis, choix des adversaires et des alliés, choix dans l'allocation des ressources. Bref, la conception traditionnelle de la stratégie était orientée sur des choix de positionnement.

Vers la fin des années 80, deux auteurs, Gary Hamel et CK Prahalad ont développé une nouvelle approche mettant l'accent sur le mouvement, sur le choix d'une orientation à long terme et sur l'acquisition de ressources et de compétences permettant à la firme de se différencier de ses concurrents, de déployer ses activités, d'innover ou de disposer d'une flexibilité suffisante pour s'adapter aux évolutions de son environnement et aux stratégies de ses concurrents.

Annexe 1

Les compétences clés mettent l'accent sur le long terme : elles sont les "racines" et sources de compétitivité pour le futur

L'analogie de l'arbre

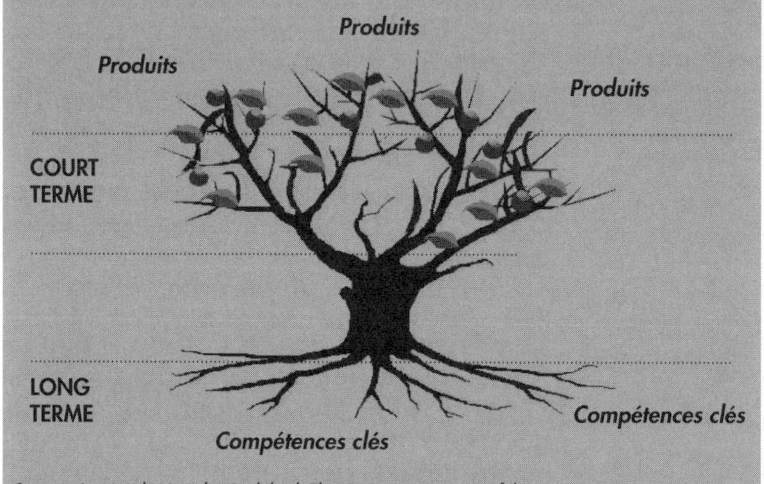

Source : Inspiré de Hamel et Pralahad, The Core competencies of the Corporation, Harvard Business Review, *May-June 1990.*

L'analogie de l'arbre

Pour comprendre les deux visions de la stratégie, on peut recourir à l'analogie de l'arbre. L'entreprise peut, en effet, être représentée comme un arbre, avec un tronc, des branches et des racines.

"L'entreprise est comme un arbre : le tronc et les branches principales sont les produits de base ; les petites branches les unités ; les feuilles, les fleurs et les fruits sont les produits vendus aux clients ; la racine, qui apporte nourriture et soutien, est la compétence de base" *(Annexe 1).*

La stratégie d'une entreprise est l'ensemble des décisions destinées à adapter, dans le temps et l'espace, les ressources de la firme aux opportunités et aux risques d'un environnement et de marchés en mutation constante.

Octave Gélinier

L'approche traditionnelle se focalise sur les "branches" et les "fruits"

L'approche traditionnelle insiste sur les différents domaines d'activités et les produits correspondants. Les domaines d'activités sont considérés comme relativement indépendants et la concurrence est spécifique pour chacun d'eux. Les fruits étant renouvelés tous les ans et les branches ayant une durée de vie relativement courte, il s'agit plutôt d'une démarche de moyen terme.

La nouvelle approche de la stratégie se concentre au contraire sur les "racines"

La nouvelle approche s'intéresse aux ressources et compétences clés de l'entreprise. Ces "racines" irriguent l'arbre de sève et permettent de générer de nouvelles branches et de nouveaux produits ; elles sont porteuses de nouvelles activités.

Tout comme les racines, ces ressources et compétences ont un caractère beaucoup plus permanent. Une compétence est plus stable et évolue plus lentement qu'un produit ou une technologie. L'approche par les racines est donc davantage orientée sur le long terme.

Annexe 2

Les compétences clés changent la conception de l'entreprise qui devient un portefeuille de compétences plutôt qu'un portefeuille de produits

Deux conceptions de l'entreprise

	Unités stratégiques	Compétences clés
Base de la concurrence	Compétivité des produits actuels	Concurrence entre les différentes unités pour l'acquisition de compétences
Structure de l'entreprise	Portefeuille d'entreprise liées en terme de produit et de marché	Portefeuille de compétences de base et de produits de base
Statut de l'unité	Autonomie sacro-sainte : l'unité stratégique possède en propre toutes les ressources sauf la ressource financière	L'unité stratégique est un réservoir potentiel de compétences de base
Répartition des ressources	Analyse portant sur chaque unité séparée de l'entreprise, budgets répartis unité par unité	Analyse portant sur les unités et les compétences : la direction répartit les capitaux et les talents
Valeur ajoutée par la direction	Optimisation des gains au moyen de compromis dans l'allocation des capitaux entre les différentes unités de l'entreprise	Acquisition de compétences pour assurer l'avenir

Source : Hamel et Pralahad, Les grands groupes ne connaissent pas leur métier, Harvard-Expansion / *Hiver 1990-1991.*

Deux visions complémentaires

Clairement ces deux visions ne sont pas antagonistes mais plutôt complémentaires *(Annexe 2).*

L'approche par les "branches" met l'accent sur la position, l'approche par les "racines" sur le mouvement ; l'une insiste sur le moyen terme et recherche la meilleure adaptation aux conditions de l'environnement concurrentiel ; l'autre s'intéresse au long terme et poursuit le projet de transformer cet environnement.

D'un côté, l'entreprise est vue comme un portefeuille de produits et la stratégie est "déduite" des conditions de l'environnement ; de l'autre, elle est vue comme un portefeuille de ressources et compétences et la stratégie est "construite" à partir des ressources et compétences de l'entreprise.

Trois dimensions

Cette nouvelle approche de la stratégie fondée sur les ressources s'articule autour de trois dimensions :

- Le dessein stratégique[1] (ou vision) : anticiper – et participer à – la transformation de son secteur ;
- la concurrence par les compétences clés et les ressources stratégiques ;
- l'aptitude des organisations à se transformer et à apprendre.

1. En anglais : *strategic intent.*

Annexe 3

Pour bien préparer l'avenir, on doit repenser l'entreprise et sa branche d'activité

Anticipation des ruptures qui vont transformer le secteur

Que faire ?	Comment s'y prendre ?
Porter un éclairage différent sur la structure de l'entreprise	S'attacher aux compétences clés et non aux segments stratégiques
Regarder ses marchés différemment	Analyser les fonctionnalités et non les produits
Élargir son angle de vue	Être plus curieux
S'affranchir des idées préconçues	Retrouver un regard d'enfant
Alterner les points de vue utilisés	Être éclectique
Remettre en cause les idées reçues	Développer l'esprit de contradiction

ANTICIPER LA TRANSFORMATION DU SECTEUR GRÂCE À UN DESSEIN STRATÉGIQUE

La nouvelle approche stratégique vise la transformation des règles du jeu de l'environnement et la création de nouveaux espaces concurrentiels. Elle s'exprime à travers la poursuite d'une vision très ambitieuse à long terme. Il s'agit pour l'entreprise d'anticiper les évolutions de son secteur d'activité et de participer à sa transformation pour "arriver le premier aux portes de l'avenir".

Anticiper la transformation de son secteur

Les entreprises qui se battent pour la conquête du futur ont l'ambition de transformer leur secteur. L'exemple d'Apple dans l'informatique est particulièrement significatif. Au début des années 70, Steve Job a imaginé que chacun aurait un jour un ordinateur sur son bureau. À l'époque, cela semblait un pari extraordinaire. Il impliquait de faire considérablement évoluer la technologie et de bouleverser les règles concurrentielles en vigueur pour faire émerger le marché des micro-ordinateurs ; il fallait modifier les processus commerciaux traditionnels : on ne vendrait plus un ordinateur comme un bien d'équipement lourd, mais comme un bien de consommation.

L'enjeu consiste donc à développer une meilleure compréhension de l'avenir que ne le font les concurrents afin d'être le premier à anticiper les ruptures qui vont permettre de transformer le secteur. Dans cette approche, les prévisions technologiques, les études de marché, les projections, les analyses de la concurrence sont des instruments, certes utiles, mais qui ne débouchent pas, à eux seuls, sur une "clair-voyance" sur l'avenir du secteur. Aucun d'eux ne permet de repenser l'entreprise et sa branche d'activité. Ce n'est qu'en portant un éclairage différent sur la structure de l'entreprise et sur ses marchés, en élargissant son angle de vue, en s'affranchissant de toutes les idées préconçues, en alternant les points de vue utilisés et en remettant en cause les idées reçues, que l'on prépare l'avenir. Ayant imaginé l'avenir, l'entreprise doit ensuite trouver le chemin qui y conduit *(Annexe 3).*

Annexe 4

L'analyse de l'environnement constitue un enjeu stratégique : non seulement anticiper le futur pour mieux s'y adapter mais participer à sa transformation

Analyse de l'environnement

	Non seulement	*… mais aussi*
Défi concurrentiel	• Transformer l'organisation • Refondre les processus • Se battre pour les parts de marché actuelles	• Faire preuve de créativité et innover • Transformer le secteur d'activité • Se battre pour les marchés du futur
Stratégie ***• Appréhender le futur***	• Apprendre • Choisir un positionnement • Définir une méthode de planification	• Apprendre à oublier les pratiques traditionnelles • Formuler un dessein pour l'avenir • Constituer un portefeuille de compétences
• Se mobiliser	• S'adapter aux ressources disponibles • Allouer les ressources	• Rechercher un écart majeur entre l'ambition et les ressources disponibles • Exploiter les leviers sur les ressources disponibles
Concurrence ***Arriver premier aux portes de l'avenir***	• À l'intérieur d'un secteur d'activité • Être leader sur les produits/marchés • Adopter une logique d'indépendance des unités • Minimiser le temps de mise sur le marché des produits	• Façonner le futur du secteur • Maîtriser les compétences clés de la réussite • Faire jouer les alliances • Réduire le temps d'apprentissage des marchés

Source : Hamel et Prahalad, New Strategy Paradigm.

Anticiper la transformation de son secteur est un exercice difficile : il faut, à la fois, se montrer réceptif à ce qui se passe dans son environnement et volontaire pour imposer ses vues, en créant une rupture dont le client et l'entreprise tireront profit.

Dans cette démarche, l'analyse des besoins énoncés par les clients peut être trompeuse : ceux-ci sont incapables de définir ce qu'ils achèteront dans quelques années. Ainsi, lorsque Matra a imaginé que les clients apprécieraient ses monospaces, produits en partenariat avec Renault, ce n'est pas le marché qui lui a soufflé l'idée. Matra a anticipé des besoins non exprimés par les clients *(Annexe 4).*

Annexe 5

On doit guider et orienter la réflexion stratégique en mettant l'accent sur le long terme

Le dessein stratégique (vision)

- Fixe le cap à maintenir à long terme
- Se traduit par un ensemble de défis à relever qui sont autant d'avantages compétitifs à acquérir
- Définit clairement la finalité mais suscite la créativité sur les moyens pour l'atteindre
- Crée une inadéquation extrême entre ressources et ambitions
- Ramène le futur dans le présent

Poursuivre un dessein stratégique à long terme

Le dessein stratégique représente ce que l'entreprise aspire à devenir sur le long terme. Il s'agit idéalement de se positionner davantage par rapport à un futur souhaité que par rapport à l'extrapolation du présent *(Annexe 5).*

Le dessein stratégique décrit l'état futur de l'entreprise

Le dessein stratégique cherche à décrire les aspirations et le destin susceptibles de motiver tous les membres de l'organisation. Le plus souvent, il constitue un défi pour les cadres dirigeants et ses implications influent fortement sur les choix stratégiques.

À l'origine de ce concept, Hamel et Prahalad dénomment ainsi l'obsession de certaines entreprises visionnaires qui ont recherché un leadership mondial sur les vingt dernières années. Ils ont en effet remarqué que ces firmes avaient des ambitions hors de proportion avec leurs ressources et leurs capacités ; en revanche, elles ont créé, à tous les niveaux de leurs organisations, une obsession de gagner et l'ont entretenue pendant dix à vingt ans pour atteindre un leadership mondial : *"Par exemple, Canon cherchait à battre Xerox, Honda cherchait à devenir un second Ford".*

Le dessein stratégique fixe le cap à maintenir dans le long terme

Les vrais atouts d'une entreprise se construisent sur le long terme : l'innovation, les marques, le consensus des salariés sont des actifs déterminants qui ne peuvent se construire que dans la durée. Trop d'énergie est souvent utilisée à poursuivre des objectifs à court terme de parts de marché ou de profit, en oubliant que ceux-ci résultent d'avantages acquis sur le long terme.

La planification stratégique est censée donner les perspectives à long terme mais, comme le soulignent Hamel et Prahalad qui ont observé de près le travail des planificateurs :

“Bien que la planification stratégique soit reconnue comme un moyen de se tourner vers l'avenir, la plupart des managers, lorsqu'on insiste, admettent que leurs plans stratégiques les informent d'avantage sur les problèmes d'aujourd'hui que sur les opportunités de demain”.

Il se traduit par un ensemble de défis à relever qui sont autant d'avantages compétitifs à acquérir

Pour réaliser leur dessein stratégique, les entreprises japonaises ont changé au moins quatre fois d'avantages compétitifs :

- “Pendant la période qui a suivi immédiatement la Seconde Guerre mondiale, les compagnies japonaises ont profité de leurs faibles coûts salariaux pour pénétrer dans différentes industries.

- Au fur et à mesure que les indices salariaux ont monté et que la technologie a pris plus d'importance, les Japonais se sont tournés vers des stratégies d'échelle, puis vers la spécialisation des usines pour obtenir un avantage sur leurs concurrents étrangers.
- L'arrivée de la production juste-à-temps a entraîné un mouvement en direction d'usines plus souples au moment où les grandes sociétés japonaises cherchaient à concilier des prix de revient faibles et une grande variété d'articles à mettre sur le marché.
- Aujourd'hui, les sociétés japonaises en pointe misent sur le temps comme élément d'avantage décisif sur la concurrence : raccourcissement du cycle de planification en ce qui concerne la mise au point du produit, puis de fabrication à l'usine, c'est-à-dire gestion du temps, de la même manière que la plupart des compagnies gèrent les prix de revient, la qualité, les stocks".

Il définit clairement la finalité et suscite la créativité

Contrairement à la planification classique un dessein stratégique ne définit pas les modalités concrètes pour atteindre le but visé ; il ne fixe pas dès l'origine le programme d'actions à réaliser ; il ouvre ainsi la voie à la créativité et à la recherche des opportunités qui peuvent se présenter et rapprocher ainsi l'entreprise du but recherché ; il conduit à changer la manière de poser les problèmes et de les traiter.

Ainsi, dans l'industrie automobile, le réglage des grosses machines, telles que les machines d'emboutissage, fut longtemps une opération longue et délicate demandant plusieurs heures de travail. Pour résoudre ce problème, les ingénieurs américains de l'après-guerre préconisaient de minimiser la fréquence des réglages ; ils imposaient des séries de production d'au moins 1 000 unités par modèle, car ils supposaient implicitement qu'on ne pouvait pas réduire le coût de changement d'un modèle à l'autre sans autre raison que de simplifier l'analyse.

Les constructeurs japonais, confrontés à l'étroitesse de leur marché, ont abordé le problème différemment : ils ont imaginé d'améliorer l'efficacité du processus de fabrication en réduisant le temps de réglage des machines. Leur solution s'est révélée supérieure à celle choisie par les Américains. Elle leur a permis d'offrir une gamme de modèles plus étendue, de satisfaire plus rapidement les commandes de leurs clients ; elle nécessite également moins de stocks.

Il crée une inadéquation extrême entre ressources et ambitions

Contrairement aux approches classiques de planification qui limitent les ambitions en fonction des ressources disponibles, un dessein stratégique insiste sur la nécessité de mobiliser les ressources nécessaires pour atteindre un objectif apparemment inaccessible. Le dessein stratégique part de l'idée que quelques améliorations marginales ne peuvent fondamentalement transformer la situation mais qu'il faut une véritable inflexion de l'effort à fournir et de la manière de traiter les problèmes. Il s'agit de mettre l'organisation sous tension. Cet "écartèlement" entre ressources et ambition provoque deux effets : un effet de levier, à savoir la recherche d'une utilisation maximale des actifs de l'entreprise ; un effet de tension c'est-à-dire la nécessité d'une utilisation nouvelle des ressources. En créant un vide entre le présent et le futur, le dessein stratégique suscite donc des stratégies radicalement innovantes qui seules pourront combler ce vide.

Un dessein stratégique ramène le futur dans le présent

Contrairement aux plans stratégiques, qui projettent par extrapolation le présent dans l'avenir, le dessein stratégique consiste à s'interroger sur les actions à mener aujourd'hui pour se rapprocher du futur désigné : Quels sont les obstacles qui nous séparent du dessein stratégique ? Quelles actions doit-on mener pour concrétiser le dessein stratégique ?

Une réflexion conduite par une entreprise japonaise sur le marché des deux roues est partie d'une vision où "les deux roues ne seraient plus marginalisés dans les villes, mais intégrés comme mode de transport à part entière, au même titre que les transports en commun".

À partir de cette vision, on pouvait repérer un ensemble de problèmes industriels, d'urbanisme, sociologiques et économiques à résoudre pour se rapprocher du dessein stratégique.

Annexe 6

Les compétences clés sont un assemblage unique de savoir-faire, de technologie et d'expertise

Qu'est-ce qu'une compétence clé ?

Définition	Exemples
• **Assemblage unique de savoir-faire et d'expertise** • **Longue à construire, difficile à imiter** • **Issue de l'apprentissage collectif et inscrite dans les processus organisationnels** • **Transverse aux différentes entités d'un groupe** • **Source d'avantage concurrentiel pour l'organisation**	• **Nec** Intégration des technologies des ordinateurs et des télécommunications • **Philips** Médias optiques • **Casio** – Harmonisation des savoir-faire de miniaturisation – Conception de micro-processeurs – Science des matériaux – Fonderie de haute précision • **Canon** Intégration des techniques optique, micro-électronique et mécanique de précision • **Black & Decker** Conception et production de petits moteurs électriques

Annexe 7

Les compétences clés peuvent être de nature très différente selon les entreprises

EXEMPLE

Nature des compétences clés

Domaine	Entreprise	Type de compétence clé
Technologie de base	• Motorola • Thomson CSF • Sony	• Radio communication • Traitement et détection du signal • Traitement de l'image
Expertise industrielle	• Legrand • Alibert • Bongrain	• Fabrication de composants en très grand volume • Injection plastique de précision • Industrie fromagère
Marketing communication	• L'Oréal • Sony	• Compréhension des comportements et besoins des clients dans les soins capillaires • Gestion d'une marque internationale
Connaissance de la distribution	• André	• Expert dans la distribution multi-produits dans le domaine de l'équipement de la personne

Source : BCG, plate-forme stratégique.

Pour réaliser leur dessein stratégique, les entreprises construisent leur développement autour d'un portefeuille de compétences clés. Des entreprises, aussi différentes de Motorola, Legrand, Sony, Honda, American Express ou encore Bongrain, ont bâti un succès durable en termes de croissance et de rentabilité sur leur capacité de définir, développer, et exploiter des compétences clés communes à toutes leurs activités; c'est au cœur de ces entreprises, dans ce qui constitue le noyau de leur métier, que se trouvent les racines de leur compétitivité.

Les "compétences clés" constituent le cœur du raisonnement

Les compétences "clés" sont un assemblage unique, long à construire et difficile à imiter, de savoir-faire, de technologie et d'expertise qui contribuent à la valeur des produits ou services et participent à l'avantage concurrentiel *(Annexe 6).*

Ces compétences clé peuvent être de nature différente selon les entreprises.

Elles peuvent relever de la technologie de base, de l'expertise industrielle, du marketing et de la communication, de la connaissance d'un réseau de distribution, etc. *(Annexe 7).*

La notion de compétence clé, développée par Hamel et Prahalad, a été enrichie utilement par le BCG avec la notion de capacité organisationnelle, plus orientée sur la mise en œuvre.

Annexe 8

Une compétence clé présente trois caractéristiques : bénéfice majeur pour le client, difficulté d'imitation et ouverture à plusieurs marchés

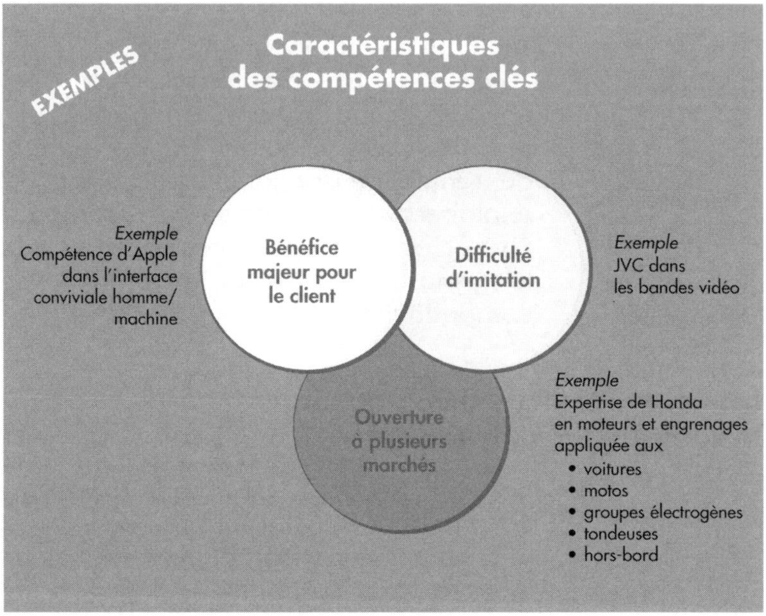

Le BCG distingue cinq grandes capacités organisationnelles :

- **La vitesse,** ou capacité à répondre rapidement aux clients et aux marchés et à introduire de nouvelles idées ou technologies dans les produits ;
- **La cohérence**[2]**,** c'est-à-dire la capacité à produire une offre qui satisfasse parfaitement les attentes des clients ;
- **L'acuité,** ou capacité à percevoir l'environnement concurrentiel de façon claire, anticiper et répondre ainsi aux évolutions des besoins des clients ;
- **L'agilité,** ou capacité à s'adapter simultanément à différents environnements concurrentiels ;
- **La capacité d'innovation,** ou l'aptitude à générer de nouvelles idées et à associer des éléments existant pour créer de nouvelles sources de valeur.

Une compétence clé présente trois caractéristiques qui permettent de l'identifier : contribution à l'avantage produit pour le client, difficulté d'imitation et ouverture sur plusieurs marchés *(Annexe 8).*

Une compétence clé doit générer un bénéfice majeur pour les clients

Pour être "clé", une compétence doit permettre à l'entreprise d'offrir des fonctionnalités très fortement valorisées par les clients.

C'est par exemple le cas de la convivialité du Macintosh. Les compétences en interface homme/machine qui ont permis d'atteindre ce résultat sont une compétence clé d'Apple.

2. En anglais : *consistency.*

Annexe 9

Associer des compétences clés permet de faire émerger des opportunités de développement

EXEMPLE

Honda : une stratégie fondée sur la maîtrise de trois compétences

Compétences	• Conception de petits moteurs • Maîtrise des processus d'assemblage et sous-traitance du reste • Maîtrise des réseaux de distribution	
	Années 50	**Années 80**
Domaines d'activité	• Motos et cyclomoteurs	• Motos et cyclomoteurs • Petites voitures • Pompes • Générateurs • Tondeuses • Moteurs hors-bord • Chasse-neige

Source : Manageris – Janvier 1994.

Elle doit conférer un avantage concurrentiel unique et difficilement imitable

Une compétence clé doit permettre de répondre à un besoin des clients, mieux que ne le font les concurrents. Elle résulte de l'intégration de plusieurs savoir-faire ou technologies élémentaires. C'est cette intégration qui lui donne son caractère unique.

Par exemple, les compétences clés de Canon sont la combinaison de savoir-faire en microélectronique, en optique et en imagerie électronique.

Elle doit donner accès à de nombreux marchés

Honda, grâce à sa compétence de motoriste, a réussi sur des marchés variés comme l'automobile, les motos, les tondeuses à gazon et les groupes électrogènes *(Annexe 9).*

Les compétences de Sharp en écrans plats lui donnent accès aux marchés des ordinateurs portables, des télévisions de poche et des caméscopes.

Annexe 10

Le choix de positionnement et la conception des stratégies dans une vision à long terme doit permettre de capitaliser sur les compétences clés

Impact du positionnement

Approche / *Choix*	Classique / Par activités	Nouvelle / Par compétences
Configuration du portefeuille d'activités	• Équilibre financier entre activités génératrices et consommatrices de cash	• "Plate-forme stratégique" – ensemble cohérent de compétences – Assure la compétitivité à LT – Fournit un appui aux différentes activités – Assure la cohérence du portefeuille d'activités
Investissements	• Position forte sur les marchés attractifs	• Capitalisation sur les compétences clés du groupe • Recherche de la compétitivité à LT • Parade des attaques de concurrents "cachés" aux compétences supérieures
Désinvestissements	• Abandon des positions non rattrapables ou faibles sur marchés peu attractifs	• Maintien des compétences associées pour éviter d'affaiblir la position sur l'ensemble de la "plate-forme stratégique" • Transfert éventuel des équipes et redéploiement des compétences vers d'autres unités

Annexe 11

Les compétences à développer sont choisies à partir d'un questionnement

Matrice marchés/compétences

Compétences fondamentales ↑ / Marchés →	Existants	Nouveaux
Nouvelles	**Premier dans 10 ans** Quelles sont les nouvelles compétences fondamentales nécessaires à la protection et à l'extension de notre présence sur les marchés actuels ?	**Méga-créneaux** Quelles sont les nouvelles compétences fondamentales qui seraient nécessaires à la participation aux marchés les plus intéressants de demain ?
Existantes	**Remplir les cases vides** Peut-on améliorer notre situation sur les marchés existants en exploitant mieux nos compétences fondamentales actuelles ?	**Espaces vierges** Quels nouveaux produits/services pourrions-nous inventer en redéployant de façon créative ou en combinant différemment nos compétences fondamentales actuelles ?

Source : Hamel et Prahalad, La conquête du futur, *InterÉditions, 1995.*

L'entreprise est vue comme un portefeuille de compétences

Dans l'approche classique, l'entreprise est considérée comme un portefeuille d'activités, c'est-à-dire d'entités produisant une catégorie de produits homogènes destinés à un même marché. La stratégie de l'entreprise est essentiellement la consolidation des stratégies élaborées au niveau de chaque activité.

En réalité, le leadership sur les produits à long terme est largement déterminé par le leadership sur les compétences. Raisonner en termes de compétences permet ainsi d'appréhender les véritables sources d'avantages concurrentiels sur le long terme.

Considérer l'entreprise comme un portefeuille de compétences, et pas seulement d'activités, permet donc d'enrichir la réflexion stratégique et plus spécifiquement de :

- Choisir un positionnement,
- Faire émerger des opportunités de développement,
- Mettre en place des mécanismes de coopération,
- Guider les choix.

Choisir un positionnement et concevoir des stratégies à long terme capitalisant sur les compétences clés

La bataille concurrentielle pour une compétence peut en effet s'engager bien avant la lutte sur un produit.

Ainsi, JVC a mis près de 20 ans pour développer les compétences qui ont permis son succès sur le VHS ; de même pour Philips, en matière de technologie optique numérique.

Ainsi, la lutte concurrentielle entre produits ne représente parfois que le dernier mile d'un marathon de construction de compétences. De manière surprenante, l'analyse stratégique traditionnelle ignore presque les 25 premiers miles de la course. D'où l'intérêt de s'interroger sur les compétences à acquérir pour réussir dans le futur *(Annexes 10 & 11)*.

Annexe 12

Associer des compétences clés permet de faire émerger des opportunités de développement

EXEMPLE

Canon : un développement de produits appuyé sur quatre compétences clés

	Mécanique de précision	Optique de précision	Micro-électronique	Imagerie électronique
Appareil photo classique	X	X		
Appareil photo compact	X	X		
Appareil photo électronique	X	X	X	
Appareil photo autofocus	X	X	X	X
Caméra vidéo	X	X	X	X
Imprimante laser	X	X	X	X
Imprimante couleurs	X		X	X
Imprimante à bulles d'encre	X		X	X
Fax de base	X		X	X
Fax laser	X		X	X
Calculatrice			X	
Photocopieur	X	X	X	X
Photocopieur couleurs	X	X	X	X
Photocopieur laser	X	X	X	X
Photocopieur couleurs laser	X	X	X	X

Source : Hamel et Prahalad, Les grands groupes ne reconnaissent pas leur métier, *Harvard-Expansion / Hiver 1990-1991.*

Annexe 13

L'analyse des compétences clés fournit un cadre pour les développements externes de type fusions/ acquisitions

Objectifs des fusions/acquisitions

- Renforcer les compétences clés en apportant de nouvelles compétences
- Mieux exploiter les compétences clés en donnant accès à de nouveaux produits ou marchés sur lesquels il est possible de décliner ses compétences

Faire émerger des opportunités de développement en associant des compétences clés

Si Canon s'était considéré comme un producteur d'appareils photo et de photocopieurs, il ne serait jamais entré sur les marchés des imprimantes laser, des fax et de l'équipement de production de semi-conducteurs ou des pointes de stylos à bille *(Annexe 12).*

Fournir un cadre pour les développements externes de type fusions/acquisitions

L'approche par les compétences clés conduit à s'interroger sur celles dont on dispose et sur celles qu'il serait nécessaire d'acquérir pour entrer sur le nouveau marché. Peut-on les acquérir par un développement interne ? Sinon quelles sont les acquisitions ou les alliances à conduire pour s'associer les compétences nécessaires à la réussite de demain *(Annexe 13).*

Le succès de l'alliance Matra-Renault, pendant près de vingt ans, reposait sur l'association de compétences complémentaires, Matra disposant des savoir-faire amont dans le développement de concepts innovants d'automobiles et la fabrication en matériaux composites, Renault apportant son savoir-faire dans la conception et la fabrication de composants comme les moteurs, son image de marque et son réseau de distribution.

Annexe 14

Des mécanismes de coopération se superposent à la structure formelle pour favoriser les transferts/ partages des compétences clés

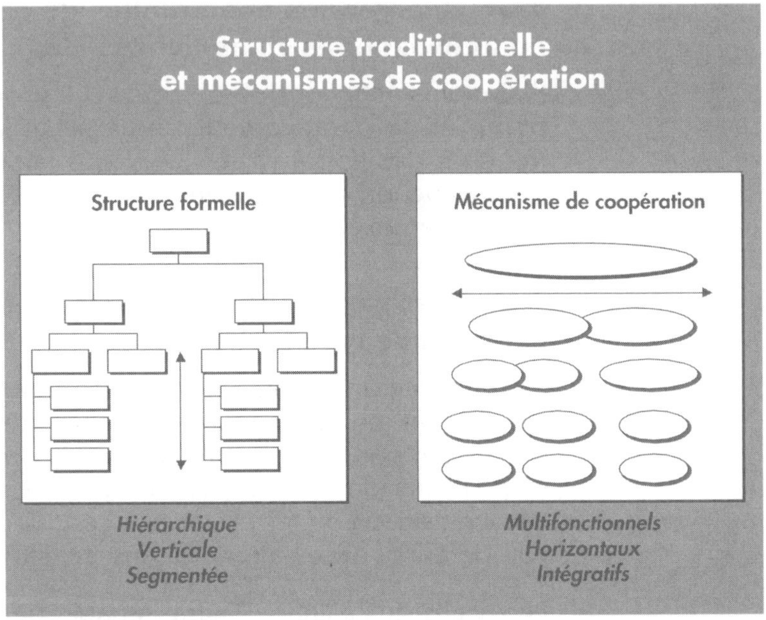

Annexe 15

Le plan d'acquisition des compétences requises doit arbitrer entre externe et interne

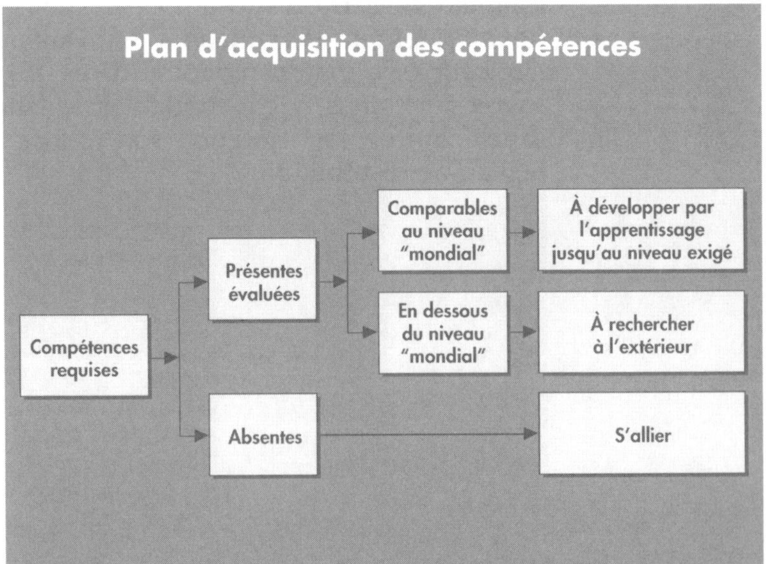

Source : *M. Mack, Comment devient-on une entreprise apprenante ?* Management France, Avril 1993.

Mettre en place des mécanismes de coopération pour favoriser le transfert et le partage des compétences clés

Les investissements et les délais nécessaires pour développer une compétence clé peuvent excéder les ressources et la patience d'une division de produits. Il est donc important d'avoir une vision au niveau global de l'entreprise. Faute de quoi certaines compétences risquent à tort de ne pas être développées.

Il faut également mettre en place des mécanismes de coopération, qui se superposent à la structure formelle, pour permettre le transfert et le partage des compétences au sein d'un groupe *(Annexe 14).*

Guider les choix sur les domaines à conserver et à sous-traiter

L'entreprise peut se construire autour de ses compétences clés et chercher à sous-traiter à l'extérieur les compétences manquantes, auprès des acteurs les maîtrisant le mieux. Ces réflexions se traduisent dans un plan d'acquisition de compétences *(Annexe 15).*

La logique des compétences clés conduit à repenser les organisations pour deux raisons : d'une part, l'efficacité d'une stratégie centrée sur les ressources peut provenir non seulement de l'excellence dans une compétence donnée, mais également de la combinaison originale de plusieurs compétences ; d'autre part, le développement de compétences, c'est-à-dire l'apprentissage, suppose un maximum d'interactions, avec des acteurs internes comme externes. D'où une nouvelle conception de l'organisation, décloisonnée, ouverte sur l'extérieur et apprenante.

Exploiter pleinement et redéployer les ressources et les compétences

Les choix organisationnels jouent un rôle clé dans le redéploiement des compétences et dans la construction d'avantages compétitifs. Ceci suppose la remise en cause de trois grands principes qui ont profondément inspiré la conception de nos organisations actuelles. Ces trois "sacro-saints" principes ont largement freiné l'exploitation d'avantages concurrentiels tirés de l'organisation.

Premier principe : maîtrise et intégration par les unités des fonctions qui contribuent à leur résultat

Le principe d'intégration a pénalisé les entreprises en leur faisant réaliser par elles-mêmes des fonctions qui auraient pu mieux l'être à l'externe.

Deuxième principe : spécialisation de ces unités par grande fonction

Le principe de spécialisation par fonction, du type R&D, industrialisation, commercial, après-vente, etc., représente un inconvénient majeur dans une situation concurrentielle exigeante en termes de qualité, rapidité et réduction des coûts. Il conduit à rechercher l'optimisation de chaque fonction aux dépens de l'ensemble.

Or, la performance dépend autant, sinon plus, de la coopération entre chacune des fonctions que de l'optimisation à l'intérieur de chacune d'elles.

Par ailleurs, ce principe conduit le plus souvent à résoudre les symptômes d'un problème sur une fonction alors que les causes peuvent provenir d'une autre. Ce traitement fragmenté des problèmes ne peut conduire qu'à des performances limitées.

Troisième principe : autonomie de chaque centre de profit

Le principe d'organisation autour des flux physiques n'a pas permis d'optimiser l'accumulation et le transfert du capital immatériel devenu aujourd'hui déterminant. Le dernier principe d'indépendance des centres de profit est sans doute le plus ancré dans la mentalité des managers, il demande une explication plus approfondie.

- **La somme des parties a plus de valeur que le tout**
  Au cours des années 1980, les opérations des raiders aux États-Unis et en Europe se sont multipliées ; elles consistaient à réaliser une offre publique d'achat sur un groupe puis à le vendre par "appartement". Ces opérations ont démontré que la somme des valeurs de chaque unité revendue séparément était largement supérieure à la valeur du groupe. En d'autres termes, l'organisation par unités indépendantes, chapeautées par un groupe, n'apportait pas de valeur ajoutée ou plutôt une valeur ajoutée négative.

Le plus souvent les stratégies d'entreprise ont dissipé, pour l'actionnaire, plus de valeur qu'elles n'en ont créé.

Michael Porter

- **Les stratégies de diversification entraînent souvent une perte de valeur**
  La sanction des marchés financiers a trouvé un support théorique dans les analyses effectuées par Michael Porter sur les groupes diversifiés : *"J'ai étudié la diversification de 33 grandes entreprises américaines prestigieuses au cours des années 1950/1968 et découvert que la plupart d'entre elles se sont défaites du plus grand nombre d'activités issues de leur diversification."*

On ne peut se demander si le fait d'accorder une autonomie complète aux unités est vraiment souhitable.

Michael Porter

- **L'autonomie des unités n'est pas forcément souhaitable**
Michael Porter montre que le concept de gestion de portefeuille, avec des unités largement autonomes où le rôle de l'état-major du groupe se résume principalement à une fonction de contrôle et à un arbitrage des allocations en ressources humaines et financières entre les unités, trouve rapidement ses limites : *"De plus en plus, les unités d'un groupe sont liées les unes aux autres en raison d'une nouvelle technologie, de l'élargissement du circuit de distribution et le l'évolution de la réglementation. L'établissement de stratégies indépendantes pour chaque unité risque fort de compromettre cette performance. Les entreprises de mon échantillon qui ont réussi leur diversification ont reconnu la valeur de ces liens et compris qu'un fort sentiment d'appartenance à l'entreprise est tout aussi important que la recherche exclusive de bons résultats pour une seule unité"*[3].

- **Les exemples japonais nous montrent la valeur du partage des ressources**
A contrario, le succès des grands groupes japonais sur les marchés de biens de consommation est lié, en partie, à des partages de ressources, notamment sur les investissements publicitaires pour la création de marques internationales : les grands groupes japonais ont ainsi créé plus de marques internationales au cours des dix dernières années que leurs homologues américains ou européens. Des marques telles que Nec, Panasonic, Toshiba, Sony, Seiko, Canon, Minolta sont toutes apparues au cours d'une période récente. Un investissement dans des marques internationales qui permettrait la diffusion de l'ensemble des produits des groupes n'aurait jamais pu être réalisé sans une concentration des moyens des différentes unités.

[3]. Porter, 1987.

- **La fragmentation des activités entraîne celle des compétences clés**
  L'organisation par unités autonomes peut aussi produire une sous-exploitation des compétences nécessaires au succès ; l'autonomie des centres de profit, poussée à l'extrême, entraîne une fragmentation des compétences clés ; elle peut conduire à sous-investir dans les compétences clés fondamentales à long terme pour supporter l'évolution du portefeuille d'activités.

  Lorsqu'elle masque l'importance des efforts réalisés en parallèle dans plusieurs centres de profit, elle est source de duplication et donc de surcoûts, sans pour autant apporter à l'entreprise la maîtrise de ces compétences clés.

- **Une autonomie excessive des centres de profit risque de pénaliser l'innovation**
  Les compétences clés nécessaires à un redéploiement du portefeuille sont prisonnières des entités dont les responsables s'attachent à préserver jalousement l'indépendance. Bien des opportunités de croissance sont manquées dans la mesure où elles requièrent souvent d'associer les compétences de plusieurs unités.

S'organiser autour de compétences et activités clés déterminantes pour le succès

Le succès des entreprises dépend presque toujours de deux ou trois activités déterminantes. Dans l'industrie pharmaceutique la découverte de molécules, les dépôts de brevets, l'obtention rapide d'accords de mise sur le marché, un marketing efficace à l'échelle mondiale constituent en général les quelques compétences clés pour la réussite. La production proprement dite ne constitue qu'une faible part du prix de vente du produit ; elle est rarement déterminante (sauf pour les génériques).

Lorsqu'une entreprise réalise en interne une activité que d'autres fournissent et produisent plus efficacement, elle pénalise sa position à long terme. Aussi, le partenariat avec des partenaires compétitifs représente l'une des clés du succès organisationnel. Ces partenaires externes peuvent être des designers, des agences de publicité, des chaînes de distribution, des banques, etc. L'entreprise doit donc se demander, activité par activité : *"Sommes-nous les plus compétitifs dans ce domaine ? Sinon quelles sources d'approvisionnement extérieures pourraient améliorer notre position concurrentielle ?".*

Quand les entreprises commencent à sous-traiter des activités non stratégiques, en particulier des activités administratives générant des coûts de structure, elles découvrent un ensemble d'effets secondaires bénéfiques : le management est davantage focalisé sur les activités stratégiques, les coûts diminuent et les délais de réaction se réduisent avec l'allègement des pesanteurs bureaucratiques et la diminution des pressions politiques de chaque département pour faire augmenter son propre budget. Tout ceci conduit à une organisation plus compacte, avec un nombre plus limité de niveaux hiérarchiques.

Autre avantage non négligeable, la focalisation sur quelques activités clés déterminantes conduit à une gestion des ressources humaines mieux ciblée : recrutement, formation et développement de carrières se concentrent sur les ressources humaines qui créent une véritable valeur ajoutée pour l'entreprise.

Le recours à la sous-traitance doit être conduit avec vigilance ; il s'agit, bien entendu, d'éviter de sous-traiter des activités qui sont le support de compétences clés car l'entreprise doit garder la maîtrise des activités qui déterminent sa position concurrentielle à long terme. Pour toutes les autres, la sous-traitance doit être envisagée. Mais il est essentiel que l'entreprise définisse et gère ses fournisseurs de façon à ne pas se mettre en situation de dépendance, ce qui signifie parfois développer ou maintenir des sources alternatives d'approvisionnement et/ou garder un contrôle partiel sur certaines activités qui auraient pu être totalement sous-traitées.

Une nouvelle forme d'organisation semble ainsi se dessiner, avec un noyau dur constitué d'activités clés bien identifiées, sur lesquelles l'entreprise détient un avantage concurrentiel incontournable, et un réseau de fournisseurs/partenaires très performant, coordonné par le noyau central. La devise de l'entreprise devient : *"Ne réaliser à l'interne que les activités qui confèrent un avantage compétitif et chercher à s'approvisionner à l'extérieur pour les autres".*

Organiser les transferts de compétences et la coopération entre les unités d'un Groupe

L'appartenance à un Groupe fait supporter à l'unité des contraintes incontestables ; elle assume une partie des frais généraux de la maison mère ; elle doit se conformer au système de gestion, de planification et de contrôle du groupe ; elle doit rendre compte à sa direction et s'accommoder de la politique du groupe en matière de personnel.

Ces contraintes doivent être plus que compensées par une valeur ajoutée supérieure apportée par le groupe : la filiale doit, du fait de son appartenance, être plus compétitive que si elle était seule.

Prenons, par exemple, le Groupe Suez. Il peut apparaître comme un groupe hétérogène, avec des activités dans des domaines très différenciés : l'eau, les loisirs, le câble, le traitement des ordures ménagères, la production d'électricité, la distribution d'électricité, les services énergétiques, etc.

En fait, on peut identifier, dans cet ensemble, trois compétences clés transverses partagées par l'ensemble des filiales du groupe et qui expliquent son succès.

Il s'agit, en premier lieu, du savoir-faire relationnel avec les collectivités locales

Le réseau de relations tissé au fil des années avec le monde politique et les élus constitue le cœur du métier du Groupe au-delà du savoir-faire technique ou de la puissance économique.

Le deuxième savoir-faire porte sur la négociation et l'ingénierie de contrats et les montages juridiques et financiers complexes

Il existe un véritable savoir-faire en ingénierie de contrat qui est commun à toutes les filiales du groupe.

Enfin le savoir-faire innovation de services constitue la dernière compétence transverse

Le groupe sait, en effet, monter des offres sur mesure, correspondant aux préoccupations des clients, prioritairement des élus.

Ces trois compétences constituent le cœur du métier de Suez. L'organisation est pensée pour que ces compétences clés irriguent l'ensemble du Groupe.

Les modes d'organisation pour organiser ce transfert sont variés ; en général, ils prennent la forme d'un ensemble de mécanismes de coopération qui se superposent à la structure hiérarchique verticale segmentée permanente. Ces mécanismes de coopération sont multifonctionnels, horizontaux, intégratifs et, le plus souvent, temporaires. Ils sont associés à un projet et non pas à une responsabilité fonctionnelle ou hiérarchique et prennent souvent la forme d'équipe ou de groupe de travail.

Aux mécanismes de coopération, il faut également ajouter un esprit de groupe fort, du fait d'une culture partagée. Celle-ci favorise la coopération entre les filiales autant que la structure d'organisation.

Exploiter les processus transverses

L'approche traditionnelle des organisations met l'accent sur la spécialisation fonctionnelle. L'entreprise est conçue comme un ensemble de fonctions séparées : la recherche, la logistique, le commercial, le marketing, la production, le service après-vente. On recherche la performance de l'ensemble à travers une optimisation de chacune de ses fonctions.

Ce mode d'organisation remonte au principe de spécialisation des tâches d'Adam Smith : les hommes travaillent plus efficacement lorsqu'ils ont une tâche simple à exécuter. Toutefois, les tâches simples exigent des processus complexes pour les regrouper.

Un processus est un ensemble d'activités rassemblées autour d'un objectif commun, par exemple : développer un nouveau produit, assurer la facturation, etc. Les processus sont donc une combinaison de faire et de savoir-faire distincts, permettant de fournir un résultat matériel ou immatériel, objectif commun à toutes les activités qui les composent.

Aussi, pendant plus de 200 ans, les entreprises ont accepté l'inefficacité, les inconvénients et les coûts associés à des processus complexes pour recueillir les avantages liés à la simplicité des tâches.

Cette conception est aujourd'hui remise en cause radicalement : les exigences de qualité, de rapidité et de coût conduisent à une démarche exactement inverse ; il s'agit de simplifier les processus en enrichissant les tâches, en décentralisant les pouvoirs de décision, en regroupant des acteurs complémentaires autour d'une même finalité. Ainsi, à la spécialisation par fonction doit se substituer une vision de l'organisation à travers quelques grands processus transverses aux différentes fonctions.

Les compétences clés sont très souvent associées à des processus transverses qui présentent un caractère unique et apportent une valeur supérieure au client.

La concurrence autour des compétences clés conduit donc à identifier ces processus stratégiques déterminants pour le succès à long terme, à les piloter au niveau du groupe, et à investir lourdement sur eux pour en retirer une rentabilité sur le long terme.

Transformer l'entreprise en organisation apprenante

L'approche par les ressources et compétences met en évidence que la plupart des avantages concurrentiels reposent désormais sur les ressources intangibles, notamment sur des savoirs et des connaissances.

Ces compétences collectives se développent dans l'interaction entre acteurs ; les politiques de réduction de la durée du cycle d'innovation reposent sur l'efficacité des mécanismes d'intégration et de coordination entre spécialistes et sur le degré d'autonomie des équipes de projets par rapport aux dirigeants des grandes fonctions.

Le développement simultané, ou la concurrence, impliquent une intensification des échanges d'informations entre spécialistes, dès les premières phases de projets. Cela est favorisé par la création d'équipes plurifonctionnelles autonomes.

D'où l'émergence d'organisations apprenantes, qui sont flexibles, ouvertes, communicantes, créatives, globalisantes et intégrées. Dans ces organisations apprenantes, les leaders sont des concepteurs, entraîneurs, formateurs ou serviteurs, qui concourent à la formation d'une vision partagée de la firme et de son devenir et à la construction d'une ambition commune.

D'UN COUP D'ŒIL

UNE APPROCHE NOUVELLE ET EXHAUSTIVE : LE MODÈLE DELTA

Choix du positionnement stratégique

- Le meilleur produit
- La meilleure solution client
- Le verrouillage du système

Détermination du "cap" stratégique

- Mission
- Structure de l'industrie
- Position concurrentielle
- Actions stratégiques clés

Élaboration du *"business model"*

- Innovation
- Efficacité opérationnelle
- Choix des clients cibles
- Processus d'adaptation

Mise en œuvre

- Moyens de mesure
- Expérimentation
- Feed-back

UNE APPROCHE NOUVELLE ET EXHAUSTIVE : LE MODÈLE DELTA

Le Modèle Delta, développé à la MIT Sloan School of Management[4], est le plus récent des nombreux "modèles" de réflexion stratégique.

Il constitue un cadre de travail et de réflexion particulièrement intéressant, car il présente trois avantages essentiels :

Simple ne veut pas dire facile.

Jack Welch

- *Il est relativement simple conceptuellement ;*
- *Il est très "parlant" ; une équipe de direction peut positionner très rapidement son entreprise (ou sa SBU) ;*
- *Il est exhaustif, car il intègre et réconcilie l'ensemble des approches de ses principaux prédécesseurs tels que Michael Porter, Pralahad & Hamel ou Fred Wiersema.*

Pour un profane – je suis vraiment un profane dans ce domaine, je trouve ceci tout-à-fait fascinant.

Franco Modigliani

D'un point de vue pratique, il permet de :

- *Focaliser les analyses et les mettre en perspective ;*
- *Réfléchir de manière structurée à leur signification pour l'entreprise.*

---

4. Le Groupe Delta, à l'origine de ce travail dans les années 1990, était composé d'un certain nombre de dirigeants de grandes sociétés (telles que ABB, GM, Merck, National Westminster Bank, Siemens, Unilever…) ainsi que de professeurs de la Sloan.
Leurs travaux ont été publiés dans de nombreuses revues, telles que la *Sloan Management Review* (Vol 40, N° 2, pp. 11-28, 1999) et l'*European Management Journal* (Vol. 9, N° 4, pp. 379-391, 2001) et, surtout, sous la forme d'un livre par Arnoldo C. Hax et Dean L. Wilde II : *The Delta Project: Discovering new sources of profitability in a networked economy*, Palgrave 2001. Ils ont également donné lieu à plus de 70 thèses, à de nombreuses études de cas et à la création, en 1993, d'un cabinet de conseil en stratégie : Dean & Company.

Annexe 1

Le Modèle Delta ramène les stratégies de base à trois grands types de positionnement

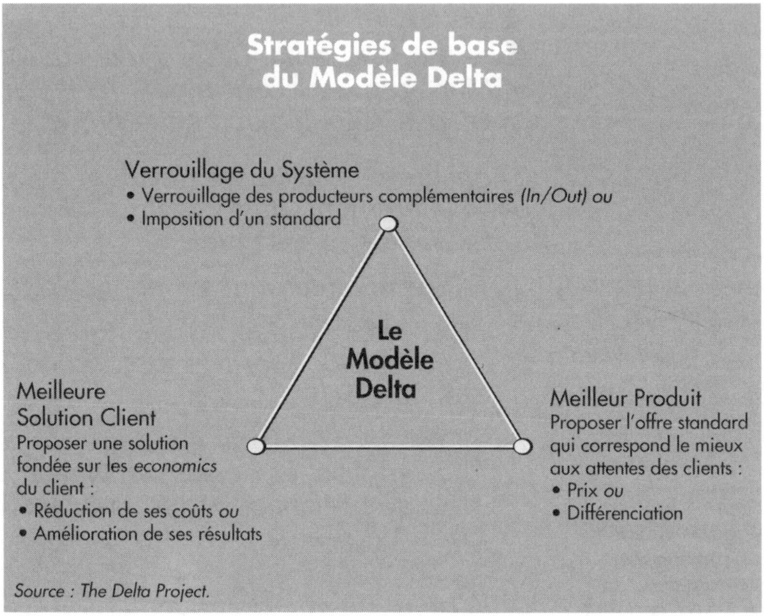

Annexe 2

La stratégie traditionnelle du meilleur produit est celle qui crée le moins de valeur pour l'actionnaire

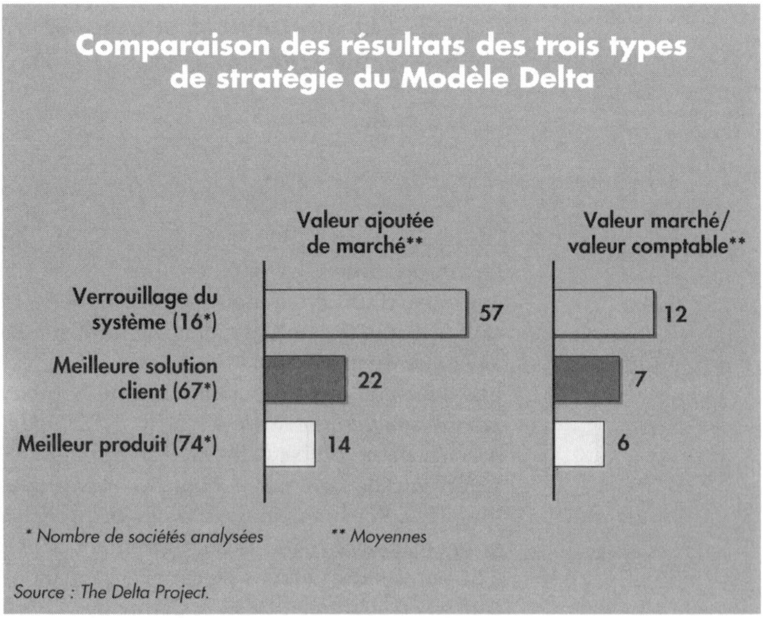

On ne construit pas une société forte sur des choix mous.

Alain Madelin

Le Modèle Delta ramène les stratégies de base d'une entreprise ou d'une *SBU* [5] à trois grands types de positionnement qui demandent des ressources et des compétences différentes pour réussir.

Le Meilleur Produit *(Best Product)*

Ce positionnement correspond à la forme classique de la concurrence. Il consiste à attirer le client grâce à des prix les plus bas possibles ou des caractéristiques uniques qu'il ne peut trouver ailleurs. L'attention de l'entreprise est focalisée sur les concurrents (à battre) et sur ses produits (à produire moins cher ou à différencier).

La Meilleure Solution Client *(Total Customer Solution)*

C'est l'inverse du positionnement précédent. Ici, l'entreprise focalise tous ses efforts vers ses clients, pour mieux les comprendre et développer des solutions qui renforceront les liens avec ces derniers. Pour réaliser ce projet, l'entreprise s'efforce de leur fournir un ensemble cohérent de produits et de services qui leur permettront d'accroître leur potentiel de création de valeur.

Le Verrouillage du Système *(System Lock-In)*

C'est l'option la plus ambitieuse. Elle consiste à situer l'entreprise dans son contexte le plus large, incluant, outre elle-même, ses fournisseurs, ses clients et, surtout, les fournisseurs de produits ou services complémentaires aux siens de manière à contrôler le business system complet *(Annexe 1).*

Les travaux de Hax et Wilde ont montré, sur un large échantillon d'entreprises (plus de 150), que la stratégie du "Verrouillage du Système" produit les meilleurs résultats pour l'actionnaire alors que la stratégie traditionnelle, celle du Meilleur Produit, est la moins performante *(Annexe 2).*

5. L'application du Modèle Delta se fait pour une activité homogène, ce qui implique d'avoir procédé préalablement à une segmentation stratégique des activités d'une entreprise si elle couvre plusieurs segments.

Annexe 3

La stratégie du meilleur produit comprend deux options distinctes

Premier type de positionnement : le meilleur produit

EXEMPLES

Option : coût plus faible	Option : différenciation
Sidérurgie • Nucor **Micro-ordinateurs** • Dell, Gateway **Télécommunications** • Williams **Internet** • Exodus **Compagnies d'aviation** • SouthWest Airlines, JetBlue • AirAsia, AirTran, EasyJet, Ryanair • Aeris, Virgin Blue, Virgin Express… **Transport Maritime** • SpeedFerries **Services financiers** • Sure-Trade	**Automobile** • Espace, Twingo • Avantime, Vel Satis **Équipement de la maison** • Knoll, Mobilier International • Bang & Olufson, Sony Wega **Produits de luxe** • Château Lafite, Dom Pérignon • Rolls Royce, Bentley **Micro-ordinateurs** • Apple Macintosh **Internet** • Google • ESPN, CNNSI.com • CBSsportline.com

Sources : The Delta Project, JBC.

Premier type de positionnement : le meilleur produit

La stratégie du meilleur produit, la plus couramment adoptée, représente la forme classique de la concurrence, mais l'expérience a prouvé qu'elle n'est pas nécessairement la plus performante.

C'est Michael Porter qui l'a popularisée dans les années 1980, en énonçant que, pour être concurrentielle, une entreprise avait deux possibilités : produire moins cher que ses concurrents ou différencier ses produits de ceux de ces derniers.

En conséquence, pour Porter, la stratégie d'une entreprise est essentiellement centrée sur ses produits et consiste à se battre contre ses concurrents, engager des bras de fer avec ses clients et ses fournisseurs grâce à son pouvoir de négociation et à créer des obstacles à l'entrée pour de nouveaux concurrents éventuels. En un mot, c'est la guerre avec le reste du monde.

Dans les années 1990, Pralahad & Hamel introduirent le concept des compétences clés. Il s'inspire, en particulier, des théories de Ricardo[6] et défend l'idée que le succès de l'entreprise dépend de sa capacité à utiliser ses ressources et ses compétences ; toutefois, cette approche est ambiguë (comment définir ce qui est clé ou non dans un métier donné) et de nouveau centrée sur les capacités internes de l'entreprise elle-même[7].

Ce positionnement traditionnel parut dépassé aux auteurs du Modèle Delta qui recherchèrent d'autres schémas plus prometteurs. Il est d'ailleurs intéressant de noter que leur premier chapitre s'intitule "*The End of Conventional Wisdom*" !

Regardons plus en détail ce que signifient les deux options de la stratégie du meilleur produit :

- Coût le plus faible ;
- Différenciation *(Annexe 3).*

6. David Ricardo, économiste anglais du début du XIXe siècle.
7. Voir le chapitre précédent.

Annexe 4

Ryanair est déjà devenue la troisième compagnie d'aviation européenne, avec une rentabilité exceptionnelle

Quelques données sur Ryanair

- 3ème compagnie aérienne européenne, derrière Air France + KLM et Lufthansa
- Flotte : 50 Boeing 737-800
- 11 bases, 150 routes
- 27,5 millions de passagers par an
- Prix moyen d'un billet : 40 € (EasyJet : 62 € et Air France : 216 €)
- N° 1 en Europe pour la ponctualité, le nombre d'annulations et le faible taux de bagages perdus : 0,6 ‰ par passager (Air France : 12,8)
- Point mort à 59 % de remplissage (111 sièges) contre 80 % pour EasyJet (125 sièges)
- Marge nette de 28 % en 2002 et de 21 % en 2003

Source : Ryanair (mars 2004).

Annexe 5

EasyJet connaît une croissance exponentielle

Évolution du trafic d'EasyJet (milliers de passagers)

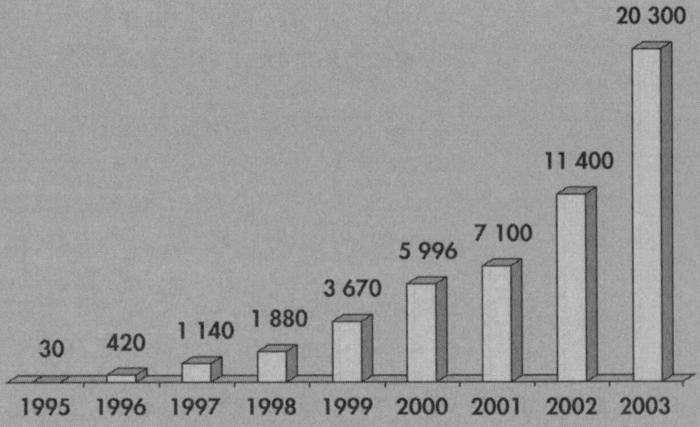

	1995	1996	1997	1998	1999	2000	2001	2002	2003
Taux de croissance annuel du trafic (%)			185	65	95	63	18	60	78

Source : EasyJet.

Coût le plus faible

Cette option doit permettre à l'entreprise d'accroître ses parts de marchés grâce à :

- Des produits standardisés, des commodités livrées en vrac ;
- Des clients génériques, nombreux, anonymes ;
- Une focalisation sur les concurrents, à égaler ou à surpasser, avec des produits *me-too*, des guerres de prix ;
- Des avantages économiques à rechercher dans les coûts de production, la *supply chain*, les économies d'échelle ;
- Une innovation limitée à l'amélioration des processus.

Détruire la concurrence, c'est tuer l'intelligence.

Frédéric Bastiat

Trois *exemples* significatifs :

La sidérurgie avec Nucor

Les coûts à la tonne d'acier de Nucor sont inférieurs de 40 à 50 dollars à ceux de ses concurrents, même les plus modernes, alors que son chiffre d'affaires par employé est plus de deux fois supérieur[8].

Les compagnies d'aviation "low cost"[9]

La pionnière est SouthWest Airlines, fondée en 1971 aux États-Unis, et bénéficiaire sans discontinuer depuis 31 ans !

Les plus connues en Europe sont Ryanair, fondée en 1985 en Europe et EasyJet, plus récente, mais qui connaît une croissance exponentielle *(Annexes 4 & 5).*

8. Le lecteur intéressé par une description détaillée de la stratégie de Nucor se réfèrera avec profit au livre d'Arnoldo C. Hax et Dean L. Wilde II, *The Delta Project*.

9. Ou compagnies à bas coûts, à ne pas confondre avec les *"low fare"* c'est-à-dire à bas prix, dont les coûts ne sont pas forcément moins élevés que ceux des compagnies traditionnelles. Elles connaissent souvent des difficultés ; une des plus connues, ATA Airlines vient de se déclarer en faillite.

Ces chiffres record du trafic et des bénéfices montrent à quel point le modèle économique à bas coûts de Ryanair demeure robuste, même dans un environnement économique caractérisé par des prix de carburant record et une compétition tarifaire accrue.

Ryanair

Les compagnies à bas coûts ont rapidement capté le quart du trafic domestique américain. Ainsi JetBlue, fondée en 2000 avec une seule ligne New York/Floride, dessert maintenant plus de 30 villes.

Pour l'instant, les compagnies à bas coûts ne représentent encore que 10 % du trafic aérien en Europe avec plus d'une soixantaine de compagnies et 700 lignes, en court et moyen courriers exclusivement ; leur part de marché devrait atteindre 20 % en 2010.

Elles ont également été les seules, avec Air France, British Airways et Lufthansa, à résister aux évènements qui ont touché le trafic aérien mondial depuis deux ans – 11 septembre et terrorisme en général, récession économique, guerre en Irak, SRAS – et à avoir une bonne rentabilité[10]....

Évidemment, la hausse des prix du pétrole, qui représente entre 16 et 25 % de leurs coûts, les affecte comme elle affecte les compagnies traditionnelles ; mais elles ont la possibilité de jouer sur leurs marges, de développer leurs revenus annexes (achats à bord par exemple) et de diminuer leurs capacités[11]. Ryanair s'est même payé le luxe, au deuxième semestre 2004, d'"absorber" cette hausse sans augmenter ses prix.

MODÈLE DELTA

10. Bénéfices nets 2002 : Air Tran : + 11 M$, Jet Blue : + 55 M$, Ryanair : + 239 M$, SouthWest : + 241 M$.

11. EasyJet a ainsi décidé de ne plus desservir Zurich, Amsterdam et Copenhague, trop coûteux, pour se redéployer vers des plates-formes de l'Europe de l'Est.

Annexe 6

Les deux premières compagnies aériennes à bas coûts en France représentent déjà près de 6 millions de passagers annuels

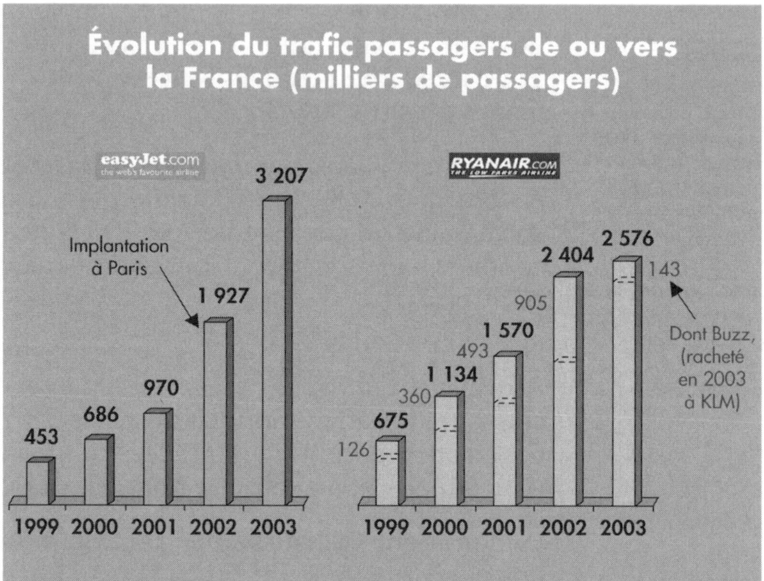

Source : DGAC/SDEEP.

Annexe 7

La moitié du trafic "français" des compagnies à bas coûts se fait avec Londres

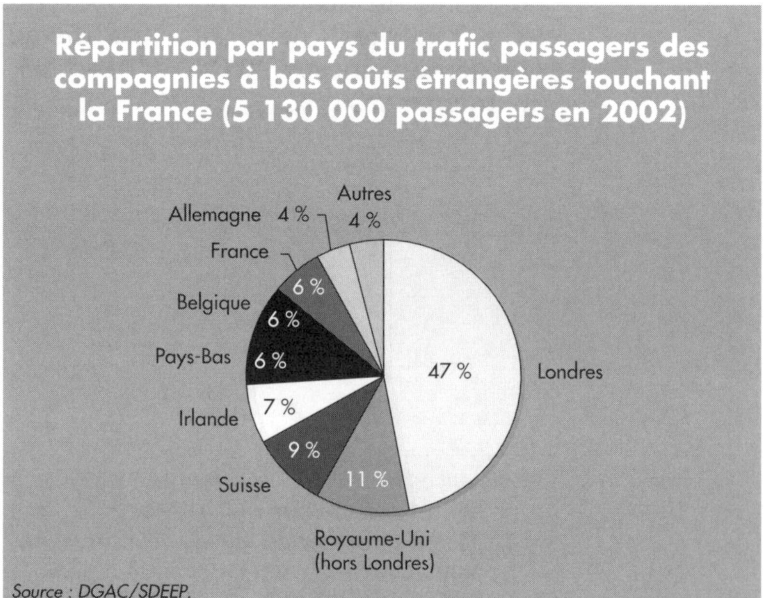

Source : DGAC/SDEEP.

Dans le même temps, les compagnies traditionnelles, américaines en particulier, connaissaient des pertes abyssales[12] et plusieurs ont été acculées au dépôt de bilan (United Airlines, US Airways, SwissAir...).

- **Un succès remarquable en France**

  Les compagnies à bas coûts ont capturé une part significative du transport aérien de passager en France ; en 2002, elles étaient déjà installées sur 28 aéroports français ; elles exploitaient 87 liaisons touchant ou intérieures à la France ; le nombre de mouvements avait crû de 83 % par rapport à l'année précédente et le nombre de passagers atteignait 5,1 millions, en augmentation de 85 % ! *(Annexe 6).*

  À l'heure actuelle, le trafic concernant la France est en majorité en provenance ou à destination du Royaume Uni (58,9 % fin 2002, à plus des 4/5èmes de et vers Londres), mais le trafic avec les autres pays européens se développe, principalement avec la Suisse, l'Irlande, le Benelux, l'Allemagne et la Scandinavie *(Annexe 7).*

Faire du ciel l'endroit le moins cher de la terre.

Publicité de Ryanair

- **Un impact régional important**

  Ryanair fait systématiquement appel à des subventions de la part des villes alléchées par la possibilité d'attirer une clientèle étrangère intéressante. La compagnie a ainsi obtenu, de l'aéroport bruxellois Charleroi Sud, des réductions d'impôts, l'utilisation d'un hangar et 2,9 M€. En France, la compagnie reçoit, de Clermont-Ferrand, 625 K€ par an, pendant 5 ans, 560 de Limoges, 450 de Reims, etc.

---

12. Les pertes des compagnies US représentent 11 Mds $ en 2002 (dont : American Airlines : – 3,5 Mds $, Delta : – 1,3 Md $, United : – 3,2 Mds $). Elles en ont encore perdu 5 milliards au total en 2004 (dont : Contimental : – 363 M $, American Airlines : – 761 M $ et surtout Delta : – 5,2 Mds $ dont – 2,3 Mds $ hors éléments exceptionnels) et en perderont probablement autant en 2005. Au total, les compagnies d'aviation US auront perdu près de 30 milliards de dollars entre 2000 et 2005 et licencié 110 000 personnes.

Les Français n'ont pas envie de faire Carcassonne-Londres via Paris avec Air France. Moi, j'offre un service sans correspondance et à des prix cassés. Résultat : tous les aéroports secondaires veulent travailler avec moi.

Michael O'Leary

Bien entendu, ces subventions, qui représentent de 10 à 20 e par passager, ont été attaquées par ses concurrents. Mais la Commission européenne a, en grande partie, donné raison à Ryanair, en décrétant que la croissance des compagnies à bas coûts pouvait, lorsqu'elle permet le développement d'aéroports régionaux, présenter un intérêt commun à l'ensemble des états membres, et a donc accepté l'aide des aéroports au démarrage des nouvelles lignes pendant cinq ans et leur participation aux dépenses de marketing et de publicité des sociétés à hauteur de 50 % et aux rabais accordés aux voyageurs. Les procédures, en particulier devant le tribunal administratif en France, ne sont pas, pour autant, terminées...

Cela dit, l'"effet Ryanair" se fait déjà sentir sur le tissu local. Ainsi, le prix de l'immobilier a déjà augmenté de 20 % près des aéroports où Ryanair se pose, surtout au sud de la Loire, grâce aux Britanniques qui, recherchant "campagne, architecture et soleil", ont acheté 900 maisons dans le Limousin en 2002 ! Et les banques leur ouvrent des comptes à tour de bras : 6 mois après l'arrivée de Ryanair, le Crédit Agricole en avait ouvert 3 000 et la Banque Populaire, un millier. Enfin, les Britanniques créent des entreprises et des emplois : 83 entreprises en Dordogne et 1 850 emplois à Carcassonne, par exemple.

L'effet joue aussi en sens inverse. Lorsque Ryanair s'est retiré de Strasbourg, le nombre de passagers internationaux a baissé de 44 %, en dépit de la baisse des prix de Brit'Air, filiale d'Air France !

- **Une culture de coûts réduits au minimum**

Notre ennemi, ce n'est pas la concurrence, notre ennemi, c'est le coût.

Tony Fernandes président de AirAsia

La stratégie de ces compagnies consiste essentiellement à réduire leurs coûts au strict minimum, par tous les moyens, jusqu'à 60 % de moins qu'une compagnie traditionnelle ; ceci leur permet de proposer des prix deux ou trois fois moins élevés.

Parmi leurs points communs, on retrouve :

- **Un service minimum**
  – *Une seule classe*, avec la réduction à leur plus simple expression des prestations à bord (*no-frills*, c'est-à-dire, en fait, le transport et rien d'autre). Les passagers doivent payer pour tous les services supplémentaires, – repas, sandwiches, snacks, boissons – vendus par un personnel de bord rémunéré à la commission...
  – *Système de réservation efficace et peu coûteux par Internet* (94 % des ventes de Ryanair), éliminant les commissions d'agents. En effet, le coût d'une réservation par Internet est de l'ordre de 1 €, contre 10 € pour une réservation par un agent.

Annexe 8

Les compagnies aériennes à bas coûts utilisent de nombreux aéroports secondaires

Trafic des compagnies à bas coûts par aéroport français 5 412 822 passagers en 2000*

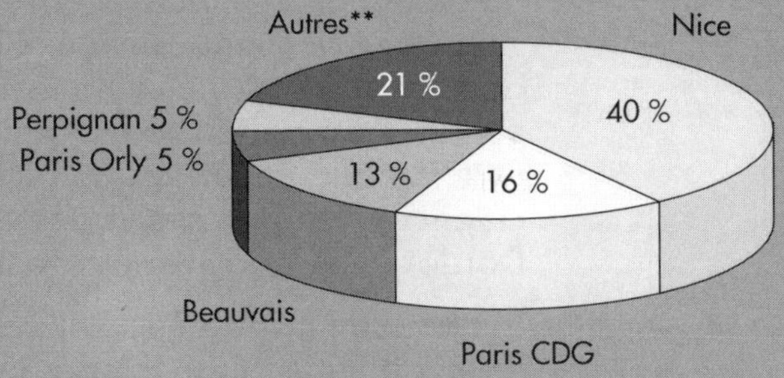

* *Les passagers intérieurs (282 947) sont comptés deux fois*
** *Carcassonne, Bordeaux, Montpellier, Marseille, Nîmes, Biarritz, St Étienne, Dinard, Lyon, Toulouse, La Rochelle, Toulon, Bergerac, Poitiers, Limoges, Tours, Grenoble, Brest, Strasbourg, Dijon, Caen, Rouen, Chambéry…*

Source : DGAC/SDEEP.

Je travaille à la manière des patrons d'hypermarchés. Ils pressent les producteurs pour faire baisser le prix du pain ou celui du lait. Moi, je fais baisser le prix des billets en négociant fermement avec mes partenaires. Je fais voyager des gens ordinaires qui n'avaient jamais pris l'avion avant et je développe les emplois sur place.

Michael O'Leary

– *Dessertes point à point*, évitant d'avoir à traiter le problème des correspondances, et vols de moins de trois heures[13].

• **L'utilisation d'aéroports secondaires,** aux taxes d'atterrissage moins élevées. Évidemment, cela augmente souvent le prix du transfert pour le passager *(Annexe 8).*

• **L'utilisation intensive des actifs**

– *Uniformisation de la flotte*, avec un seul type d'avion pour diminuer les coûts de maintenance, principalement des Boeing 737-200 et 300 ou des Airbus A 320 (SouthWest Airlines : 377 avions ; Ryanair : 67, plus 89 en commande ferme) ; aujourd'hui, elles représentent un énorme potentiel d'achat pour Boeing et Airbus, ce qui leur permet d'obtenir de bonnes conditions d'achat (même en leasing).

– *Taux de remplissage très élevé,* entre 80 et 95 % en moyenne, contre 50 à 60 % pour les compagnies traditionnelles. Même en janvier 2004, mois généralement "creux", il était de 71 % pour Ryanair contre 56,9 % pour le secteur Europe d'Air France.

– *Rotations très rapides*, de l'ordre de 20 à 25 minutes ! Pour y parvenir :

▿ Les passagers sont encouragés à "voyager léger" et à n'avoir que des bagages cabine. Ryanair accepte ainsi 10 kg de bagages à main au lieu de 7 et EasyJet impose simplement comme limite que le passager puisse porter son bagage et le mette lui-même en place en cabine ; ceci contribue aussi à réduire la manipulation des bagages qui représente le tiers des coûts aéroportuaires ;

MODÈLE DELTA

13. Les compagnies à bas coûts ont aussi révolutionné la tarification du transport aérien en imposant la pratique de l'aller simple, alors que les compagnies traditionnelles continuaient à favoriser les allers et retours ! De plus, leur grille tarifaire propose des billets particulièrement bon marché, mais non remboursables et non modifiables.

Annexe 9

La rentabilité de certaines compagnies aériennes à bas coûts comme Ryanair est exceptionnellement élevée

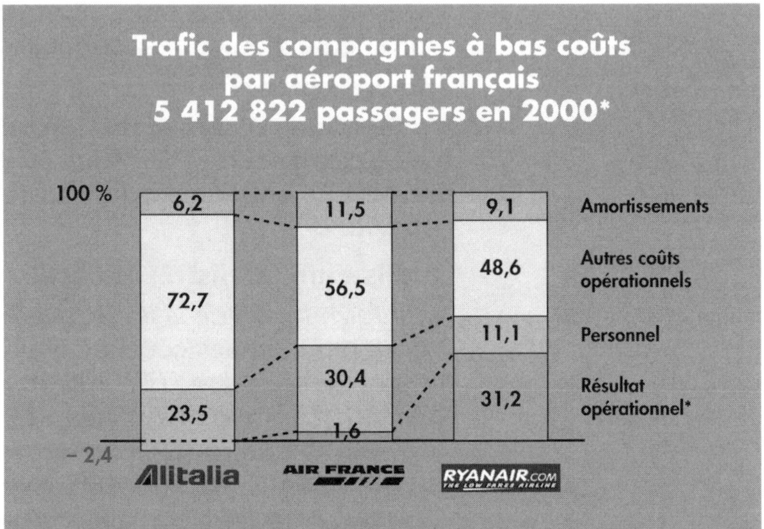

* *Lufthansa : 0,2 ; Iberia : 3,5 ; British Airways : 3,9 ; EasyJet : 7,1*

Sources : Sole 24 oro, sociétés, JCF Groupe.

Une compagnie aérienne à bas pris, bien gérée, cela peut être très profitable. Je pense même que c'est l'avenir pour les vols court et moyen courrier.

Richard Branson

▽ L'enregistrement ferme 30 à 40 minutes avant le décollage, et il n'est pas question d'attendre les retardataires !

▽ Les passagers doivent rejoindre l'avion à pied sur le tarmac, quelles que soient les conditions météorologiques, et les sièges ne sont pas attribués.

De plus, les avions volent davantage : 12 heures par jour chez EasyJet, contre 8 pour les compagnies classiques.

– *Personnel moins nombreux et polyvalent*

▽ JetBlue emploie 70 personnes en moyenne par avion, et SouthWest, 75, à comparer à plus de 100 pour une compagnie traditionnelle.

▽ Le personnel de bord (non syndiqué...) est polyvalent ; il assure le nettoyage de l'avion, et même les pilotes leur prêtent parfois main forte.

La productivité par employé est ainsi phénoménale, huit fois plus élevée chez Ryanair que chez Lufthansa par exemple.

Tout ceci explique la rentabilité des *low cost* qui est souvent très élevée *(Annexe 9).*

Ceci explique aussi que le modèle fasse école. Rien qu'à Singapour, il y a, actuellement, trois projets de création !

MODÈLE DELTA

SpeedFerries

Le modèle des *low costs* aériennes a été adopté par cette nouvelle compagnie de ferries, créée par le Danois Curt Stavis, qui exploite, depuis mai 2004, une ligne trans-Manche à partir de Boulogne. Elle met Douvres à 50 minutes, soit 10 à 40 minutes de moins que ses concurrents et applique plusieurs des principes des *low costs* :

- Tous ses salariés – 120 à ce jour – sont "multi-tâches", c'est-à-dire qu'ils peuvent être d'abord à l'accueil, puis au bar et finir la journée par le ménage !
- Les réservations sont prises à 90 % sur Internet ;
- Enfin, les tarifs dépendent du taux de remplissage et non de la durée du séjour.

SpeedFerries va mettre en service un deuxième navire en avril 2005 et prévoit de transporter un million de voitures en 2005.

Différentiation

Une société ne peut distancer ses concurrents que si elle peut établir une différence qu'elle peut préserver.

Michael Porter

Cette différenciation est obtenue par l'obtention de caractéristiques uniques pour lesquelles le client est prêt à payer un premium.

Elle peut prendre plusieurs formes : image de marque, design, technologie, caractéristiques, service client, réseau de concessionnaires, etc.

Il peut s'agir de produits de luxe, comme de produits d'équipement, de services, etc.

L'essence de la stratégie est le choix d'accomplir ses activités d'une manière différente de celle de ses concurrents.

Michael Porter

Étant donné que la plupart de ces caractéristiques peuvent être rapidement copiées par les concurrents, le problème est de toujours garder un temps d'avance sur eux.

Quelques *exemples* :

- *Bang & Olufson*

B&O s'est imposé dans le domaine de l'audio-visuel, essentiellement grâce au design de ses appareils et a ainsi réussi à pratiquer des prix souvent doubles de ceux de ses concurrents.

- *Google*

En 1996, Larry Page et Sergey Brin, étudiants de doctorat en *computer science* à Stanford, inventent un nouveau moteur de recherche par algorithmes, qu'ils appellent *BackRub*[14]. En septembre 1998, il lancent leur société, Google, Inc.[15], dans un garage de Menlo Park, comme il se doit, et, dès le début, répondent déjà à 10 000 requêtes par jour.

---

14. Par référence à sa capacité à analyser les *back links* qui conduisent à un site web.

15. Le nom est basé sur le terme *googol,* inventé par Milton Sirotta, neveu, alors âgé de neuf ans, du mathématicien américain Edward Kasner pour représenter le 1 suivi de 100 zéros (ou 10^{100}). La société a choisi ce nom comme symbole de sa mission qui est d'organiser l'immense volume d'information disponible sur le web.

Annexe 10

La croissance de Google est phénoménale et les résultats sont très largement positifs

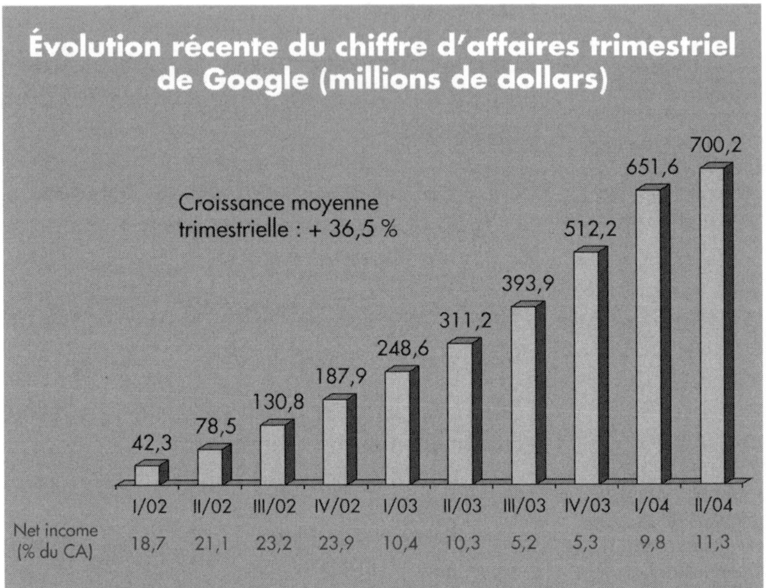

Source : Prospectus Google.

Annexe 11

Google est aujourd'hui le moteur de recherche le plus utilisé sur Internet

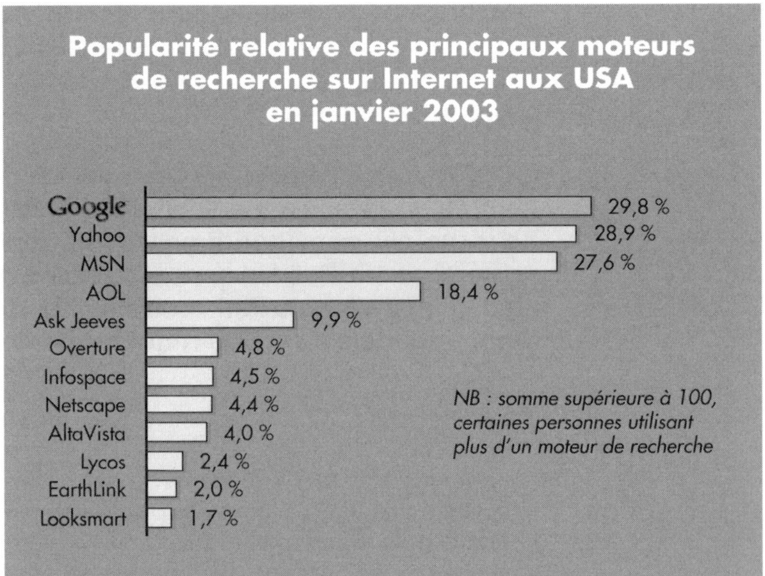

Source : Nielsen/NetRatings for SearchEngineWatch.com – pannel de 60 000 sondés.

- **Une croissance exceptionnelle**
Google devient, en juillet 2000, le premier moteur de recherche sur Internet au niveau mondial, avec 18 millions de requêtes par jour.

Sa croissance est incroyable : 36,5 % de moyenne trimestrielle depuis deux ans et demi ! *(Annexe 10).*

Tout le monde connaît la suite, jusqu'aux "enchères hollandaises" pour rentrer en fanfare au Nasdaq en 2004, en dépit d'une conjoncture boursière maussade. Fin octobre 2004, sa capitalisation avait atteint 52 milliards de dollars, soit plus que la somme de General Motors et de Ford. Quant à son PER[16], il avait atteint le chiffre astronomique de 443 – contre 35 pour Microsoft, 10 pour Ford et 5 pour General Motors !

Aujourd'hui, Google est le 4ème domaine du web mondial et la marque préférée des Américains, devant Avis. Plus de 50 % des requêtes proviennent de pays autres que les États-Unis et Google est le premier moteur de recherche en Grande Bretagne, en Allemagne, en France, en Italie, aux Pays-Bas, en Espagne, en Suisse et en Australie *(Annexe 11).*

En France, les chiffres sont particulièrement spectaculaires ; ainsi, en mars 2004, Google enregistrait 48,9 % du trafic, contre 11,9 % pour Wanadoo/Voilà et 11,8 % pour Yahoo France[17].

- **Une combinaison de facteurs de succès**
Google doit son succès à :
  - **La plus grande quantité de pages indexées** au monde : plus de 4 milliards de pages Web à fin décembre 2003 (y compris des fichiers pdf et des emails), plus de 880 millions d'images, plus de 845 millions de messages Usenet, archivés depuis 1981, et 6 600 catalogues de vente par correspondance[18].

Nous croyons que plus la technologie devient puissante, plus elle devrait être facile à utiliser.

Éric Schmidt

16. *Price Earning Ratio* (Ratio Prix/Bénéfice).
17. Source : Journal du Net.
18. Le reste (estimé à 6 milliards supplémentaires) est inaccessible (banques de données sur abonnement, intranets...)

Annexe 12

Google doit une grande part de son succès à sa puissance de calcul et d'indexation et à ses capacités de hiérarchisation

Quelques chiffres sur Google à mi-2004

- Plus de **10 000 ordinateurs en réseau,** pouvant traiter plus de **2 000 requêtes par seconde** avec un temps de **réponse inférieur à 1/2 seconde**
- Plus de **4,3 milliards de pages indexées** (la moitié du total de l'Internet, le reste étant généralement inaccessible)
- Algorithme de hiérarchisation comprenant **500 000 variables**
- **1 900 employés** (les *Googlers*) dont plus de 100 titulaires d'un doctorat
- **35 langues de travail,** une interface en 88 langues et une traduction automatique à la demande

Sources : Google, Forbes Global, Le Journal du Net, The New York Times.

- **La hiérarchisation des résultats** en fonction de leur pertinence pour l'utilisateur, suivant le nombre de liens significatifs avec d'autres pages Web (technologie *PageRank™*).
- **Une très grande rapidité.**
- La possibilité de l'utiliser à partir de **n'importe quel terminal,** même un PalmPilot et un téléphone mobile.
- **L'intervention directe des annonceurs** qui rédigent eux-mêmes leur message publicitaire et fixent eux-mêmes le prix qu'ils veulent payer *(AdWords)*. Ce service est aujourd'hui utilisé par plus de 150 000 clients.
- **Un enrichissement constant de nouveaux services** innovants, tels que :
  - une calculatrice très complète[19] ;
  - *Google News,* qui donne accès à 4 500 sources de news ;
  - *Google Labs,* qui permet aux ingénieurs de Google de présenter leurs idées en phase ß ;
  - *Froogle,* permettant de rechercher toutes sortes de produits avec leur image et leur prix, et même ;
  - *Gmail,* un nouveau service de messagerie qui offre une capacité de stockage de 1 Gigabyte de mémoire et, bien entendu, la technologie Google pour retrouver ses messages ! ;
  - *GooglePrint*, un moteur de recherche capable de retrouver une information dans des livres préalablement numérisés ; l'internaute peut ainsi visualiser la page correspondante d'un livre et être redirigé vers un marchand qui peut le lui procurer ;
  - *Google Desktop Search*, qui peut incorporer des recherches sur son propre ordinateur (emails, dossiers personnels, etc.) avec celles du site de Google *(Annexe 12).*

Internet n'est que le début de toutes les façons que nous pouvons utiliser la technologie pour affecter notre vie de tous les jours.

Sergey Brin

Je crois fermement que les sociétés importantes et qui réussissent ont un certain nombre de ressources et l'obligation d'utiliser certaines de ces ressources pour au moins essayer de résoudre ou d'améliorer un certain nombre des problèmes du monde et, en fin de compte, rendre le monde meilleur.

Sergey Brin

19. Il suffit d'entrer une opération, même complexe – puissance, trigonométrie, conversions… – dans la fenêtre de recherche et de lancer celle-ci pour obtenir le résultat.

Annexe 13

... et peut-être à une philosophie originale...

La philosophie de Google en dix points

- Focalisez vos efforts sur l'utilisateur et le reste suivra
- Mieux vaut ne faire qu'une seule chose, mais la faire vraiment, vraiment bien
- Rapide est mieux que lent
- La démocratie sur le web, ça marche
- Vous n'avez pas besoin d'être à votre bureau pour avoir besoin d'une réponse
- Vous pouvez gagnez de l'argent sans mal vous conduire
- Il y a toujours davantage d'informations à aller chercher
- Le besoin d'information ne connaît pas de frontières
- Vous pouvez être sérieux même si vous ne portez pas de costume
- "Super" ne suffit pas

Source : Google.

Ajoutons que les sources de revenus sont doubles : les services de recherche s'appuyant sur la technologie de recherche propriétaire de la société, et les programmes de publicité au format texte de Google ; ciblée sur le contenu, elle génère un taux de clics cinq fois supérieur, en moyenne, aux bannières de publicité classiques.

- **Une culture unique**
  La culture qui règne à *Googleplex*, le siège actuel de Google à *Mountain View* en Californie, est particulièrement informelle et ressemble davantage à celle qui règne sur un campus d'université que dans une entreprise "normale" : espace de travail entièrement ouvert, avec les gens les uns sur les autres, bureaux faits de tables posées sur des tréteaux, chiens se promenant librement, restaurant avec menus diététiques de qualité, choisis avec soin, jus de fruits à volonté, masseuse à disposition, tables de billard, matches de hockey sur rollers organisés deux fois par semaine sur le parking, réunions hebdomadaires tenues dans l'espace ouvert... *(Annexe 13).*

La présence de chiens chez Google est une caractéristique unique et plutôt attachante de la culture de notre lieu de travail.

Sergey Brin

Le succès de Google a attiré plusieurs nouveaux entrants (Alltheweb, Theoma Technologies...), mais il reste à prouver qu'ils réussiront à se faire une place au soleil.

Plus intéressant est de constater que le célèbre Yahoo vient d'adapter son module de recherche en s'inspirant de Google !

Le cas des commodités

Le billet d'un dollar que le client reçoit des guichetiers dans quatre banques différentes est le même. Ce qui est différent, c'est les guichetiers.

Stanley Marcus

Le problème de l'état d'esprit "commodités" est que la plupart des managers pensent qu'ils ne peuvent se battre que sur les prix, car leur produit est indifférencié. Or, rien n'est plus faux.

Même s'il y a peu de différences dans les produits offerts par les différents concurrents, les types de clients, eux, sont généralement différents ; ils ont des besoins spécifiques et présentent des opportunités différentes.

Les "complémentaires", eux aussi, sont spécifiques et différents suivant l'industrie.

Deux *exemples* vont l'illustrer, en montrant comment une société vendant des commodités peut changer son positionnement stratégique.

■ *Codelco*

Le concept de "commodité" n'existe que dans l'esprit des incapables.

Arnoldo Hax

Cette société chilienne est la première société mondiale d'extraction et de production de cuivre. Elle a la chance de posséder la mine de cuivre à ciel ouvert la plus importante au monde, avec le minerai le plus concentré.

Focalisée sur la vente de commodités, sa stratégie traditionnelle consistait à avoir les coûts les moins élevés de sa profession et elle réussissait plutôt bien, avec des marges doubles de celles de ses concurrents.

Toutefois, elle se trouvait confrontée à une concurrence croissante de la part d'autres industries, comme les producteurs d'aluminium, de plastique ou de fibres optiques dont les produits représentaient des substituts croissants au cuivre.

Sans abandonner sa position de producteur à faible coût, Codelco s'est orientée, depuis 1998, vers la mise en œuvre des deux autres types de stratégies décrites dans le Modèle Delta, en se refocalisant sur les solutions clients et en élargissant l'horizon de ses activités aux "complémentaires" : architectes, entrepreneurs, constructeurs automobiles, etc.

MODÈLE DELTA

RPAN

Cette société multinationale était la filiale de Rhône-Poulenc[20] spécialisée dans les additifs destinés à être incorporés dans les aliments pour animaux d'élevage, principalement la méthionine[21] et les vitamines A et E. Toutes ces molécules sont banalisées et non brevetables.

Dans les années 1980, la société était en perte. Une nouvelle équipe décida de suivre une stratégie de repositionnement de la société sur le métier de nutritionniste et de "débanaliser" les produits en les adaptant aux besoins des clients.

Elle focalisa ses efforts dans quatre directions :

- **Différencier ses produits,** grâce une nouvelle forme liquide de méthionine et à un procédé d'encapsulation de ses vitamines ;
- **Élargir sa gamme :**
  - **horizontalement** par des rachats et des accords de co-production ou de distribution ;
  - **verticalement,** en se lançant dans les prémixes, mélanges tout préparés de vitamines et d'autres additifs.
- **Devenir le spécialiste de la nutrition animale et développer un ensemble de services, uniques** dans la profession, destinés à aider les clients à mieux utiliser ses produits : méthodes de test, guides d'utilisation, tables et programme informatique de formulation rationnelle des aliments, séminaires de formation...
- **Étendre sa couverture géographique,** grâce également à des rachats et à des accords de co-marketing.

20. Avant son rachat par un groupe financier.

21. L'un des deux principaux acides aminés essentiels à la vie, dont la société avait introduit l'usage. À cette époque, elle s'appelait encore AEC (Alimentation Équilibrée de Commentry).

Vers la fin des années 1990, la société réalisait 95 % de ses ventes en dehors de France et elle était devenue l'une des filiales les plus rentables du Groupe.

La stratégie du meilleur produit n'est pas dépassée. Il est toujours intéressant pour une entreprise de produire à faible coût et de se différencier de ses concurrents. Simplement, dans l'environnement actuel, cette stratégie est insuffisante pour décrire toutes les manières dont les entreprises se font concurrence et elle n'est pas la plus efficace.

Il suffit, pour s'en convaincre, d'analyser une société comme Microsoft, au succès phénoménal. Microsoft ne doit sa position actuelle, ni aux coûts de ses produits, ni à leur qualité...

Les deux types de positionnement suivants représentent un nouveau type de *business model* mieux adapté aux besoins des entreprises du XXIe siècle.

Deuxième type de positionnement : la meilleure solution client

La stratégie de la meilleure solution client met celui-ci au cœur des préoccupations de l'entreprise ; elle est donc diamétralement opposée à celle du meilleur produit[22]. Elle est fondée sur la création d'un lien quasi-affectif avec les clients. On pourrait dire que c'est la stratégie du "faites l'amour avec vos clients et non la guerre à vos concurrents"[23] :

La meilleure stratégie est celle qui permet d'atteindre ses objectifs sans avoir à se battre.

Sun Tsé

- Recherche d'une **compréhension intime** de l'ensemble des besoins des clients pour y répondre au mieux ;
- **Analyse des *economics* du client** et de ses leviers de profitabilité ; en particulier, analyse du coût complet d'une solution pour le client ;
- **Innovation focalisée** sur le développement de produits nouveaux, en commun avec les clients cibles ;
- **Assemblage personnalisé de produits ou services** permettant au client d'accroître sa capacité à créer de la valeur ;
- **Développement d'une *supply chain* intégrée,** depuis les propres fournisseurs clés de l'entreprise jusqu'à ses clients ;
- **Distribution directe,** qui crée des liens contrairement à la distribution de masse.

Une chose que j'ai découverte avec certitude, c'est que tout ce que nous ferons pour aider un client à mieux réussir résultera inévitablement en une réponse financière pour nous.

Jack Welch

L'objectif est de créer des liens puissants qui fidélisent le client, en particulier grâce au sentiment qu'aucun autre de ses fournisseurs ne le connaît aussi bien.

MODÈLE DELTA

22. Vers la fin des années 90, Wiersema s'intéressa à la proximité avec les clients, préfigurant certains des travaux du Modèle Delta.
23. *Winning through relationships.*

Annexe 14

La stratégie de la meilleure solution client prend le contre-pied de celle du meilleur produit avec trois options

EXEMPLES

Deuxième type de positionnement : la meilleure solution client

Option : redéfinition des rapports avec les clients	Option : élargissement horizontal de l'offre	Option : intégration avec les clients
Automobile • Saturn **Équipement de la maison** • Carrier **Restauration** • MacDonald's **Presse** (Éditions électroniques) • Wall Street Journal • New York Times • La Tribune, Les Échos… **Internet** • Digital Island **Distractions, spectacles** • Disney	**Distribution** • Home Depot • Wal-Mart **Services financiers** • Schwab **Internet** • Amazon • Yahoo	**Équipement électrique, etc.** • General Electric **Chimie** • National Starch **Micro-ordinateurs** • Dell **Vêtements, chaussures** • Nike **Services informatiques** • EDS **Internet** • US Internetworking • Pack Online

Sources : The Delta Project, JBC.

La vitesse de réactivité au client et le service dépendent de plus en plus de l'exploitation de la connaissance. Les entreprises qui auront du succès au XXIe siècle seront celles qui sauront exploiter cette connaissance.

Lou Gerstner

La mise en œuvre de cette stratégie exige de :

- **Commencer par une bonne segmentation** de la base de clientèle, avec la définition des priorités, afin d'identifier l'importance relative de chaque client pour l'entreprise ;
- **Connaître intimement le *business* de ses clients** et comment il est lié à celui de l'entreprise.

Enfin, au lieu de raisonner en termes de parts de marché produit, dans le cadre de la meilleure solution client, on s'attache à évaluer la part de marché "client".

Il y a trois possibilités pour mettre en œuvre la meilleure solution client :

- Redéfinir les rapports avec les clients ;
- Élargir l'offre horizontalement (l'approche "arrêt unique") ;
- Intégrer ses activités avec celles de ses clients *(Annexe 14).*

Redéfinition des rapports avec les clients

L'idée de base de cette approche est d'établir une véritable relation avec le client et non simplement une transaction pour atteindre l'excellence à chaque point de contact. Elle implique, d'abord, de comprendre à fond comment le client interagit avec le produit ou service ; puis à redéfinir, avec créativité, l'ensemble de cette expérience au bénéfice du client.

Quelques *exemples* significatifs :

Saturn

C'est la division la plus récente de General Motors. L'idée qui a présidé à sa création en 1981, constituait un véritable challenge : construire, aux États-Unis, une petite voiture qui puisse rivaliser avec succès avec les automobiles importées, en particulier japonaises, et en convaincre le consommateur américain.

L'équipe responsable du projet décida, dès le départ, de ne pas se différencier de ses concurrents au niveau du produit mais de "réinventer" son activité, en faisant table rase de toutes les pratiques ou traditions de l'industrie automobile américaine et en concertation avec le principal syndicat automobile américain (UAW).

L'objectif fondamental était, non seulement de satisfaire le client, mais de faciliter sa vie depuis la manière dont il acquiert son véhicule jusqu'à son expérience à l'usage et de l'enthousiasmer en dépassant régulièrement ses attentes. Ceci s'est traduit par la prise en compte des coûts et des délais de maintenance dès la conception du véhicule, la mise en place d'un système d'information avancé reliant clients, concessionnaires et fournisseurs pour accélérer le service client. L'amélioration de la formation des concessionnaires au niveau de l'accueil, etc. Mais, surtout, le thème central de leur effort fut : "satisfait ou remboursé sans aucune question"[24].

24. Saturn fit une démonstration spectaculaire de cet engagement en échangeant la voiture complète – et non simplement le composant défectueux – lors d'un problème lié au liquide anti-gel de refroidissement (qui pouvait endommager le radiateur et éventuellement le moteur).

Annexe 15

Saturn dépasse de loin l'ensemble de GM au niveau de la fiabilité de ses véhicules

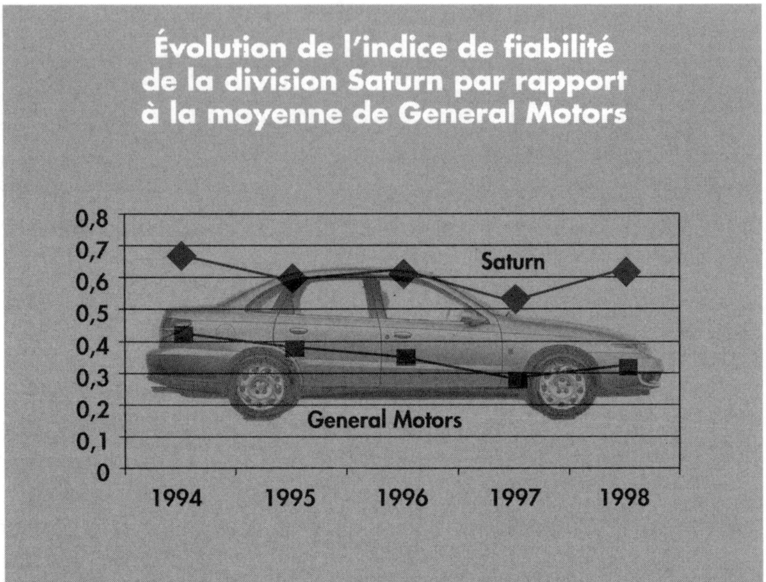

Source : Auto On Info, mini-survey, N° 60.

Le résultat de cette stratégie fut un succès sans précédent[25] après la sortie de la première voiture en 1989. Saturn devint profitable en 1993 et obtint la meilleure note de satisfaction client de toute l'industrie automobile américaine *(Annexe 15).*

Mais GM ne sût pas capitaliser sur ce succès en lançant d'autres modèles permettant à ses clients fidèles de "suivre" la marque lorsqu'ils désiraient une voiture plus grande ou un véhicule de loisirs[26]. En 2003, la division Saturn devait perdre 1 milliard de dollars.

Carrier

C'est l'une des premières sociétés mondiales d'appareils de chauffage et de conditionnement d'air.

La société propose aujourd'hui un contrat de service qui assure le niveau de confort requis dans les habitations et les bureaux, en prenant en compte, non seulement le dimensionnement et le fonctionnement des unités vendues, mais également leur maintenance et, surtout, tous les facteurs de leur environnement : température, humidité, isolation, ventilation, fenêtres...

25. 70 % des clients demandèrent (et demandent toujours aujourd'hui) la reprise d'un véhicule étranger !

26. La direction de General Motors préférait renflouer Oldsmobile qu'investir dans Saturn et ils attendirent plus de neuf ans avant de moderniser leur modèle de base (que la clientèle boude aujourd'hui à cause de son *design* "excentrique") et lancer un modèle plus grand ainsi qu'un *SUV (Sport Utility Vehicle).* Les spécialistes s'accordent à dire que, sans ces erreurs stratégiques, Saturn pourrait être aujourd'hui, la première marque américaine.

Élargissement horizontal de l'offre

Cette option consiste à améliorer les *economics* du client et à renforcer ses liens avec l'entreprise, en intégrant dans son offre un ensemble élargi de produits et services liés et personnalisés[27]. C'est l'approche "arrêt unique", qui évite au client d'avoir à gérer une gamme complète de fournisseurs.[28]

Exemple :

■ *Amazon*

Amazon a commencé par vendre des livres sur Internet, avec le prix, la disponibilité et la livraison à domicile comme principaux arguments de vente.

Aujourd'hui, Amazon propose 18 catégories de produits, allant des livres, des DVD et de la musique aux équipements de la maison en passant par l'électronique, la vidéo, les téléphones cellulaires, la mode (Amazon représente 1 500 marques aux USA), les articles de sport, les bijoux, les jouets, les voyages, les articles de bureau...

Quant à ses prix, il ne sont plus toujours les plus compétitifs du marché produit par produit, mais une étude récente sur les 100 best-sellers de la vente de livres a montré une économie moyenne de 23 % par rapport à la plus grande chaîne de librairies américaines. Pour les bijoux, Amazon affirme ne prendre qu'une marge de 15 %, contre 60 à 100 % chez les distributeurs traditionnels.

---

27. Elle est différente des offres groupées *(bundling)*, qui ne sont souvent qu'un moyen déguisé d'accorder des réductions ou de se débarrasser de produits dont on ne veut plus.

28. Un concept proche est celui de l'"étirement" des marques *(brand stretching)*. Ainsi, Virgin se définit comme "transgressif" et s'est diversifié de la vente des disques au transport aérien et aux assurances... (mais a moins bien réussi dans les boissons).

Aujourd'hui, Amazon est le numéro un mondial de la vente sur Internet et est nettement bénéficiaire, trimestre après trimestre.

Comme l'illustre son président, Jeff Bezos : *"Survivre dans le e-commerce exige de se focaliser de manière obsessionnelle et sans relâche sur le client"*. C'est ainsi qu'Amazon a atteint et conservé sa position de leader, en dépit de prix nettement moins compétitifs qu'à ses débuts. Par exemple, lorsqu'un client a ouvert un compte, il peut effectuer tous ses achats avec un simple "clic". Amazon lui rappelle les grands événements de la vie de sa famille – qu'il a "renseignés" lors de son inscription – avec des idées de cadeaux, lui annonce les nouveautés correspondant à ses centres d'intérêt, etc.

Annexe 16

Amazon.com a connu une croissance spectaculaire

Évolution des performances d'Amazon.com

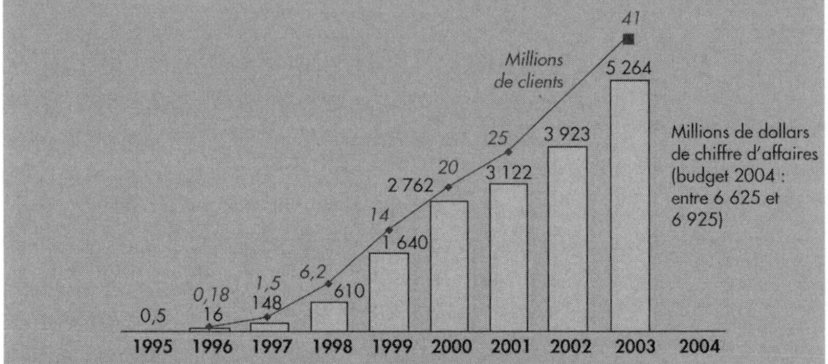

	1996	1997	1998	1999	2000	2001	2002	2003	2004
Taux de croissance annuel du CA (%)	N.S.	825	312	169	68	13	26	34	26-32
Résultat opérationnel (millions de dollars)	N.S.	(33)	(109)	(606)	(864)	(412)	64	271	149 (6 mois)

Source : Rapports annuels d'Amazon.com.

Annexe 17

Amazon est un exemple typique de la meilleure solution client par élargissement de la gamme

Philosophie d'Amazon.com

- Nous nous focalisons sans répit sur les besoins de nos clients. Nous voulons leur offrir le choix le plus large sur terre pour qu'ils puissent trouver chez nous tout ce qu'ils désirent acheter *on line*, au prix le plus bas possible
- Nous voulons arriver à connaître [nos clients] de la même manière que le petit commerçant d'une ville d'hier pouvait arriver à les connaître… Ce type de personnalisation sera extrêment précieux pour le client
- Nous ne connaissons que 2 % de ce que nous connaîtrons dans dix ans, et la majeure partie de cet apprentissage se fera par la personnalisation – faire en sorte que le magasin soit le magasin idéal pour un client particulier et non pour le client moyen mythique
- Nos décisions d'investissement sont fondées sur notre objectif de leardership du marché à long terme et non sur un souci de rentabilité à court terme ou les réactions de Wall Street
- Nous tirons les leçons de nos succès et de nos échecs
- Nous prenons des décisions d'investissement courageuses et non frileuses lorsque nous voyons une possibilité suffisante d'améliorer notre position concurrentielle sur le marché
- Nous préférons améliorer nos *cash-flows* plutôt que la présentation GAAP de nos comptes
- Nous préférons les stock-options aux augmentations de salaires

Sources : Rapports annuels d'Amazon.com, The Information Gold Mine, par Heather Green, Business Week, *26 juillet 1999.*

L'une des conditions de cette personnalisation du service est un formidable système de gestion de l'information. Ainsi, en mars 1999, le site d'Amazon enregistrait déjà un million de connections par jour qu'il fallait analyser en détail !
Quant au niveau de satisfaction de ses clients mesuré par l'*American Customer Sarisfaction Index,* il atteint 88, le plus haut niveau jamais atteint dans les services ! *(Annexes 16 & 17).*

Intégration avec les clients

La dernière option consiste, pour l'entreprise, à prendre en charge certaines activités précédemment assumées par ses clients et à le faire de manière plus efficace, en laissant celui-ci se concentrer sur son cœur de métier.

Ce n'est pas seulement ce que l'on appelle *l'outsourcing*, car il faut que l'interface avec le client soit difficile à remplacer et non faible et commune à un large marché – par exemple l'hébergement d'un site Web par un *provider.* Le lien avec le client doit être profond et difficilement "réplicable" par un concurrent. De plus, le coût d'un changement doit devenir prohibitif avec le temps.

Deux *exemples* significatifs :

■ *General Electric*

GE a été fondée en 1896 est représente aujourd'hui la première capitalisation boursière mondiale (400 Mds $). En 2004, sa valeur a progressé, chaque semaine, de 1 milliard de dollars !

Son ancien président, Jack Welch, élu meilleur manager du XXe siècle (!), refusait de la voir traiter de "conglomérat". De fait, GE représente une excellente illustration du concept de l'intégration avec les clients :

- Sa puissance financière lui permet d'offrir à ses clients le financement des équipements qu'ils achètent.

Annexe 18

Les activités de General Electric couvrent 13 grands secteurs

Principales activités des grands *businesses* de General Electric

- **Moteurs d'avions :** pour avions commerciaux (18 000 installés à ce jour) et militaires
- **Système de transport :** locomotives diesel électriques, signalisation, réseaux...
- **Systèmes de puissance :** turbines à gaz (15 000 installées), éoliennes
- **Systèmes industriels :** détecteurs et sécurité (monitoring, protection et contrôle)
- **Matériaux spéciaux :** amélioration de la qualité de l'eau, silicones, quartz pour électronique
- **Plastiques :** résine polycarbonate (Lexan) pour containers alimentaires, informatique, automobile
- **Équipements médicaux :** équipements de diagnostic (radio, scanners...), information et services
- **Produits de consommation :** éclairage, appareils ménagers (réfrigérateurs, machines à laver)
- **Radio, TV (NBC) :** stations de télévision (y compris Telemundo) ; cable (Bravo)
- **Gestion d'équipements :** financement et gestion de flottes de voitures, camions, wagons...
- **Crédit commercial :** lignes de crédit revolving, leasings, financements d'actifs...
- **Crédit à la consommation :** prêts personnels, hypothécaires, automobiles ; cartes de crédit
- **Assurance :** vie, protection des revenus et des retraites ; réassurance (ERC)

Source : Rapport annuel 2002 de General Electric.

Annexe 19

Le *business model* de General Electric a clairement fait ses preuves

Business model de General Electric

Un portefeuille diversifié d'activités leaders

- Fondements techniques inégalables
- Interfaces clients directes
- Moyens multiples de gagner de l'argent : par les produits et les services et par le financement
- Taille mondiale
- Faible intensité capitalistique

Une rigueur de gestion focalisée sur la génération de *cash*

- Les *Six Sigma :* 50 000 projets en 2002 suivant trois axes :
  - Travailler avec les clients sur leurs problèmes
  - Améliorer les processus internes pour améliorer l'interface clients et générer du *cash*
  - Accroître le flot de nouveaux produits *high-tech* et de services arrivant sur le marché
- Focalisation sur la génération de *cash :* pondération de 60 % dans le calcul des bonus

Une culture fondée sur l'apprentissage et la responsabilisation

- Un milliard de dollars d'investissement de formation en 2002
- Trois mots clés : performance, conformité et travail d'équipe
- Un nouveau slogan : "L'imagination au travail" (ce que nous imaginons, on peut le réaliser)

Source : Rapport annuel 2002 de General Electric.

- Dans le domaine aéronautique, GE offre aux compagnies d'aviation la maintenance des moteurs d'avions, activité traditionnellement assumée par celles-ci ; cette approche lui a permis, en mars 2000, d'obtenir l'entretien de 85 % de la flotte de British Airways (y compris des moteurs Rolls Royce et Pratt & Whitney !). De l'avis même du client, ce contrat économise à BA non seulement du temps de management et de l'argent, mais améliore également la rotation des moteurs *(Annexes 18 & 19)*.

National Starch

Cette ancienne filiale d'Unilever, rachetée récemment par ICI, est moins connue du grand public et son image est celle d'une société chimique classique produisant de l'amidon et de la colle.

En fait, cette société a un historique de succès remarquable dû, non seulement à ses capacités technologiques mais, également, à une connaissance intime de ses clients clés, à tous les niveaux : R&D, services techniques, marketing et vente. Elle s'étend à leurs besoins et à l'état d'avancement de leurs produits nouveaux ; National Starch leur fournit une aide exceptionnelle, à la fois au niveau de l'amélioration de leurs coûts et du développement de leurs revenus. Bien sûr, ils vendent des tonnes d'adhésifs. Mais leur grande force, c'est leur relation de travail en commun avec leurs clients.

Ainsi, aujourd'hui, les ailes d'avions ne sont plus soudées, rivées ou vissées au fuselage ; elles sont collées avec un adhésif très sophistiqué développé par National Starch en collaboration avec un client ; non seulement ceci contribue à la qualité du produit fini mais le coût est négligeable. De même, toutes les pièces de la première automobile à avoir franchi le mur du son, en 1998, étaient collées avec des colles de National Starch.

Annexe 20

La stratégie de verrouillage du sytème est la plus ambitieuse

EXEMPLES

Troisième type de positionnement : le verrouillage du système

Option : restriction de l'accès	Option : axe d'échange dominant	Option : standard propriétaire
Armoires réfrigérées pour crèmes glacées • Walls (Unilever) **Boissons** • Coca-Cola • Pepsi-Cola **Distribution** • Wal-Mart **Réseaux** • Cable & Wireless	**Presse** • Pages Jaunes **Cartes de crédit** • Visa • MasterCard **Enchères** • Christie's, Sotheby's • eBay, Priceline • FreeMarkets **Internet** • Instinet (Reuters) • AOLInstant Messaging	**Métallurgie** • Mapress **Fournitures diverses** • Purdy Brushes **Microprocesseurs micro-ordinateurs** • Intel, IBM **Logiciels, bases de données** • Microsoft, Novell, Palm • Oracle, Real Networks **Publication assistée par ordinateur** • Apple Macintosh **Information technologique** • CNET **Musique en ligne** • Apple iPod, iTunes **Réseaux** • Cisco **Traitement du son** • Dolby

Sources : The Delta Project, JBC.

Troisième type de positionnement : le verrouillage du système

Le verrouillage du système représente le concept le plus prometteur, mais aussi le plus complexe à mettre en œuvre.

C'est la logique du renforcement des liens avec les clients poussée à l'extrême. Elle oblige l'entreprise à s'intéresser à l'ensemble du *business system,* c'est-à-dire non seulement à ses clients, mais également à tous les acteurs qui y jouent un rôle important et contribuent à créer de la valeur pour ses clients.

Les premiers sont, bien évidemment, les participants "normaux" de l'industrie : acheteurs, fournisseurs, canaux de distribution, nouveaux entrants potentiels, etc.

Mais le concept le plus novateur est celui des "complémentaires", qui fournissent des produits ou services de nature à renforcer, directement ou non, la qualité de l'offre de l'entreprise. Par exemple les fabricants de microordinateurs et les producteurs de logiciels, les studios de cinéma et les lecteurs de DVD, etc.

La clé : identifier, attirer et "entretenir" ces "complémentaires".

Pour que ce positionnement réussisse, il y a deux conditions : une rentabilité marginale croissante et un "effet réseau" externe.

Ce type de positionnement présente trois variantes :

- Restriction de l'accès,
- Axe d'échange dominant,
- Standard propriétaire *(Annexe 20).*

Restriction de l'accès

Dans cette option, le principe de base est de chercher à verrouiller les concurrents à l'extérieur du système, en agissant sur la distribution ou sur les fournisseurs.

Pour y parvenir, l'on doit :

- Effectuer un diagnostic de l'ensemble du système permettant de fournir un produit ou un service aux clients ;
- Identifier les points de contrainte maximale ;
- Se positionner pour les contrôler.

Une marque forte constitue déjà un atout concurrentiel important. Le supplément de marge qu'elle apporte permet généralement, au minimum, de compenser les coûts de promotion nécessaires pour la maintenir. Couplée avec une restriction de l'accès, une marque peut avoir un impact économique considérable.

Exemples :

Coca-Cola

Son nom est aujourd'hui le deuxième mot le plus connu dans le monde[29], la première marque mondiale[30] et une réussite commerciale et financière insurpassée[31]. On trouve du "Coke" dans 200 pays (et 125 langues), et le groupe représente plus de 300 marques. Aux États-Unis, sa part de marché des boissons non gazeuses est de 44,3 % à fin 2002 (contre 31,4 % pour Pepsi) et la consommation de "Coke" dépasse celle de l'eau du robinet ![32] Seuls deux stades américains ne servent pas de Coca-Cola !

29. Après "OK".
30. Son grand rival, Pepsi, n'est que 22ème.
31. Celui qui aurait acheté une action de 40 dollars, lorsque la société est entrée en bourse en 1919, et l'aurait gardée sans rien faire, aurait eu 5 millions de dollars fin 2000 !
32. La consommation américaine représente, en moyenne, une canette de Coca-Cola par jour et par personne !

Annexe 21

Les embouteilleurs représentent l'intermédiaire incontournable du sytème des boissons non alcoolisées

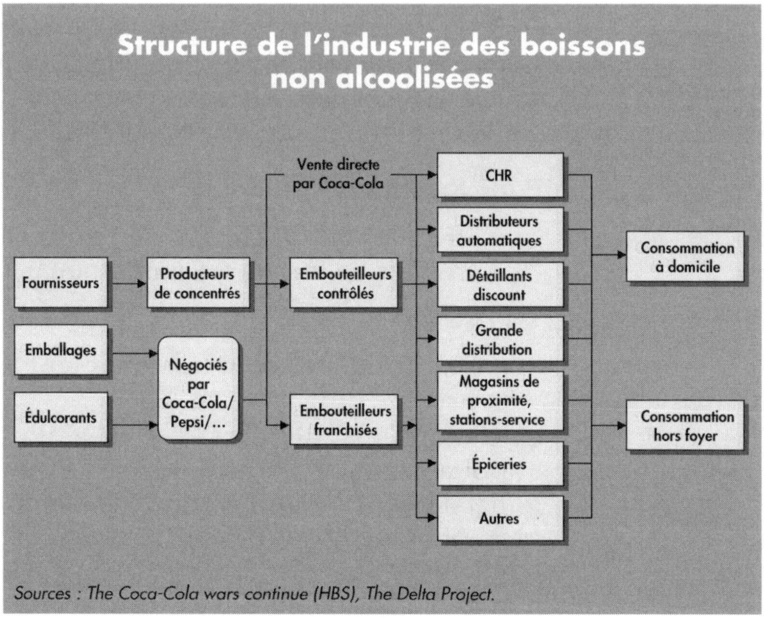

Annexe 22

Plus de 80 % des ventes de Coca-Cola passent par son réseau d'embouteilleurs non contrôlés par le groupe

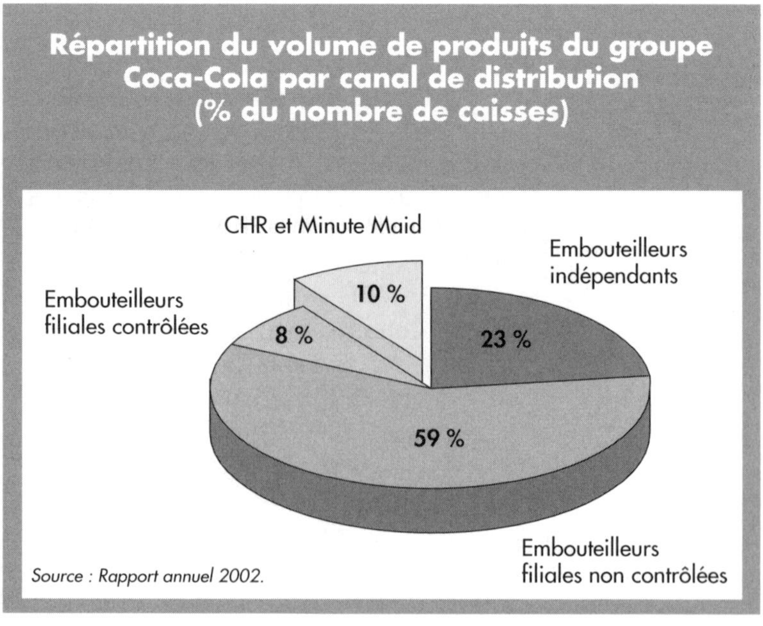

Dans les Alpes suisses, seules trois auberges sur 300 n'en servent pas non plus ![33] Le Coke est devenu tellement universel que le consommateur s'attend à le trouver partout, ce qui contraint les distributeurs et les détaillants à le stocker !

Ni les caractéristiques intrinsèques du produit ni son ciblage clients ne peuvent expliquer une telle performance. Il est clair que Coca-Cola ne suit ni la stratégie du meilleur produit, ni celle de la meilleure solution client ; le groupe a atteint cette position insurpassée par verrouillage du système à travers les relations qu'il a établies avec ses "complémentaires" et avec ses clients *(Annexes 21 & 22).*

En effet, Coca-Cola ne produit que relativement peu de produits finis mais essentiellement des concentrés et des sirops qu'ils vend à des embouteilleurs, à des distributeurs et à des fournisseurs de CHR[34]. Comme le dit très clairement leur rapport annuel 2002 : *Parmi toutes les relations que notre Compagnie entretient, c'est la connexion entre* The Coca-Cola Company *et ses partenaires embouteilleurs qui constitue l'un de nos atouts stratégiques les plus importants. Au cours des dernières années, nous avons travaillé avec diligence à l'amélioration des* economics *de notre système global, y compris celui de notre réseau mondial d'embouteilleurs, dont le succès financier est étroitement lié au nôtre.*

Ce dont ne parle pas le rapport annuel, ce sont ses pratiques commerciales de verrouillage du système que les autorités de Bruxelles ont dénoncées et qui ont abouti à un accord amiable les limitant ou les supprimant : accords d'exclusivité obligeant les clients de Coca-Cola à se fournir uniquement en produits du groupe, rabais aux clients qui maintiennent ou augmentent leurs commandes d'une année sur l'autre, lien – accompagné de rabais – entre la vente des produits les plus populaires et l'achat de marques moins importantes (accords de gamme), etc.

---

33. Les familles qui les possèdent ont une participation financière dans l'un des concurrents de Coca-Cola.

34. Cafés, hôtels, restaurants.

Annexe 23

Wal-Mart a quadruplé son chiffre d'affaires en 10 ans

Évolution du chiffre d'affaires de Wal-Mart (milliards de dollars)

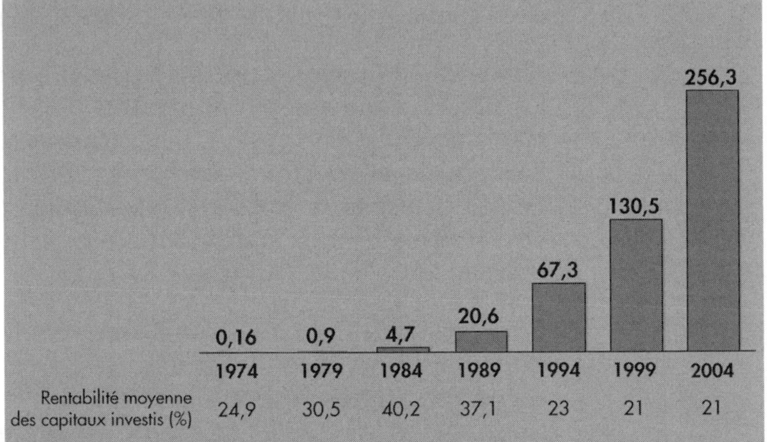

Source : Rapports annuels.

Annexe 24

Wal-Mart se développe à toute allure, en particulier à l'étranger

Évolution du nombre d'unités de Wal-Mart

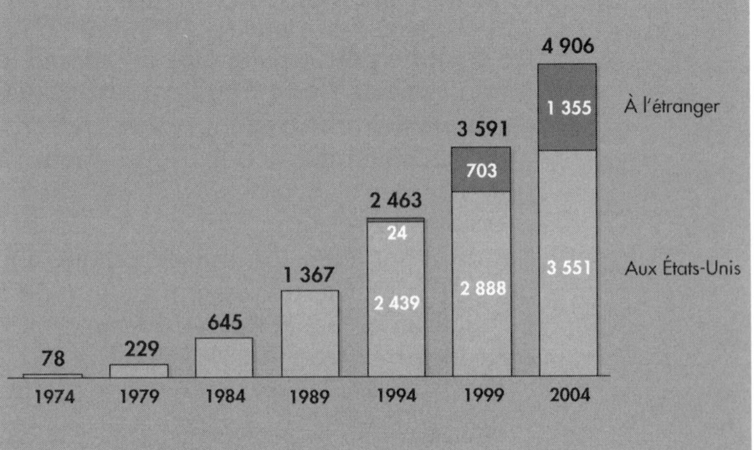

Source : Rapports annuels.

Wal-Mart

Fondé par Sam Walton en 1962 dans l'Arkansas, Wal-Mart est devenu, deux ans avant la disparition de son fondateur, en 1992, le premier distributeur américain.

Tout, chez Wal-Mart, se conjugue au superlatif :

- **Première entreprise privée mondiale,** avec 1,4 millions de salariés (plus de trois fois Carrefour ou la General Motors) et un chiffre d'affaires de 256 milliards de dollars en 2003-04 (2 % du PIB américain) ; de plus, sa rentabilité en fait l'une des entreprises les plus profitables au monde, avec environ 7 Mds$ de résultat net en 2004 (*Annexe 23) ;*
- **Première chaîne de distribution au monde,** avec 65 000 fournisseurs, près de 5 000 magasins (dont environ 3 500 aux USA), plus de 60 millions de mètres carrés de surface totale de vente et 8 % des ventes au détail ;
- **Premier vendeur de vêtements au monde ;**
- **Premier client mondial de la Chine** avec un montant d'achats de près de 15 Mds$, provenant de plusieurs milliers d'usines chinoises. Il absorbe 11 % de l'ensemble des importations US provenant de Chine ;
- **La famille la plus riche au monde :** les cinq héritiers de Sam Walton figurent parmi les 10 personnes les plus riches et S. Robson Walton vient de dépasser Bill Gates comme N° 1 avec une fortune estimée à 65 milliards de dollars…
- **Une croissance phénoménale** qui, si elle semble quelque peu se ralentir aux États-Unis pour cause de saturation du marché, ne fait que s'accélérer à l'international *(Annexe 24).*
- **Le plus grand réseau satellitaire privé américain** depuis 1987 ; il relie directement le siège à tous ses points de vente, en voix, données et vidéo.

Sam Walton a construit sa position en s'implantant au départ dans les petites communautés rurales américaines, en ouvrant des surfaces de vente qui répondaient à tous les besoins des consommateurs dans une zone de 20 à 30 km de rayon.

Ses magasins étaient tellement compétitifs et répondaient tellement bien à la demande de ces zones rurales qu'aucun concurrent ne pouvait s'implanter pour le concurrencer. En effet, partout où le groupe installait ses supermarchés, le coût de la vie baissait, de 13 à 16 % en moyenne suivant les régions. Une étude de McKinsey a même conclu que Wal-Mart était à l'origine de 12 % des gains de productivité américains au cours de la période 1995-2000.

Lorsque Wal-Mart commença à s'installer dans les zones urbaines, il perdit l'avantage de cette position privilégiée et sa performance recula. Mais la machine Wal-Mart fonctionne toujours à plein, avec des coûts particulièrement serrés : magasins spartiates, personnel sous-payé[35], pas de représentation syndicale...

Aujourd'hui, Wal-Mart influence profondément l'environnement social américain en imposant ses normes, avec une pression à la baisse sur les salaires et les avantages sociaux et ses concurrents sont obligés de s'aligner. C'est aussi l'un des principaux contributeurs à la campagne de réélection du Président Bush.

Il y a dix ans, Wal-Mart a entrepris de s'installer à l'étranger, principalement par acquisitions de chaînes de distribution existantes, et possède déjà près de 1 400 points de vente[36], dont plus de 250 hypermarchés.

35. Le salaire horaire moyen est de 8,5 dollars contre 10,81 en moyenne dans la distribution américaine.

36. 1 355 à la fin du dernier exercice fiscal, dont : Mexique : 623 ; Royaume-Uni : 267 (grâce au rachat de la chaîne Asdan) ; Canada : 235 ; Allemagne : 92.

Walls

Cette petite société de crèmes glacées européenne, filiale d'Unilever, donne gratuitement des armoires réfrigérées aux petites surfaces de vente et s'assure qu'ils sont bien approvisionnés avec leurs crèmes glacées.

L'espace étant restreint, aucun concurrent ne peut installer sa propre armoire !

Axe d'échange dominant

Cette option consiste à mettre en place un système qui constitue un passage obligé pour l'information, l'argent, etc. ou, plus généralement, des produits ou des services.

Sa valeur croît de manière exponentielle avec le nombre de personnes ou d'entreprises qui y font appel. On peut dire qu'une place d'échange devient un monopole dans un marché concurrentiel.

Dans cette approche, la segmentation est clé, car on peut réussir dans un segment et échouer dans un autre.

Exemples :

Les Pages Jaunes

Cette vénérable institution traditionnelle américaine[37], filiale des compagnies de téléphone, imprime des annuaires distribués gratuitement à tous les foyers d'une zone géographique. Ils sont remplis de publicités payées par les annonceurs et la marge de la société est de l'ordre de 50 % ![38]

37. En France, la société “Pages Jaunes” est une filiale de France Télécom et vient d'être introduite en Bourse. Sa trésorerie “excessive” pour les analystes (plus de 400 millions d'euros fin 2004) et son sous-endettement apparaissent comme un handicap pour sa valorisation boursière, d'après les analystes financiers... Il y a sûrement un bon nombre d'entreprises classiques qui aimeraient disposer d'un tel handicap.

38. Les coûts sont : ventes 15 % du CA ; création 12 % ; production 8 % ; distribution 2 % ; frais généraux 13 %.

Un jour survint un concurrent qui débaucha l'ensemble de sa force de vente sur le plan local en croyant qu'il pourrait facilement dupliquer le modèle et que, même si les marges du métier chutaient de moitié, elles resteraient attractives. Après une concurrence acharnée, et en dépit des prévisions pessimistes des analystes, la société régionale des Pages Jaunes retint 85 % du marché et conserva ses marges !

En effet, il s'agit ici d'un verrouillage typique du marché : les commerçants locaux voulaient passer des publicités dans l'annuaire utilisé par le plus grand nombre de consommateurs et ces derniers voulaient pouvoir utiliser, gratuitement, l'annuaire qui présentait le plus de choix ! La boucle était quasi impossible à rompre pour un *outsider*, même avec des prix moins élevés ou des gadgets de présentation différents.

Les Pages Jaunes illustrent également l'importance de la segmentation car chaque annuaire doit comprendre une zone de chalandise bien définie pour répondre aux besoins de la clientèle ; trop étendue, l'annuaire sera trop gros et un concurrent pourra rentrer avec un produit mieux ciblé ; pas assez, et un concurrent, là encore, pourra rentrer avec un annuaire plus complet.

Les cartes de crédit

Au commencement était American Express, avec une carte de débit et non de crédit. Elle s'adressait au segment des classes aisées, particulièrement de ceux qui voyagent, comme l'illustre leur slogan : "*Don't leave home without it*"[39].

En fait, Amex, avec ses bureaux un peu partout dans le monde, fournissait à ses clients cibles la meilleure solution client, quelque chose comme l'appartenance à un club d'élite, dont les membres pouvaient se procurer des produits et services chez des fournisseurs haut de gamme.

Par ailleurs, Amex s'est positionnée sur le marché des cartes *corporate* et détient aujourd'hui plus de 70 % du marché des 500 premières compagnies américaines[40].

Par la suite, Amex s'est davantage démocratisée, mais a cherché à conserver le même état d'esprit avec ses cartes *Gold* et *Platinum*. La marque "American Express" est la marque financière la plus connue au monde et la 14ème toutes catégories confondues.

Visa et MasterCard se sont, dès le départ, positionnées différemment et illustrent le concept de l'axe d'échange dominant :

- **Système "ouvert"** et cartes disponibles pour toutes les banques[41] ;
- **Nombre maximum de commerçants** adhérents, grâce à des conditions nettement plus attractives que celles d'American Express ;
- **Retraits d'argent** possibles dans un maximum de distributeurs automatiques[42].

---

39. "*Ne sortez pas sans elle*".
40. Les "*Fortune 500*".
41. Visa est une association à but lucratif, détenue aujourd'hui par 21 000 institutions financières dans le monde.
42. 810 000 dans 150 pays pour Visa.

Annexe 25

Visa domine le marché mondial des cartes de crédit

Nombre de cartes de crédit par émetteur à fin 2002 (millions)

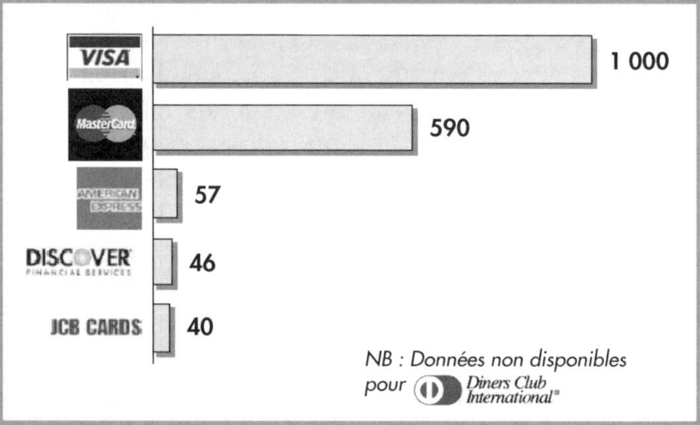

Sources : Rapports annuels, CCM.

Annexe 26

Visa domine le marché mondial des cartes de crédit

Parts de marché des grandes cartes de crédit/débit aux États-Unis (total des transactions réglées par cartes au 1er trimestre 2003)

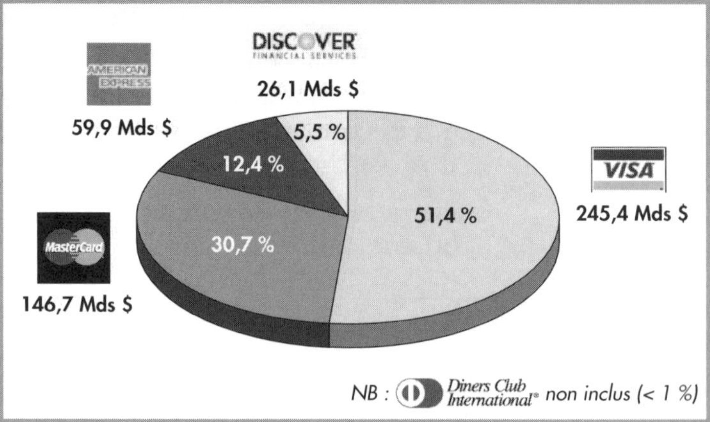

Source : CardTrak, online.

Aujourd'hui, Visa et MasterCard représentent plus de 80 % des cartes en circulation dans le monde[43]. Les clients préfèrent utiliser les cartes acceptées partout et les commerçants, celles utilisées par le maximum de consommateurs *(Annexes 25 & 26).*

Il est néanmoins intéressant de constater que :

- **Visa et MasterCard** ont, toutes les deux, lancé des cartes *Gold* destinées au segment haut de gamme et apportant des services supplémentaires, en concurrence directe avec Amex ; Amex a refait de la surenchère en lançant, tout récemment, la Centurion, la carte "la plus élitiste au monde" qui coûte 2 000 euros par an, mais apporte des services hors pair, disponibles 24 h sur 24 et, début 2005, Visa a lancé, à son tour, une carte *Platinum ;*
- Parallèlement, **American Express** a ajouté à ses cartes le système de points, échangeables contre différents services tels que des voyages, nuits d'hôtel, locations de voitures, etc., ce qui lui permet d'attirer de nouveaux clients qui font, à leur tour, pression sur les commerçants pour qu'ils acceptent la carte Amex !

MODÈLE DELTA

43. Les ventes payées par Visa dans le monde en 2003 ont atteint 2 400 milliards de dollars (+ 15,1 % par rapport à 2002), soit 7,6 % de toutes les dépenses personnelles mondiales !

Annexe 27

eBay est une place de marché "grand public" mondiale et universelle

La "proposition" d'eBay

Face à l'inefficacité des marchés traditionnels...	... une place de marché efficace
Fragmentation et régionalisation Il est donc difficile et cher pour les vendeurs et les acheteurs de se rencontrer, échanger des informations et conclure des transactions	**Communauté globale d'utilisateurs** qui peuvent communiquer, échanger des informations et conclure des transactions, facilement et à faible coût
Marchandises en nombre limité	**Grande variété et large sélection d'objets**
Coût élevé des transactions à cause du nombre d'intermédiaires	**Faible coût d'intermédiation**
Pas de moyen efficace d'établissement des prix par manque d'informations	**Échange facile d'informations**

Sources : Site web et Rapports annuels d'eBay.

eBay

Notre tâche ne consiste pas à gérer une société mais à faciliter un marché. Notre rôle n'est pas de contrôler, mais d'influencer et d'ouvrir des possibilités à nos utilisateurs, vendeurs et acheteurs.

Rajiv Dutta
Directeur financier d'eBay

Fondé aux États-Unis par le Français Pierre Omidyar en 1995, eBay est devenu en quelques années la première communauté mondiale d'échanges et emploie aujourd'hui 6 000 personnes dans le monde.

Sur son site, on trouve, en moyenne, 16 millions d'objets affichés, dans 27 000 catégories, depuis des objets de collection[44] comme des disques avec l'autographe d'Elvis Presley jusqu'à des automobiles, en passant par les livres, les vêtements, les bijoux, les ordinateurs, les meubles, etc. ; 114 millions de membres dans le monde entier – soit plus que la population du Mexique – en achètent et en vendent environ deux millions par jour, à prix fixe ou par un système d'enchères. Rien qu'aux États-Unis, 430 000 petites entreprises ou personnes vivent aujourd'hui de leurs transactions sur eBay *(Annexe 27)*.

Aujourd'hui, 98 % du chiffre d'affaires d'eBay provient des transactions effectuées sur le site, eBay retenant en moyenne 7 % de commission. Mais eBay recherche des opportunités de développement telles que son nouveau service de paiement en ligne, PayPal, récemment introduit et dont la licence est proposée à d'autres cybermarchands.

Le succès d'eBay a d'ailleurs convaincu d'autres poids lourds, tels que Yahoo et Amazon, d'offrir le même service.

Malgré cette concurrence nouvelle, et en dépit de problèmes de *crashes* informatiques, eBay a réussi à conserver 85 % d'un marché estimé, à l'heure actuelle, à 3,3 milliards de dollars.

---

44. La légende dit que Pierre Omidyar démarra le site pour trouver des distributeurs de bonbons Pez pour sa petite amie qui les collectionnait. Mais ce n'est qu'une légende.

Annexe 28

La croissance d'eBay continue à un rythme très élevé

Évolution des performances d'eBay

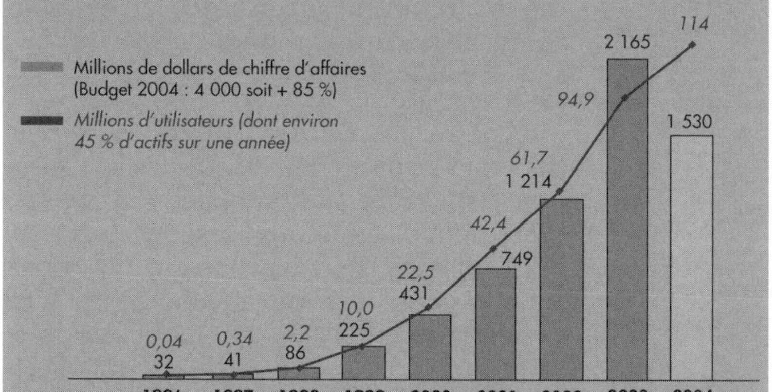

	1996	1997	1998	1999	2000	2001	2002	2003	2004 (6 mois)
Taux de croissance annuel du CA (%)		29	108	161	92	74	62	78	85 (b)
Revenu Net (% du CA)		17,1	8,4	4,3	11,2	12,1	20,6	20,4	

Sources : Site web et Rapports annuels d'eBay.

Cette réussite est due à la force du lien qu'eBay a réussi à créer avec ses utilisateurs grâce à une excellente segmentation, par type de produits et régionale, et à tout un ensemble de "trucs et gadgets" :

- **Authentification et évaluation** des vendeurs et des acheteurs permettant de savoir "avec qui l'on traite"[45] ;
- **Communication en temps réel** entre un acheteur et un vendeur (chat) ;
- **Possibilité de facturation et paiement électronique**, afin de réduire le temps d'attente à la suite de la transaction, etc.

Qu'est-ce qui pourrait détrôner eBay ? Peut-être une nouvelle technologie permettant de comparer les prix sur le marché ? Mais cela paraît peu probable ; de tels sites ont déjà fait leur apparition, et sont même accessibles à partir d'un PDA[46]. Cela n'a pas empêché eBay de poursuivre une croissance soutenue, surtout aujourd'hui à l'international[47] *(Annexe 28).*

De toute façon, si une telle menace se précise, il est vraisemblable qu'eBay saura y répondre en assimilant rapidement la nouvelle technologie.

---

45. Les scores augmentent avec l'utilisation, ce qui contribue à renforcer les liens.
46. Personal Digital Assistant, type Palm.
47. eBay est déjà installé dans une vingtaine de pays ; en France son implantation date de 2000, mais, dès le début 2001, le groupe a renforcé sa position en rachetant iBazar.

Standard propriétaire

Ce positionnement stratégique est sans doute le positionnement par excellence, celui qui conduit aux meilleures parts de marché, aux marges les plus élevées et à la "durabilité" la plus longue.

L'objectif est d'attirer des clients grâce au réseau de complémentaires qui ne fonctionnent qu'avec le produit de l'entreprise. Un client ne peut pas les utiliser s'il n'adopte pas le standard. Ce peut être :

- Un standard propriétaire (ex. : Windows) ;
- Un standard de fonctionnement ou une méthode de travail obligatoire ;
- Un canal de distribution exclusif.

La condition de réussite est que la valeur du produit pour le client augmente quand il est utilisé par d'autres.

Avec un tel système, il est quasiment impossible à un nouveau venu de renter dans un marché stable et bien défini. Seule une transformation de l'industrie avec, par exemple, l'arrivée d'une innovation technologique importante, peut entraîner la naissance de nouveaux standards propriétaires.

La nouvelle technologie crée un réseau d'interactions complexes entre des participants divers et spécialisés qui, pratiquement, les oblige à utiliser des standards communs pour coopérer efficacement.

La valeur d'une telle position est tellement énorme que les sociétés qui en détiennent une doivent rester constamment en alerte et suivre de près l'évolution de leur industrie pour identifier à temps les opportunités que ces changements peuvent apporter.

La segmentation du marché est particulièrement importante. C'est ainsi qu'Apple a pu assurer sa domination dans le créneau de la PAO[48]. Les capacités graphiques du Macintosh ont conduit des "complémentaires" à développer des programmes pour le Mac, renforçant ainsi sa position.

Pour réussir, une entreprise doit :

- Se positionner comme le lieu naturel, l'interface incontournable dans un système ouvert ;
- S'assurer la propriété pleine et entière du standard, grâce à la maîtrise de sa complexité ou de sa constante évolution, ou encore par des brevets, de manière à capturer l'essentiel de la valeur créée dans le système.

Ainsi, le cas de JVC représente le parfait contre-exemple. En effet, JVC n'a pas su tirer pleinement profit du développement de son standard vidéo, le VHS, par rapport au Betamax de Sony[49], car il avait choisi une stratégie d'alliances et non de complémentaires, et s'était focalisé sur le marché de la location vidéo.

48. Publication assistée par ordinateur.
49. De son côté, le Betamax illustre l'échec de la stratégie du meilleur produit, arrivé, de surcroît, le premier sur le marché !

Exemples :

■ *Intel*

C'est une bonne illustration des efforts qu'il faut exercer ainsi que de la persévérance et du concours de circonstances nécessaires pour atteindre cette position stratégique.

En 1968, Intel n'était qu'une start-up. Alléchés par les perspectives de la loi de Moore[50], l'un des trois fondateurs, ils décidèrent de se lancer dans la production de puces de mémoires destinées aux fabricants d'ordinateurs. Malgré la concurrence, ils réussirent à devenir leader, jusqu'à ce que, en 1985, les Japonais débarquent sur le marché.

C'est alors qu'IBM décida de se lancer dans les PC[51], mais en s'installant en Floride pour les séparer physiquement de l'activité gros ordinateurs. Motorola, alors leader du marché des semi-conducteurs et fournisseur préféré d'IBM, refusa de les suivre en Floride pour les aider à construire un micro-ordinateur autour de leur puce. IBM se tourna alors vers Intel, alors peu connu et qui ne fabriquait que des mémoires.

Voyant là l'opportunité de se diversifier, Intel accepta avec enthousiasme, malgré le danger qu'IBM ne veuille revenir chez Motorola après les premières séries.

Mais ce qu'IBM n'avait pas prévu, c'est qu'il se retrouverait verrouillé par le standard propriétaire d'Intel. Par la suite, la puissance d'IBM lui permit de créer le concept d'ordinateur personnel, qui devait être copié par tous les autres producteurs de PC, et Intel se retrouva ainsi au cœur de l'industrie.

50. Cette "loi" (en fait une simple observation qui se vérifie toujours aujourd'hui) dit que le nombre de transistors sur une puce, donc sa puissance, double tous les 12 à 18 mois.

51. Après que le comité exécutif ait rejeté l'idée de nombreuses fois.

Un autre facteur du succès d'Intel fut sa décision d'accorder largement des licences (jusqu'à une douzaine) car, au début, la société n'avait pas la capacité de production nécessaire pour suivre la montée en puissance d'IBM[52]. Ceci conduisit tous ces sous-traitants à produire des puces de conception Intel plutôt qu'à chercher à innover, assurant ainsi la domination du standard Intel !

Microsoft

Le groupe a ses admirateurs et ses détracteurs. Mais tout le monde reconnaît que c'est un succès phénoménal qui non seulement a fait de son fondateur l'un des deux ou trois hommes les plus riches au monde, mais a également fait la fortune de beaucoup. Les manuels de management considèrent Microsoft comme le modèle de la réussite moderne dans un environnement complexe.

Pourtant, il est clair que Microsoft ne doit ses 90 % de part du marché mondial des systèmes d'exploitation pour micro-ordinateurs ni à la qualité de ses produits ni à leur prix !

En fait, la principale raison pour laquelle les clients choisissent Microsoft est le fait que c'est pour Windows que l'on trouve le plus grand nombre de sociétés développant des logiciels d'application. Ces sociétés sont les "complémentaires" de Microsoft et expliquent son succès, bien davantage que ses propres produits.

52. Au bout de 4 ans, l'activité PC d'IBM atteignait déjà 5,5 milliards de dollars de chiffre d'affaires.

Annexe 29

Les ventes d'iPod ont littéralement explosé durant l'été 2004

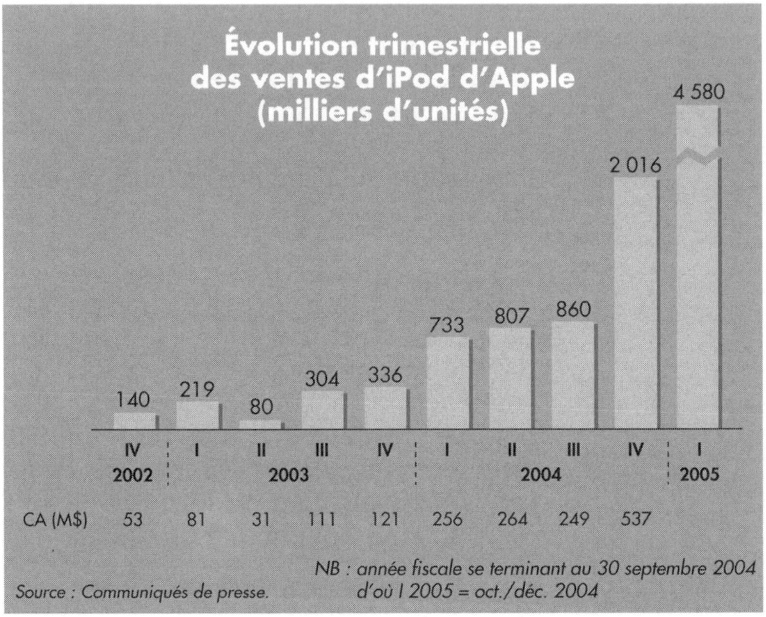

Annexe 30

L'iPod est aujourd'hui le premier produit d'Apple en terme de chiffre d'affaires

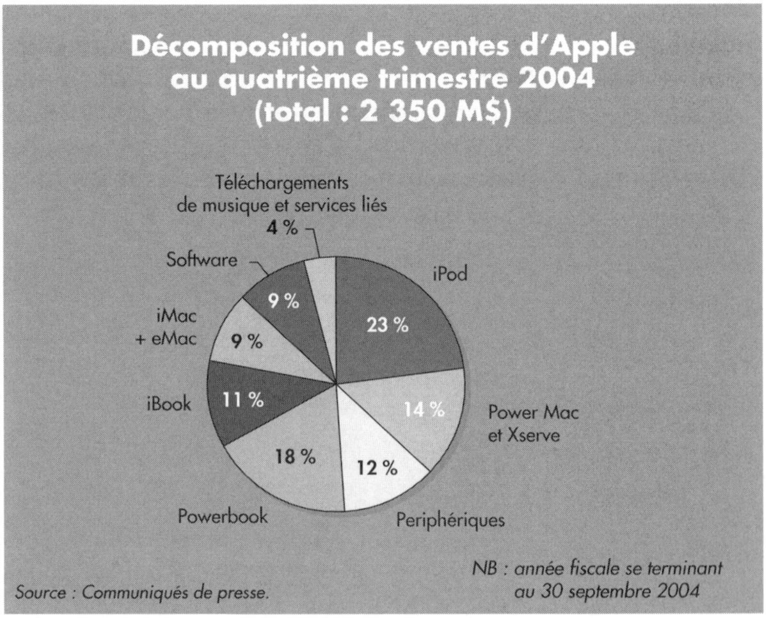

Apple iPod

Apple a lancé son baladeur numérique, l'iPod, en octobre 2001 et son service de vente de musique en ligne un an et demi après. Et la combinaison des deux a fait exploser ses ventes dans un créneau nouveau pour la firme à la pomme.

Ainsi, rien qu'au dernier trimestre 2004 (1er trimestre de son exercice fiscal 2005), Apple a vendu plus de 4,5 millions d'iPod, soit vingt fois plus qu'au trimestre correspondant de 2003. Et les possesseurs d'iPod ont téléchargé 250 millions de morceaux de musique depuis la création du service ![53] *(Annexes 29 & 30).*

Aujourd'hui, trois baladeurs sur cinq vendus aux États-Unis sont des iPod. Apple détient même 92,1 % de part de marché pour les baladeurs à disque dur ! De même, Apple contrôle 70 % du marché du téléchargement légal.

Quelle est donc la "recette" d'Apple ?

- **Un superbe design,** qui a fait de l'iPod un objet culte, en même temps qu'un *status symbol*, et un renouvellement rapide du produit : mini-iPod, iPod Photo, iPod shuffle...
- **Un système particulièrement facile** à utiliser, avec une synchronisation automatique des disques durs de l'ordinateur (Macintosh ou Windows) et de l'iPod, le branchement immédiat sur une chaîne Hi-Fi...
- **Le plus grand catalogue mondial** de musique en ligne : 600 labels et un million de morceaux de musique, que les utilisateurs peuvent télécharger, graver sur un CD, jouer sur trois ordinateurs différents et transférer sans coup férir sur leur iPod.

53. Au rythme de 1,25 million par jour aujourd'hui.

Annexe 31

"Parcourir"
le triangle

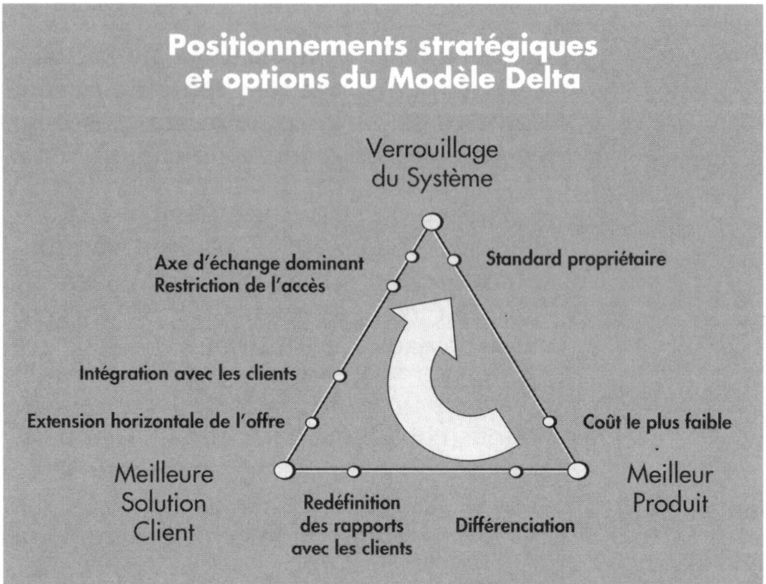

Source : The Delta Project.

- **Mais, par dessus tout, un système fermé,** autour de l'iPod, du logiciel iTunes, de l'iTunes Music Store, et du standard de compression *Advanced Audio Coding (AAC)*. L'iPod ne peut pas lire les morceaux des autres disquaires en ligne s'ils sont protégés par un système de gestion des droits musicaux (DRM) autre que celui d'Apple. Inversement, les autres disquaires en lignes, tels que la FNAC ou Virgin qui utilisent le standard WMA de Microsoft, sont coupés de la manne que représentent les possesseurs d'iPod !

Il semble donc qu'il sera difficile d'empêcher Apple de continuer à caracoler en tête.

En résumé

Si la position de verrouillage du marché est la plus désirable, elle ne constitue pas forcément un objectif réaliste pour une société dans un marché donné et stable, sans révolution technologique prévisible.

De même, ce n'est pas parce qu'une entreprise a adopté la meilleure solution client comme positionnement stratégique qu'elle ne doit plus chercher à avoir le meilleur produit ou à réduire ses coûts. Tout est une question de degré et de priorités dans la focalisation des efforts de tous.

Un bon exemple est celui des sociétés de commodités qui ont bien réussi, généralement en "parcourant le triangle", et en accroissant à chaque fois le "*bonding*", c'est-à-dire en renforçant leurs liens avec leurs clients *(Annexe 31)* :

- Elles ont **commencé par chercher à avoir le meilleur produit,** si possible au coût le plus faible, puis à le différencier par rapport à celui de leurs concurrents.
- Puis, elles ont **cherché à redéfinir l'expérience client** pour améliorer les rapports avec leur clientèle, de manière à créer un véritable lien, allant au delà de la fourniture du produit, grâce à des guides d'utilisation, des conseils personnalisés, des séminaires, etc.

Annexe 32

"Parcourir" le triangle... ... permet d'enrichir le champ et le contenu de l'activité

Synthèse des principes du modèle Delta

Positionnement stratégique / *Domaines*	Meilleur produit	Meilleure solution client	Verrouillage du système
Focalisation stratégique	**Produit** Business, industrie et concurrents	**Entreprise** Société, ses clients et ses fournisseurs	**Système** Société, clients, fournisseurs et "complémentaires"
Benchmark	Concurrents	Clients	"Complémentaires"
Types de produits	Standardisés	Ensemble adapté de produits et services	Portefeuille de produits et services étendu grâce aux "complémentaires"
Innovation	Développement produit interne	En collaboration avec les clients	Avec une forte contribution des "complémentaires"
Supply chain	Interne	Intégrée avec les clients et les fournisseurs	Du système, y compris les "complémentaires"
Canaux de distribution	Banalisés, grande distribution	Distribution directe, ciblée	Canaux vers les clients et les "complémentaires"
Fidélisation client	Très faible	Potentiellement forte	Potentiellement la plus élevée

Sources : The Delta Project, JBC.

- Souvent, elles ont **cherché à étendre horizontalement leur gamme** de produits ou de services, pour apporter à leurs clients le "*one-stop shopping*" leur facilitant la vie. Pour cela, elles ont passé des accords avec des "complémentaires", en amont, en aval ou horizontalement, sous différentes formes : participations, licences, co-investissements...
- Elles ont souvent, également, **intégré des activités clients,** en fournissant à ceux-ci des matériels adaptés aux produits qu'elles leurs fournissaient.
- Enfin, elles ont **cherché à verrouiller le *business system*** dans lequel elles opéraient, par exemple grâce à des accords d'exclusivité avec des "complémentaires".

Au cours de ce processus, qui peut prendre de longues années, elles ont constamment enrichi le champ et le contenu de leur activité et... leur rentabilité *(Annexe 32).*

La notion de "complémentaires" ne fait généralement pas partie du vocabulaire et de la réflexion du manager classique, et c'est en cela surtout que le Modèle Delta apporte un nouvel aspect fondamental à la réflexion stratégique. La pratique des alliances n'est pas nouvelle ; mais une alliance, généralement conclue entre deux ou plusieurs géants, n'a souvent qu'une durée de vie relativement limitée et ressemble surtout à un concours entre leurs pouvoirs de négociation.

En revanche, les relations d'une entreprise avec ses "complémentaires" sont naturelles et réciproques. Elles sont au centre de la nouvelle économie fondée sur les réseaux.

Annexe 33

Le Modèle Delta comprend un certain nombre d'étapes qui peuvent servir de check-list dans les analyses

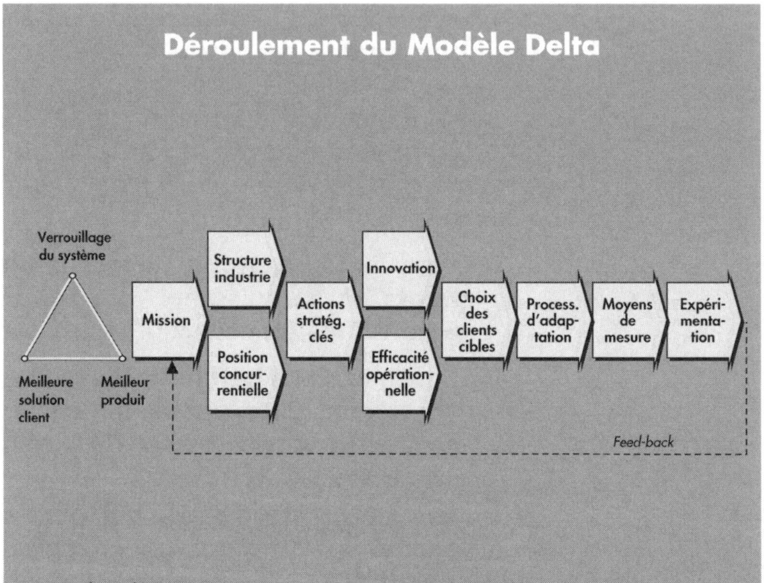

Source : The Delta Project.

Annexe 34

Les quatre premières étapes constituent la réflexion stratégique proprement dite

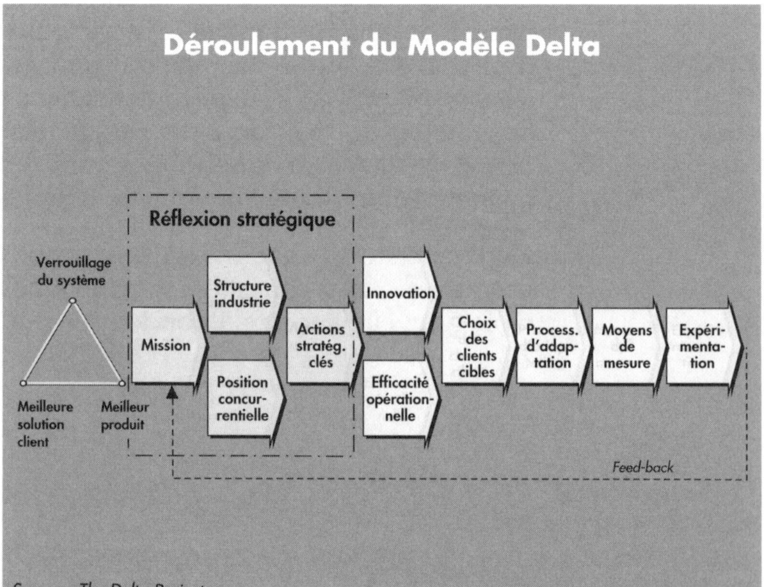

Source : The Delta Project.

DÉTERMINATION DU "CAP STRATÉGIQUE"

Toute la méthode réside dans la mise en ordre et la disposition vers lesquels il faut tourner le regard de l'esprit.

Descartes

Le Triangle est l'apport le plus original des travaux de Hax et Wilde et constitue le point de départ pour la formulation de la stratégie ; c'est grâce à lui que l'on peut identifier ou choisir le positionnement stratégique de l'entreprise (ou de la *SBU*[54]).

Le Modèle Delta complet comprend un certain nombre d'étapes qui intègrent et complètent les principales approches, désormais classiques, qui l'ont précédé, en particulier le modèle de Porter et l'approche "Ressources et compétences". Nous aborderons donc les étapes ultérieures de manière plus rapide et invitons le lecteur à se référer aux autres chapitres de cet ouvrage pour les compléments dont il aurait besoin ainsi qu'aux travaux de Hax et Wilde.

Pour progresser, il ne suffit pas de vouloir agir, il faut d'abord savoir dans quel sens agir.

Guillaume Le Bon

Les premières étapes du modèle permettent de fixer le "Cap Stratégique" et comprennent :

- **La définition de la Mission** de l'entreprise ou de la *SBU* ;
- **L'analyse de la structure de l'industrie**, afin de comprendre les forces qui s'y exercent (cf. : le modèle de Porter) ;
- **L'analyse de la position concurrentielle** de l'entreprise, afin de déterminer ses forces – sur lesquelles bâtir pour accroître sa rentabilité – et ses faiblesses – à corriger ou compenser, en particulier pour réduire les risques et les coûts *(Annexes 33 & 34).*

Le courage est de comprendre l'idéal et d'aller vers le réel.

Jean Jaurès

J'ai plus peur de nos propres erreurs que des plans de nos ennemis.

Périclès

54. *Strategic Business Unit*, résultat du travail de segmentation effectué en amont et dont l'importance ne saurait être sous-estimée.

Mission

Dis-moi d'abord ce que tu veux être, puis fais en conséquence ce que tu dois faire.

Épictète

La première tâche consiste à préciser et rédiger la "mission" de l'entreprise ou de la SBU. Elle doit décrire le challenge implicite au positionnement stratégique retenu, afin de le rendre concret et de le communiquer pour focaliser les efforts de tous dans la même direction. L'objectif est d'arriver à un document "opérationnel", substantiellement différent de la liste de vœux pieux que l'on peut trouver dans de nombreux rapports annuels !

Nul vent n'est bon pour celui qui n'a pas de destination.

Montaigne

Un "slogan" n'est pas suffisant, même s'il est capable d'inspirer et de mobiliser les troupes[55], ainsi que de créer un sentiment d'urgence, car il ne représente pas un positionnement stratégique.

La définition de la mission doit, en particulier, souligner les changements que l'entreprise cherche à effectuer pour s'adapter aux évolutions de son environnement.

Quand on ne sait pas où l'on va, tous les chemins mènent nulle part.

Kissinger

Le type de questions à se poser est, par exemple :

- **L'engagement de l'entreprise est-il net ?** *(exemples : nous voulons retrouver notre leadership dans tel domaine, figurer parmi les 3 leaders mondiaux dans nos domaines d'activité) ;*
- **La mission de l'entreprise est-elle claire** au niveau des produits ? *(exemples : notre métier est celui du transport de personnes sous toutes ses formes, celui de la pharmacie éthique, de l'extraction de métaux non ferreux...) ;*
- **La couverture du marché mondial est-elle adaptée** au potentiel des pays et aux capacités de l'entreprise ? *(exemple : nous voulons atteindre une présence significative dans tous les pays développés) ;*
- **De quelles compétences clés l'entreprise dispose-t-elle ?** Sont-elles adaptées au positionnement stratégique retenu ? *(exemple : nous nous appuierons sur notre expertise en matière de réseaux et de liaisons satellitaires).*

La stratégie s'occupe de ce que nous voulons être en tant qu'entreprise.

Roberto C. Goizueta

Ce qui est criminel, ce n'est pas d'échouer, mais de viser trop bas.

James Lowell

55. Par exemple : "*Mettre un homme sur la lune*" pour la NASA ; "*We try harder*" pour Avis – en français : "*Décidés à faire mille fois plus*".

Annexe 35

L'approche dynamique de Porter analyse la structure de l'industrie suivant les forces qui s'y exercent

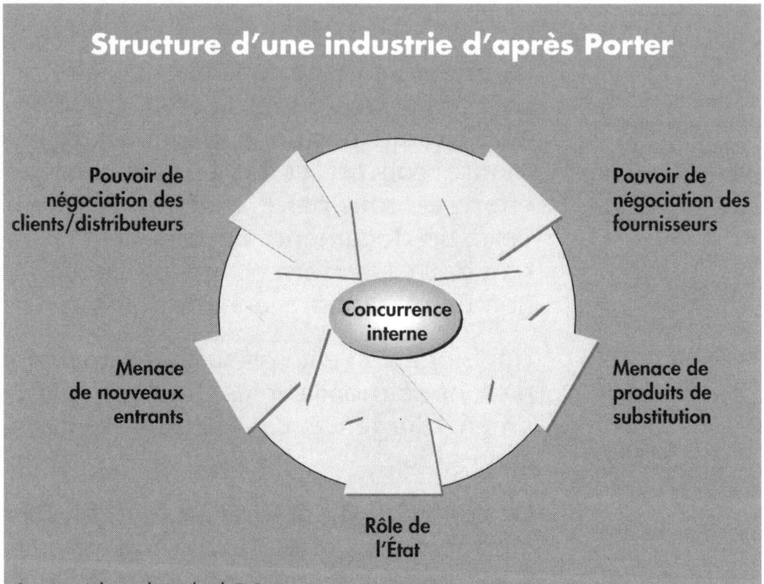

Source : Adapté de Michael E. Porter.

L'étape suivante consiste à analyser l'entreprise dans son environnement. L'approche la plus connue et la plus utilisée aujourd'hui est celle de Porter ; elle est focalisée sur les lois du marché et postule que les deux facteurs de base qui déterminent la rentabilité d'une entreprise sont la structure de son industrie et sa position concurrentielle.

On lui oppose souvent l'approche "Ressources et Compétences" de Prahalad & Hamel qui, au lieu de se focaliser sur les forces en jeu dans le marché, considère que la compétitivité de l'entreprise dépend surtout de sa capacité à développer ses propres ressources et compétences internes.

Le Modèle Delta tire parti des deux types d'analyse, mais les intègre en les complétant.

Structure de l'industrie

Porter résume l'analyse d'une industrie à celle des forces qui s'exercent sur un segment, leur évolution prévisible et leur impact potentiel *(Annexe 35).*

Il s'agit là d'un état d'esprit de rivalité avec ses concurrents qui s'applique bien au positionnement "Meilleur Produit" ; mais le Modèle Delta remplace, ou du moins complète ce concept par la création de liens, avec ses clients dans le positionnement "Meilleure Solution Client" et avec ses "complémentaires" dans le positionnement "Verrouillage du système".

De plus, dans le Modèle Delta, on ne se contente pas d'analyser sa propre industrie, mais l'on doit également analyser celle de ses clients clés et celle de ses "complémentaires", afin d'identifier la meilleure manière de créer des liens. Au système des cinq forces de Porter, le Modèle Delta en ajoute donc une sixième, celle des "complémentaires".

Brièvement, l'analyse s'effectue suivant trois axes :

- Le marché,
- Les forces extérieures qui influent sur ce marché,
- L'impact potentiel de ces forces sur l'entreprise (ou la *SBU).*

Marché des produits et services de l'entreprise et de ses "complémentaires"

Les principales données à recueillir sont, en particulier :

- Données chiffrées : volumes, prix, par produit, par zone géographique, croissances, rentabilités, coûts fixes et profil économique, points morts...
- Modes de distribution : canaux, flux, nombre d'intermédiaires...
- Facteurs clés de réussite sur le marché,
- Équipements nécessaires et disponibilité
- Menaces et opportunités...

Principales forces extérieures et évolution probable

Les principales analyses sont à effectuer, non seulement pour la situation passée et actuelle, mais également de manière dynamique, en cherchant à évaluer l'évolution probable de chaque facteur.

- **Concurrents :** concentration et équilibre entre eux, coûts comparés, évolution des capacités de production, stratégie perçue (différentiation, étendue des gammes, intégration clients, réseau d'alliances...), barrières à la sortie (spécialisation des actifs, coûts sociaux et divers, relations avec d'autres activités, politiques gouvernementales...).
- **Fournisseurs :** nombre et importance, substituts possibles, dangers (intégration verticale potentielle ?), contribution à la qualité des produits ou services de l'entreprise, coûts représentés, importance de l'industrie dans leurs bénéfices...

- **Clients/acheteurs :** Nombre et importance, disponibilité de produits de substitution, coûts induits par un changement de fournisseur, dangers (intégration verticale potentielle ?), part du coût du produit vendu par l'entreprise dans les coûts totaux du client, profitabilité…
- **Nouveaux entrants :** barrières à l'entrée dans le métier de l'entreprise, économies d'échelle, effet d'expérience, différenciation, coût d'un changement, accès aux dernières technologies et aux canaux de distribution…
- **Produits de substitution :** disponibilité et rapport qualité/prix de produits suffisamment semblables, coût d'un changement pour l'utilisateur, profitabilité et agressivité des producteurs de tels produits, changements potentiels entraînés dans l'industrie et qui peuvent modifier radicalement les règles du jeu…
- **Action de l'État :** réglementation, protectionnisme, droits de douane, attitude vis-à-vis des capitaux étrangers et mouvements observés, cohérence et suivi des politiques suivies, aides, assistance éventuelle aux concurrents…
- **"Complémentaires" :** fournisseurs de produits ou services connexes, importants dans le système, distributeurs clés dans les marchés les plus importants ou centraux…

Impact sur l'activité de l'entreprise

Il reste ensuite à évaluer l'impact de ces différentes forces sur l'activité de l'entreprise. Ceci se fera plus aisément après l'évaluation de la position concurrentielle de l'entreprise que nous allons aborder maintenant.

Annexe 36

La chaîne de valeur comprend toutes les activités d'une Unité Stratégique

La chaîne de valeur

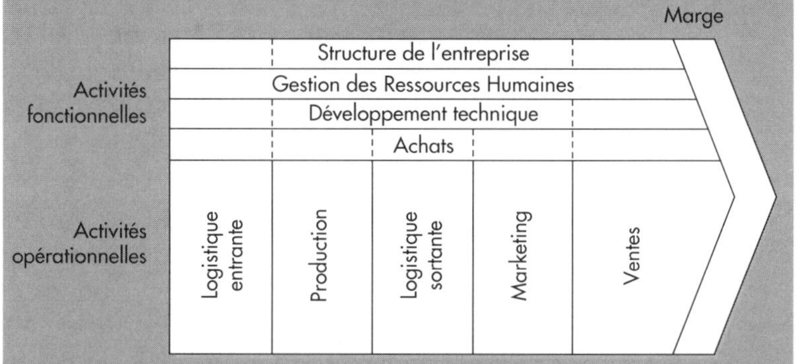

Source : Michael E. Porter, Competitive Advantage, *N.Y. Free Press, 1985.*

Annexe 37

L'approche "Ressources" soutient que l'avantage concurrentiel de l'entreprise résulte de sa capacité à développer ses ressources et ses compétences

L'approche "Ressources/Compétences"

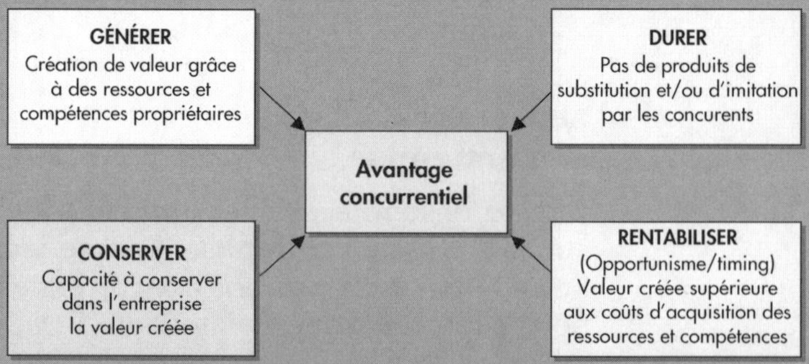

Sources : Margaret A. Peteray, The Cornerstones of competitive advantage: a resource-based view, Strategic Management Journal *(3/1993) ; The Delta Project ; JBC.*

Position concurrentielle

Connais-toi, connais ton ennemi ; sur cent batailles, tu remporteras cent victoires.

Sun Tsé

L'analyse de la position concurrentielle permet de définir la manière dont l'entreprise atteindra et conservera un avantage durable sur ses concurrents clés.

Analyse de la chaîne de valeur

D'après Porter, la meilleure méthode d'analyse consiste à prendre comme guide la chaîne de valeur de l'entreprise ou de la SBU. Son idée de base est que toutes les activités d'une entreprise se résument à cinq activités opérationnelles et quatre activités fonctionnelles ou de support. Ce modèle fournit un cadre d'analyse simple et pratique, même si le rôle des activités fonctionnelles est moins clair que celui des activités opérationnelles ; en effet, elles servent de support, non seulement à ces dernières, mais également entre elles *(Annexe 36).*

La règle, c'est que le général qui triomphe est celui qui est le mieux informé.

Sun Tsé

Ces activités de base peuvent être contrôlées par des managers spécialisés et leur analyse permet d'identifier les facteurs qui conditionnent la compétitivité de l'entreprise, ses forces à développer et ses faiblesses à corriger.

Identification des ressources et compétences clés

Cette analyse, très différente de celle de Porter, apporte un certain nombre d'éléments liés au marché qui manque dans celle-ci. Elle permet d'identifier les ressources, tangibles et intangibles, et les compétences nécessaires pour générer, développer, conserver et rentabiliser un avantage concurrentiel *(Annexe 37).*

La connaissance du pays où l'on doit mener sa guerre sert de base à toute stratégie.

Frédéric le Grand

Elles se classent en trois catégories :

- **Les actifs matériels.** Ce sont les plus faciles à quantifier et ils apparaissent en général sur le bilan : terrains, immobilier, usines, machines, stocks de matières premières, en-cours et produits finis. Ils constituent rarement une source d'avantage concurrentiel.
- **Les actifs immatériels :** marques, image et réputation de l'entreprise, brevets, expérience accumulée... Ils sont souvent la source d'un avantage concurrentiel important.
- **Les compétences organisationnelles.** Ce sont les moins faciles à quantifier et, pourtant elles peuvent jouer un rôle important dans la compétitivité de l'entreprise : structure de coûts, vitesse de développement des produits nouveaux, qualité...

Vous n'avez pas à être parfait, vous devez juste être meilleur que l'autre.

Larry Ellison

Apport complémentaire du Modèle Delta

Le Modèle Delta est particulièrement opérationnel, car :

- **Il part bien en amont** de l'analyse concurrentielle, par le positionnement stratégique – qui résulte d'une Vision de l'équipe de direction – et la définition de la Mission de l'entreprise.
- **Il permet d'intégrer les deux approches de l'analyse concurrentielle**, celle de Porter et celle de Prahalad & Hamel, dans un cadre homogène, tout en les complétant.

Ainsi, par exemple, le Modèle Delta, étend l'analyse de manière à inclure la chaîne de valeur ajoutée de toutes les parties prenantes du système :

- **Dans la Meilleure Solution Client,** l'objectif est de rechercher les activités ou les actifs complémentaires qui permettront de concrétiser et d'enrichir les relations de l'entreprise avec ses fournisseurs et clients clés.
- **Dans le Verrouillage du Système,** on va s'intéresser, non seulement à l'environnement immédiat de l'entreprise – avec ses fournisseurs et ses clients –, mais également à ses "complémentaires" dans le système global. L'idée – et le défi – est de créer avec eux des liens solides.

Dans les deux cas, l'entreprise, au lieu de se focaliser sur sa rivalité avec ses concurrents, cherche à créer ou renforcer ses liens avec tous les acteurs du *business system.*

- **Enfin, il conduit à la définition des actions stratégiques clés** – ce que les auteurs appellent le *Strategic Agenda,* c'est-à-dire le "programme stratégique". Sans leur identification, puis leur mise en œuvre, tout ce travail de réflexion stratégique ne pourrait être que stérile.

Actions stratégiques clés

Les étapes précédentes ont préparé la dernière étape de la réflexion stratégique qui consiste à définir les actions stratégiques clés et à les programmer dans le temps.

La vérité, c'est que vous savez toujours se qu'il faut faire. Ce qui est difficile, c'est de le faire.

Norman Schwarzkopf

Il s'agit ici d'un petit nombre d'actions spécifiques, concrètes et orientées vers l'action qui, une fois toutes accomplies, permettront d'atteindre les objectifs de l'entreprise ou de la SBU. Ces actions doivent :

- **être décrites clairement** pour être facilement communicables à l'ensemble de l'organisation, et l'être effectivement ;
- **préciser le rôle de chaque manager** impliqué dans leur mise en œuvre ;
- **définir les objectifs** à atteindre, chiffrés chaque fois que cela est possible ;
- **inclure les indicateurs** nécessaires de suivi ;
- **être "dynamiques",** dans le sens qu'elles doivent être révisées chaque fois que nécessaire, soit parce qu'il faut corriger le tir, soit parce qu'une étape s'achève et une autre démarre.

Trois grands types de questions peuvent aider la réflexion :

- Quelles grandes décisions stratégiques ou de gestion ont conduit à la situation actuelle ?
- Qu'ont fait les concurrents qui ont fait mieux que l'entreprise ?
- Quelles grandes décisions stratégiques ont déjà été prises et quel en a été le résultat ?

Annexe 38

Une fois le "cap stratégique" clairement fixé, le *Business Model* permet d'aligner la mise en œuvre avec la stratégie

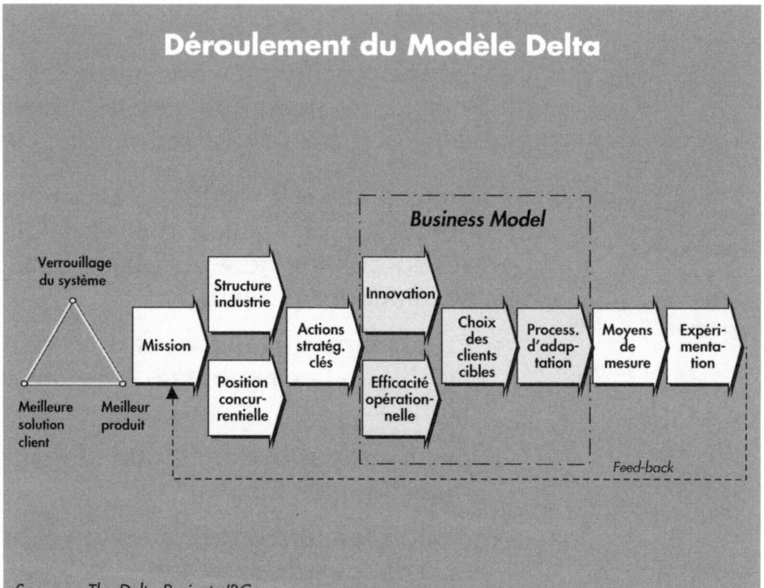

Sources : The Delta Project, JBC.

ÉLABORATION DU "BUSINESS MODEL"

Il y a deux espèces de plans de campagne : les bons et les mauvais. Les bons échouent presque toujours par des circonstances imprévues qui font souvent réussir les mauvais.

Napoléon

Une fois le "cap stratégique" clairement fixé et les actions stratégiques clés définies, le *Business Model* doit permettre de mettre effectivement la stratégie en œuvre.

Les étapes suivantes ont donc pour objet d'entrer dans le détail de cette mise en œuvre *(Annexe 38).*

Concrètement, l'objectif est d'adapter les pratiques de management au positionnement stratégique retenu, de manière explicite et directe.

En effet, la plupart des entreprises cherchent à appliquer naturellement la stratégie du Meilleur Produit. C'est ce que les managers ont "appris à l'école" : serrer les coûts, accroître la productivité, améliorer la qualité... Ceci grâce, en particulier, au *reengineering* et à des restructurations incessantes.

De plus, le *benchmarking* tend à faire connaître les "meilleures pratiques" observées dans les "meilleures entreprises" et à les faire appliquer dans le maximum de celles qui sont considérées, à tort ou à raison, comme moins performantes.

Annexe 39

Concrètement, l'objectif est d'adapter les pratiques de management au positionnement stratégique

Synthèse des axes du *business model*

Positionnement stratégique / *Pratiques*	**Meilleur produit**	**Meilleure solution client**	**Verrouillage du système**
Innovation	Lancer rapidement des produits ou services nouveaux, plus performants ou moins chers	Développer des innovations avec les clients	Développer des innovations avec ses clients et ses "complémentaires"
Efficacité opérationnelle	Réduire les coûts de ses produits ou services	Réduire les coûts des clients	Optimiser le fonctionnement du système global
Choix des clients cibles	Maîtriser la distribution de masse	Privilégier et soigner la relation client	Rechercher et verrouiller des "complémentaires"

Sources : The Delta Project, JBC.

Ces efforts, louables en eux-mêmes, ont malheureusement un triple effet néfaste :

- **Ils conduisent à une uniformisation** des pratiques et des produits qui, en fin de compte, réduit les marges et la croissance du marché ;
- **Ils tendent à centraliser le processus de décision ;** or, il est plus que jamais nécessaire aujourd'hui de réagir rapidement aux modifications de l'environnement, ce qui rend impératif une décentralisation de la décision dans le cadre d'une stratégie commune, connue et partagée ;
- **Ils réduisent la capacité de l'entreprise à changer de positionnement** et à adopter avec succès une stratégie du type "Meilleure Solution Client" ou "Verrouillage du Système" ; en effet, les managers pensent "réduction de coût" avant de penser à l'acquisition des ressources nécessaires à une autre stratégie.

Le Modèle Delta considère donc qu'il est indispensable de s'assurer que les processus fondamentaux de l'entreprise – innovation, opérationnel et commercial – sont bien en phase avec le type de positionnement retenu *(Annexe 39).*

Annexe 40

Le rôle de l'innovation change de manière fondamentale en fonction du positionnement stratégique

L'innovation suivant le positionnement stratégique

Positionnement stratégique / *Pratiques*	**Meilleur produit**	**Meilleure solution client**	**Verrouillage du système**
Objectif	Être le premier sur le marché avec le meilleur concept	Améliorer la performance client, proposer un ensemble de produits sur mesure, s'intégrer dans les activités clients	Harmoniser l'architecture du système global
Focalisation des efforts	Plateforme produit commune	Plateforme client	Plateforme ouverte
Résultat recherché	Famille de produits	Développement en commun	Gestion de la prolifération des "complémentaires", éventail d'applications, interfaces

Sources : The Delta Project, JBC.

Innovation

Option "Meilleur Produit"

Les deux secrets d'un succès : la qualité et la création.

Bocuse

Dans la théorie classique, toujours d'actualité dans le positionnement "Meilleur Produit", le rôle de l'innovation est de d'**assurer un flot continu de nouveaux produits et services** pour :

- préserver ses avantages concurrentiels ;
- maintenir la viabilité à long terme de l'entreprise ;
- assurer sa rentabilité et son renouveau.

Une innovation constante est la clé de la survie d'une société... Les changements les plus puissants que les meilleurs concurrents peuvent faire sont ceux qui créent de la valeur pour leurs clients.

Andrew Pearson
Président, PepsiCo

Ces nouveaux produits ou services doivent donc être de plus en plus performants et rentables, et arriver sur le marché le plus rapidement possible et, en tous cas, plus rapidement que ceux de ses concurrents.

On en est ainsi arrivé à développer des concepts tels que l'ingénierie simultanée qui permet de raccourcir sensiblement les délais, les plateformes communes évolutives, etc.

Dans les entreprises les plus performantes, l'innovation mobilise toutes les ressources créatives : technique, production, marketing...

Dans les deux autres options du modèle Delta, l'innovation a un rôle substantiellement plus complet *(Annexe 40).*

MODÈLE DELTA

Option "Meilleure Solution Client"

Il faut se rappeler qu'il n'y a rien de plus difficile à planifier, de plus délicat à réussir et de plus dangereux à conduire que la création et la mise en place d'un nouveau système. Car l'innovation a pour ennemis tous ceux qui bénéficieraient du maintien des conditions passées et ne reçoit que de tièdes encouragements de la part de ceux qui bénéficieraient des nouvelles.

Machiavel

L'innovation consiste à **promouvoir des développements conjoints :**

- Identifier, et exploiter conjointement avec le client, des développements liés à sa chaîne de valeur ;
- Élargir l'offre à l'intérieur de la chaîne de valeur du client, afin d'améliorer les *economics* de celui-ci ;
- Intégrer, de manière innovante, des fonctions de soutien client ;
- Accroître la dépendance du client grâce à la personnalisation et à l'apprentissage.

Elle doit **inclure fournisseurs, clients et "complémentaires"** et non se limiter à l'interne.

Dans cette option, il ne faut pas oublier qu'une relation particulièrement étroite avec un client peut empêcher de travailler avec certains de ses concurrents directs. Mais ceci a une contrepartie intéressante : les clients sont la principale source d'innovation dans les industries où ils sont les principaux bénéficiaires de cette innovation[56].

Option "Verrouillage du Système"

L'innovation consiste à :

- **Mettre en place un système verrouillant** les clients "à l'intérieur" et les concurrents "à l'extérieur" ;
- **Concevoir une architecture propriétaire et ouverte :** interfaces complexes, évolution rapide, compatibilité ascendante ;
- **Faciliter l'innovation** par les "complémentaires" et les clients sur sa propre plate-forme.

---

56. Voir à ce sujet les travaux du professeur Éric von Hippel du MIT qui portent sur un échantillon de 253 cas.

Annexe 41

Le champ d'action de l'efficacité opérationnelle s'élargit considérablement lorsque l'entreprise parcourt les côtés du triangle

L'efficacité opérationnelle suivant le positionnement stratégique

Positionnement stratégique / *Pratiques*	**Meilleur produit**	**Meilleure solution client**	**Verrouillage du système**
Objectif	Meilleur coût produit	Maximum de valeur clients	Amélioration de la performance du système global
Focalisation des efforts	Chaîne de valeur de l'entreprise	Chaîne de valeur de l'entreprise et des clients	Chaîne de valeur interne, client et "complémentaires"
Résultat recherché	Allègement de la structure de coûts interne	Amélioration de la structure de coûts interne et clients	Amélioration de la structure des coûts du système global

Sources : The Delta Project, JBC.

Efficacité opérationnelle

Ce sujet concerne la fourniture des biens et services au client.

Notons que les évaluations effectuées par les clients apportent des indications intéressantes sur les voies d'amélioration en fonction du positionnement retenu.

Option "Meilleur Produit"

Traditionnellement, l'efficacité opérationnelle s'adresse à tous les éléments de la chaîne de valeur pour :

Il faut porter plus d'attention à la plomberie et à l'électricité. Ce n'est pas spectaculaire, mais c'est ce qui permet à la maison de fonctionner.

John Heimann

- Produire au meilleur coût ;
- Minimiser les coûts d'infrastructure.

L'efficacité opérationnelle consiste donc à :

- Identifier les facteurs de coûts ;
- Améliorer le coût complet des produits individuels.

Dans le Modèle Delta, ce processus s'étend aux fournisseurs, clients et "complémentaires" clés *(Annexe 41).*

Option "Meilleure Solution Client"

L'efficacité opérationnelle consiste à :

- Améliorer les *economics* du client ;
- Améliorer les connections horizontales entre les composants de solutions globales.

Option "Verrouillage du Système"

L'efficacité opérationnelle consiste à améliorer la performance du système global en :

- Améliorant chacun des facteurs qui la conditionnent ;
- Intégrant les "complémentaires".

Annexe 42

La stratégie commerciale évolue de manière drastique suivant le positionnement stratégique adopté

Le choix des clients cibles suivant le positionnement stratégique

Positionnement stratégique / *Pratiques*	**Meilleur produit**	**Meilleure solution client**	**Verrouillage du système**
Objectif	Maximiser sa part de marché "produit" et le volume, minimiser les coûts de distribution	Maximiser sa part de marché chez chaque client	Maximiser sa part des "complémentaires"
Focalisation des efforts	Canaux de distribution	Clients ciblés	*Business system* global
Résultat recherché	Mix de canaux de distribution	Données marché, interface clients	Réseau de "complémentaires" et interfaces

Sources : The Delta Project, JBC.

Choix des clients cibles

Prenez la place du vendeur en achetant, et de l'acheteur en vendant, et votre commerce sera de bonne foi.

François de Sales

Ce processus concerne l'interface B-to-C[57] et comprend toutes les activités de marketing et commerciales consistant à :

- Identifier et sélectionner les clients intéressants ;
- Les attirer, les satisfaire et les conserver ;
- S'assurer que les relations clients sont gérées de manière efficace et permettent d'améliorer leur performance financière, en les aidant à :
  - réduire leurs coûts, ou
  - accroître leurs revenus *(Annexe 42).*

Option "Meilleur Produit"

L'objectif de l'entreprise est de maximiser sa part de marché "produit". Pour cela, elle doit :

- **Maximiser sa couverture du marché,** en multipliant ses canaux de distribution ;
- **Analyser la profitabilité de chaque produit** pour distribuer au moindre coût dans chaque canal.

Option "Meilleure Solution Client"

L'objectif de l'entreprise est de maximiser sa part de marché "clients". Elle doit :

- **Identifier et exploiter les opportunités** d'apporter une valeur croissante à ses clients clés en personnalisant ses produits et services et en leur proposant des solutions ;
- **Sélectionner des marchés verticaux clés** et examiner les possibilités d'acquérir des canaux de distribution.

57. *Business to Customer.*

Annexe 43

Les processus d'adaptation prioritaires diffèrent suivant le positionnement stratégique adopté

Choix des priorités suivant le positionnement stratégique

POSITIONNEMENT STRATÉGIQUE	Meilleur produit		Meilleure solution client			Verrouillage du système		
OPTION / PROCESSUS	*Coût le plus faible*	*Différenciation*	*Redéfinition des rapports clients*	*Extension horizontale de l'offre*	*Intégration avec les clients*	*Restriction de l'accès*	*Axe d'échange dominant*	*Standard propriétaire*
Innovation	2	1	3	3	3	1	1	1
Efficacité opérationnelle	1	3	2	2	2	3	3	3
Choix des clients cibles	3	2	1	1	1	2	2	2

Source : Adapté de The Delta Project.

Option "Verrouillage du Système"

L'essentiel des efforts commerciaux doit porter sur :

- **S'allier à des "complémentaires"** pour offrir des solutions complètes ; ces "complémentaires" s'adresseront aux mêmes marchés et/ou fourniront des produits clés pour ces marchés ; cette recherche elle-même s'apparente à une démarche commerciale (segmentation, objectifs...) ;
- L'objectif de **devenir un standard du marché,** de manière à ce que les clients le recherchent naturellement.

Processus d'adaptation

L'innovation, l'efficacité opérationnelle et le choix des clients cibles sont les trois grands processus dont la réorientation conditionne la mise en œuvre effective de la stratégie retenue.

De grands débats ont eu lieu sur la nécessité ou non de leur affecter des priorités :

- Certains considèrent que les trois sont d'importance égale et qu'une entreprise performante se doit d'avoir, à la fois, la meilleure innovation, les coûts les plus faibles et la meilleure concentration des efforts commerciaux.
- À l'inverse, Hax & Wilde pensent qu'il est capital de leur affecter des priorités, différentes suivant le positionnement stratégique retenu *(Annexe 43).*

Ainsi :

- **Dans le positionnement "Meilleur Produit"**, il paraît raisonnable de penser que l'accent doit être mis :
  - pour l'option "coût le plus faible", d'abord sur l'efficacité opérationnelle, puis sur l'innovation produit pour assurer le renouvellement des gammes ; le choix des clients cibles est le moins important car les produits sont destinés à des canaux de distribution de masse.
  - pour l'option "différenciation", sur l'innovation produit.
- **Dans le positionnement "Meilleure Solution Client",** l'accent doit être mis sur le choix des clients cibles, quelle que soit l'option retenue ; en effet, la clé de la réussite est le choix des produits à proposer à ces clients et le "sur-mesure" nécessaire. L'efficacité opérationnelle vient en second car elle est indispensable pour satisfaire les clients. L'innovation est nettement moins importante, car les idées de nouveaux produits viennent souvent des clients ou des "complémentaires".
- **Dans le positionnement "Verrouillage du système",** l'innovation est la plus importante, car c'est elle qui peut permettre de restreindre l'accès, créer un axe d'échange dominant ou conduire à la mise au point d'un nouveau standard. Comme les exemples cités plus haut le montrent bien, les sociétés qui ont réussi à atteindre cette position se sont ensuite attachées à cibler et attirer des "complémentaires" et se sont nettement moins préoccupées de leur efficacité opérationnelle.

Dans tous les cas, il ne faut pas perdre de vue que les processus ne sont pas la stratégie, mais un des moyens, indispensable certes, de la mise en œuvre de cette stratégie. Ainsi, les grands programmes de réduction des coûts de structure, d'amélioration de la productivité et de la qualité, etc., pour enthousiasmants et intéressants en termes de résultats qu'ils puissent être, ne doivent être que des outils au service de la stratégie.

Annexe 44

Pour une mise en œuvre efficace, des moyens de mesure adaptés, une certaine expérimentation et un feed-back sont indispensables

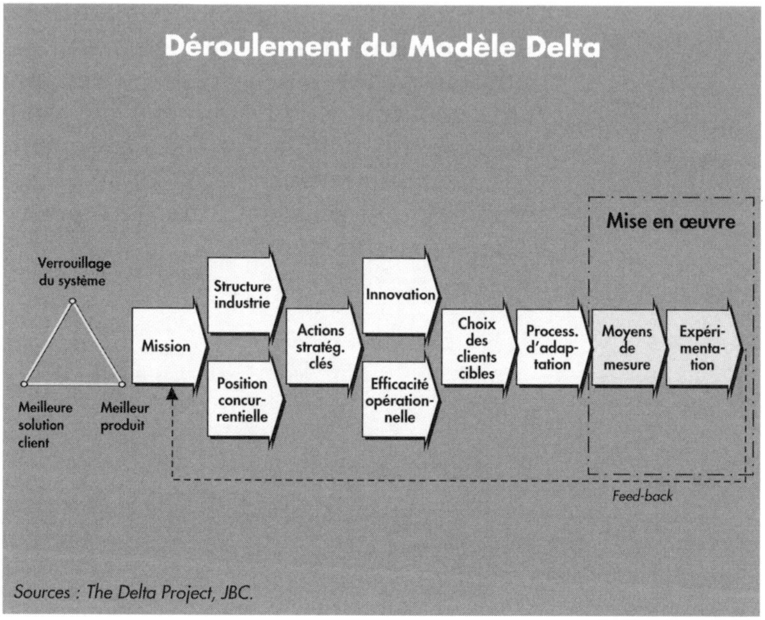

MISE EN ŒUVRE

La méthode ne vaut que par l'exécution.

Richelieu

La partie la plus passionnante de l'exercice pour les membres de l'équipe de direction – et la plus rapide – vient de s'achever. Elle leur a permis, grâce à leur expérience, de définir le positionnement souhaitable et de préciser la mission de l'entreprise. Puis, généralement avec l'aide d'une équipe projet, elle a analysé la position concurrentielle de l'entreprise, et identifié les grandes actions stratégiques qui en découlaient. Enfin, elle a également identifié les besoins d'adaptation au niveau des grands processus clés de l'entreprise.

Vous pouvez avoir la meilleure stratégie du monde, l'exécution fait 90 % du succès.

Alfred Brittain IIIrd

Arrivés à ce point, le plus important reste à faire : mettre en œuvre !

Nous ne chercherons pas ici à approfondir la manière de préparer des programmes d'actions détaillés, descendant en cascade depuis le haut de la hiérarchie jusqu'au niveau individuel. Mais nous voudrions attirer l'attention du lecteur sur les derniers modules du Modèle Delta :

- la **nécessité de moyens de mesure** performants, globaux mais aussi détaillés, pour impliquer l'ensemble des acteurs du changement et parce que l'on ne contrôle bien que ce que l'on mesure ;
- l'**expérimentation ;**
- le ***feed-back*** qui peut parfois obliger à affiner certains positionnements et remettre en cause, ou du moins modifier, les actions à entreprendre et, par voie de conséquence, les programmes d'action correspondants *(Annexe 44).*

Annexe 45

Le *Balanced Scorecard* est un modèle d'analyse conçu pour faciliter l'aide à la décision stratégique

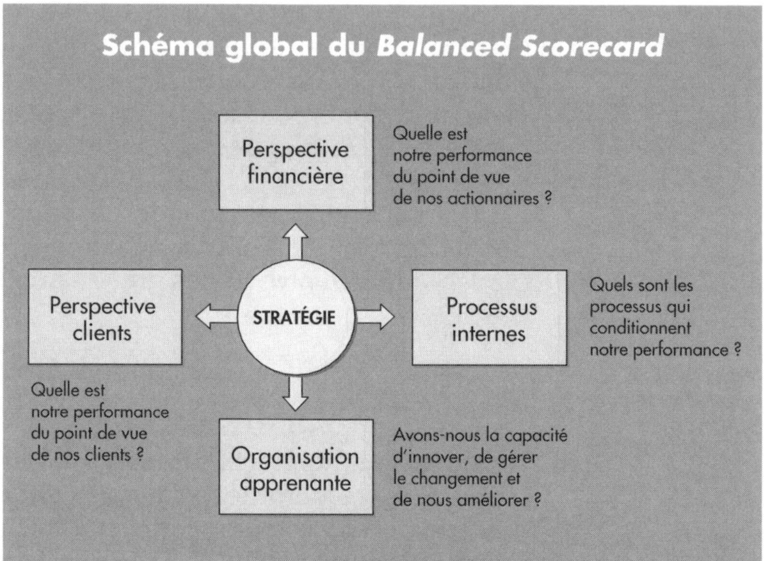

Source : D'après "The Balanced Scorecard – Translating Strategy into Action", par Kaplan & Norton, Harvard Business Press, *1996.*

Moyens de mesure

Mesurez tout, judicieusement.

Hax & Wilde

Les moyens de mesure doivent permettre de suivre la mise en œuvre à tous les niveaux de l'organisation en assurant l'alignement de l'exécution avec la stratégie et les exigences des clients.

Indicateurs globaux

Vous n'obtenez que ce que vous mesurez.

Kaplan & Norton

Les indicateurs globaux les plus utilisés sont traditionnellement les critères financiers, ce qui paraît logique étant donné que la création de valeur est généralement considérée comme le but principal de la gestion d'une entreprise. Leur inconvénient est qu'ils se réfèrent au passé, mais n'apportent aucune indication sur le niveau de préparation de l'entreprise pour affronter le futur[58].

Gérer uniquement par des moyennes ne peut conduire qu'à une performance inférieure à la moyenne.

Hax & Wilde

- **La méthode du Balanced Scorecard[59]**
  Développée au milieu des années 90 par Kaplan & Norton, elle apporte une vue plus équilibrée en organisant les indicateurs suivant quatre logiques :
  - Comment nous voient nos actionnaires ?
  - Comment nous voient nos clients ?
  - Quels sont nos avantages compétitifs ?
  - Avons-nous la capacité d'évoluer pour réussir à l'avenir ? *(Annexe 45).*

58. Ils permettent toutefois de focaliser les efforts de toute une entreprise dans des cas particulièrement difficiles, comme un redressement ; ainsi, à la fin des années 70, la focalisation de l'entreprise verrière belge Glaverbel sur trois indicateurs – marge opérationnelle sur chiffre d'affaires, résultat net et effectifs – constitua l'un des facteurs clés de son redressement spectaculaire en trois ans.
59. Tableau de Bord Équilibré.

- **La supra-mesure**

  Certains auteurs, de leur côté, se sont fait les avocats d'une mesure unique, la "supra-mesure"[60]. Les exemples qu'ils citent sont spectaculaires :

  - Une entreprise d'ordinateurs, *Data General,* a choisi la chaîne qui va de la commande à l'expédition et a ainsi réussi à réduire sa durée de neuf à deux jours ;
  - *Saturn,* dont nous parlions précédemment, a employé le coût par voiture pour ses décisions d'investissement.
  - *Un grand hôpital américain* s'est fixé comme objectif qu'un patient admis aux urgences soit examiné dans la minute par une infirmière qualifiée et a atteint cet objectif en un an, etc.

Trop souvent, nous mesurons tout et ne comprenons rien. Les trois choses les plus importantes que vous devez mesurer dans un business sont la satisfaction des employés, la satisfaction des clients et le cash-flow. Si vous accroissez la satisfaction du client, vous pouvez être sûr que votre part de marché globale croîtra aussi.

Jack Welch

Une supra-mesure alignée avec la stratégie doit être simple et pertinente, aussi bien horizontalement que verticalement ; elle doit être largement communiquée et incitative, c'est-à-dire que les collaborateurs doivent être formés et intéressés à son évolution positive ; enfin, elle ne doit pas être entravée par des procédures trop tatillonnes et évoluer dans le temps.

Indicateurs détaillés

Une mesure exacte vaut l'avis d'un millier d'experts.

Grace Hopper

L'objectif des indicateurs globaux était de mesurer la performance de l'entreprise dans son ensemble. Celui des indicateurs détaillés est de détecter, expliquer et exploiter les écarts par rapport au souhaitable, au niveau approprié.

Ces indicateurs seront différents suivant le processus à adapter et suivant le positionnement stratégique retenu.

60. Aligner action et stratégie grâce à la supra-mesure", par Bely, Boulnois & Rao, *L'Expansion Management Review,* N° 111, décembre 2003.

Si l'on prend l'exemple de l'innovation, on trouvera, entre autres :

- **Dans l'option "Meilleur Produit"**
  Les coûts unitaires aux différentes étapes du cycle de vie des produits, leur décomposition fixes/variables, les indicateurs de qualité, le degré de différenciation...
- **Dans l'option "Meilleure Solution Client"**
  La décomposition de la chaîne de valeur client, les coûts totaux, les chiffres d'affaires et résultats totaux et par client, les *economics* des clients, la qualité de service comparée à celle des concurrents...
- **Dans l'option "Verrouillage du Système"**
  La description de la structure du système avec la place des différents intervenants et leur impact sur le système global, les chiffres d'affaires et coûts du système, les résultats et investissements des "complémentaires", les indicateurs de performance du système...

Le suivi de ces indicateurs détaillés doit permettre de prendre très rapidement les mesures correctrices nécessaires en cas de déviation par rapport aux objectifs.

Expérimentation

Un aspect original du Modèle Delta est la place que font les auteurs à l'expérimentation. Il prennent ainsi en compte le fait que la meilleure stratégie possible, s'appuyant, à la fois, sur l'expérience des dirigeants, sur des analyses sérieuses et approfondies de l'environnement concurrentiel et sur des programmes d'action réfléchis et détaillés, ne peut tout prévoir. L'expérimentation permet alors le "réglage fin" de la stratégie.

D'autre part, lorsqu'une entreprise veut changer de positionnement en "parcourant le triangle", elle risque de s'aventurer en terrain moins bien connu. L'expérimentation, grâce à des projets pilotes, est alors indispensable.

Si l'on prend l'exemple d'une entreprise qui cherche à passer du positionnement "Meilleur Produit" à celui de "Meilleure Solution Client", il est évident qu'elle commencera à le faire avec un petit nombre de clients pour rôder son discours, ses processus, ses méthodes de travail, former son personnel (et celui de ses clients !), etc. La transition pourra ainsi se faire en douceur, par une généralisation à l'ensemble de la clientèle.

Feed-back

Terminons par un mot sur le *feed-back*. La nature souvent imprévisible de l'évolution fait que les hypothèses de base faites au début du travail de réflexion s'avèrent souvent différentes de la réalité quand l'ensemble du Modèle a été parcouru.

L'intelligence, c'est la faculté d'adaptation.

André Gide

De nouvelles hypothèses doivent alors être élaborées et ces nouvelles hypothèses pourront avoir un impact sur le positionnement et/ou sur la stratégie adoptée.

La perfection est un chemin, non une fin.

Proverbe coréen

C'est pourquoi, il est nécessaire de suivre constamment les indicateurs de l'évolution de l'environnement parallèlement à ceux de la performance de l'entreprise et d'identifier les dérives afin de déteriner les actions à mettre en place pour les corriger et adapter l'organisation en conséquence.

C'est aussi la raison pour laquelle l'organisation de l'entreprise, le système de management et le mode d'allocation des ressources doivent être suffisamment flexibles pour être capables de s'adapter rapidement.

D'UN COUP D'ŒIL

LES CHOIX STRATÉGIQUES

- **Quel type de croissance ?**
  - Interne
  - Externe
- **Stratégies relationnelles...**
  - Partenariats
  - Alliances
- **... et risques**
  - Déséquilibre
  - Inégalité dans l'échange des compétences
  - Mauvaise coordination

LES CHOIX STRATÉGIQUES

Quel type de croissance ?

L'analyse stratégique débouche sur des choix d'activités, de produits, d'investissements et de marchés.

Croissance interne

Si vous avez un doute, faites le choix le plus audacieux.

Aram Kevorkian

Elle permet une meilleure maîtrise du développement, mais coûte souvent plus cher, du fait des barrières à l'entrée à surmonter (image commerciale, constitution de réseau, etc.).

Croissance externe

Elle coûte moins cher, en général, de ce point de vue, mais peut réserver des surprises (mauvaise évaluation des actifs ou du potentiel commercial, départ des collaborateurs clé, réaction des clients ou des autres concurrents).

Stratégies relationnelles...

Il y a, en matière de croissance, peu de théories générales : tout est question d'opportunité. Les stratégies relationnelles constituent souvent un compromis intéressant ; elles peuvent prendre deux formes :

Les alliances bien gérées sont l'un des meilleurs moyens de faire gagner les stratégies sur les marchés du globe.

Ken Ohmae

Partenariats

Des entreprises non strictement concurrentes mettent en commun des actifs pour développer leurs avantages concurrentiels respectifs (ex. : Airbus) ;

Alliances

Des entreprises concurrentes cherchent à développer leur position face aux autres acteurs (ex. : moteur V6 commun entre Peugeot, Renault et Volvo).

… et risques

On ne construit pas une société forte sur des choix mous.

Alain Madelin

Trois risques majeurs guettent les stratégies relationnelles :

- **Déséquilibre,** lié à l'évolution d'un des deux partenaires ;
- **Inégalité dans l'échange des compétences ;**
- **Mauvaise coordination,** dans la répartition des tâches ou marchés desservis.

C'est pour éviter ces inconvénients que les stratégies relationnelles constituent souvent les prolégomènes de fusions ou acquisitions ultérieures.

L'ANALYSE STRATÉGIQUE

DÉLIMITER UN SEGMENT

ÉVALUER L'ATTRAIT D'UN SEGMENT

DÉTERMINER LES CONDITIONS À REMPLIR POUR RÉUSSIR DANS UN SEGMENT

RECOMMANDER DES ORIENTATIONS D'ACTION

D'UN COUP D'ŒIL

DÉLIMITER UN SEGMENT

Qu'est-ce qu'un segment stratégique ?

- Un ensemble spécifique d'activités...
- ... avec des caractéristiques communes
- Une optique stratégique

Pourquoi segmenter ?

- Concentrer les ressources
- Délimiter les frontières
- Déterminer les segments où l'entreprise est la plus performante

Comment segmenter ?

- Identifier les barrières
- Étudier plusieurs critères

Difficultés et limites de la segmentation

- Trouver le bon compromis
- Une démarche en permanente évolution
- Un travail plus complexe qu'il n'y paraît
- *Exemple : le lait*

DÉLIMITER UN SEGMENT

Les activités d'une entreprise ou d'une de ses branches ou divisions sont généralement très diverses.

Pour construire une stratégie, il faut réfléchir sur des éléments homogènes qui rendent compte des spécificités des marchés, des concurrents et des technologies : ce sont les segments stratégiques.

Annexe 1

Chaque segment présente des conditions de réussite spécifiques d'offre, de demande et de concurrence

EXEMPLE

Segmentation du marché du linge de toilette

	Linge de toilette renouvellement (utilisation personnelle)	**Linge de toilette cadeau**
Produit • Gamme • Collections • Coloris • Matières • Accessoires	• Profonde (coloris) et large (assortiment) • 3/4 unis + fantaisie - 1/4 jacquard • Neutres et pastel essentiellement • Éponge essentiellement • Importants	• Large (assortiment) • Essentiellement jacquards et broderies • Pastel, toniques et masculins • Éponge et velours • Très important (accessoires éponge)
Conditionnement	• Moindre importance	• Très important + boîtes cadeaux
Merchandising	• Très important (grandes surfaces) • Peu important (détail traditionnel)	• Très important (grandes surfaces) • Peu important (détail traditionnel)
Prix	• Important	• Moindre sensibilité au prix
Poids de la marque	• Important	• Très important + griffes
Implantation	• VPC • Hypermarchés-supermarchés • Détail traditionnel	• Magasins spécialisés • Grands magasins • Hypermarchés-supermarchés

Source : ABC.

Annexe 2

Chaque segment présente des conditions de réussite spécifiques d'offre, de demande et de concurrence

EXEMPLE

Segmentation des industries de la Santé

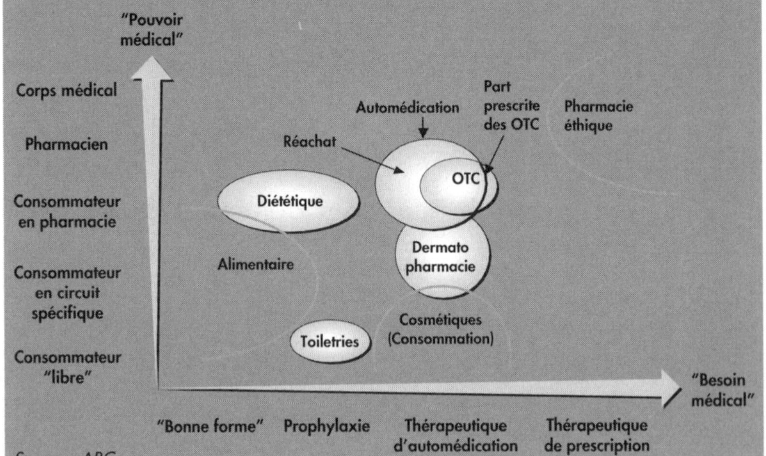

Source : ABC.

QU'EST-CE QU'UN SEGMENT STRATÉGIQUE ?

Un ensemble spécifique d'activités...

Un segment stratégique est un ensemble d'activités, de produits ou de services, qui correspondent aux mêmes lois de réussite (facteurs clés de succès). Le segment concerne alors un sous-ensemble de l'activité de l'entreprise qui :

- Exige la mise en œuvre de compétences spécifiques ;
- Concerne le même type de concurrents.

Chaque segment présente des conditions spécifiques d'offre, de demande et de concurrence *(Annexes 1 & 2).*

SEGMENTATION

... avec des caractéristiques communes

On peut déterminer ainsi les caractéristiques des activités appartenant au même segment :

- Mêmes marchés ou groupes de clients concernés (type de clientèle),
- Mêmes fonctions remplies par le produit ou le service (besoin satisfait),
- Mêmes technologies utilisées ou mêmes compétences requises,
- Mêmes structures de coûts.

Il est à noter qu'on peut observer des :

- Recouvrements entre les segments,
- Segments dépendants les uns des autres,
- Concurrents identiques dans plusieurs activités.

On comprend en quoi cette opération est délicate car il n'y a pas, à proprement parler, de recette pour constituer des segments homogènes. Il s'agit d'amorcer plusieurs tentatives, testées par des méthodes itératives, et de trouver le degré de finesse adéquat pour comprendre et agir.

Annexe 3

Ne pas confondre segment stratégique et segment marketing

Différence de concept entre segment stratégique et segment marketing

Segmentation	Marketing	Stratégique
S'exerce sur	• Un secteur d'activité dans son ensemble	• Les activités de l'entreprise prise
A pour objectif	• Diviser les acheteurs en groupes caractérisés par les mêmes besoins, les mêmes habitudes, les mêmes comportements d'achats	• Diviser ces activités en groupes homogènes qui relèvent : – de la même technologie – des mêmes marchés – des mêmes concurrents
Permet	• D'adapter les produits aux consommateurs, de sélectionner les cibles privilégiées, de définir le marketing-mix	• De révéler : – des oportunités de création ou d'acquisition de nouvelles activités – des nécessités de développements ou d'abandon d'activités actuelles
Provoque des changements à	• Court et moyen termes	• Moyen et long termes

Annexe 4

EXEMPLE

Segmentation de l'industrie de la peinture

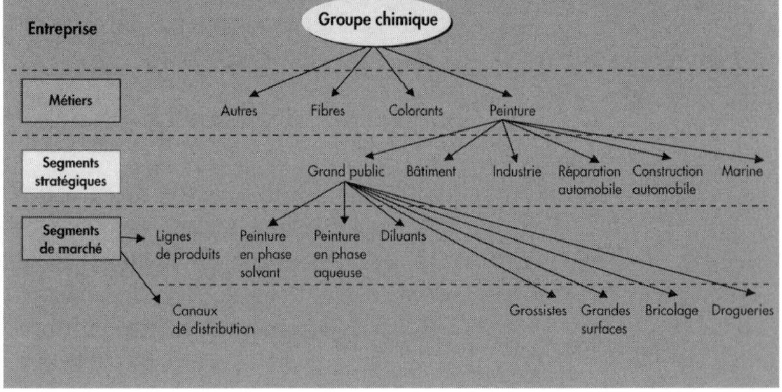

Une optique stratégique

La segmentation doit être conçue dans une optique stratégique, c'est-à-dire focalisée sur les choix d'activités de l'entreprise à long terme.

La segmentation stratégique intègre :

- les concurrents,
- les marchés,
- la technologie.

En revanche, la segmentation marketing se fonde sur des couples produits marchés et est généralement plus détaillée *(Annexes 3 & 4).*

POURQUOI SEGMENTER ?

Aujourd'hui, il n'est plus possible de se contenter d'être compétitif sur le marché.

Raymond Barre

En s'appuyant sur l'analyse des compétences nécessaires, la segmentation permet de définir une stratégie spécifique pour chaque segment.

On peut alors :

- **Concentrer les ressources humaines et financières**
  L'objectif est de prendre des positions judicieusement choisies en :
  - évitant de diluer les efforts par un raisonnement sélectif,
  - fixant des objectifs quantitatifs distincts et précis pour chaque segment (part de marché, CA, marges...) en fonction de la concurrence.

Penser international, penser futur, penser avant les autres. Et agir de même.

Robert Maxwell

- **Délimiter les frontières**
  Il s'agit ici des frontières économiques et géographiques de la concurrence.
- **Déterminer les segments où l'entreprise est la plus performante**
  Ceci implique :
  - d'identifier les concurrents segment par segment ;
  - d'évaluer la performance de l'entreprise sur chaque segment.

Annexe 5

Identifier les barrières sectorielles du segment

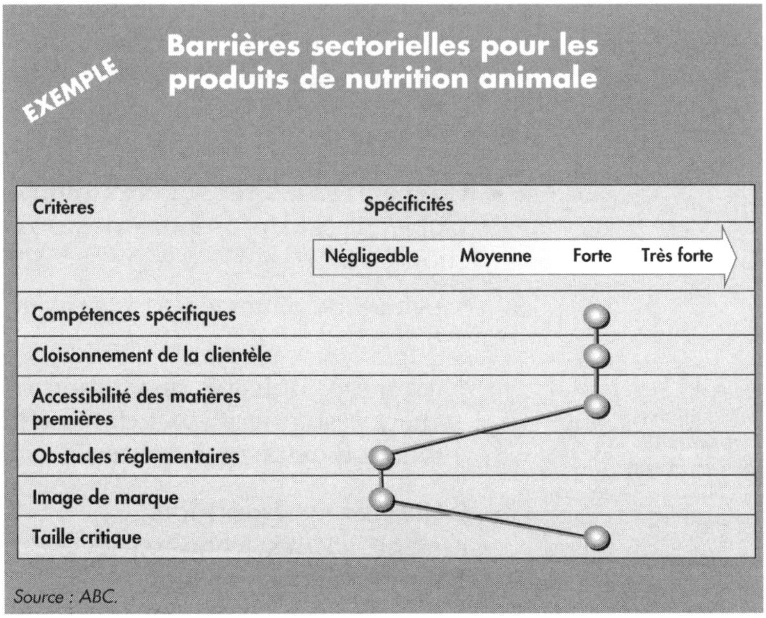

Annexe 6

Identifier les barrières géographiques du segment

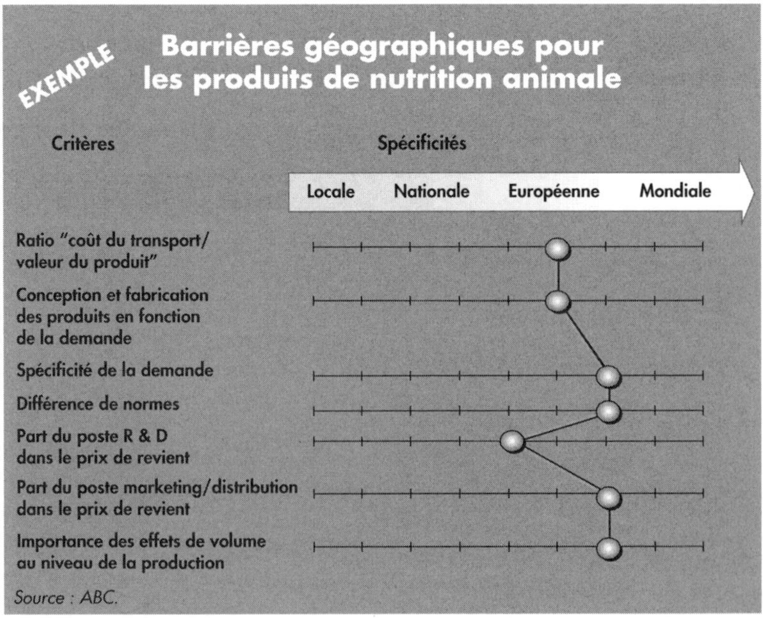

Identifier les barrières

Il n'y a pas d'exportation, il y a des marchés.

Michel Ducros

Établir une segmentation, c'est faire la photographie des activités de l'entreprise pour identifier les barrières stratégiques, qui :

- Pénalisent le passage d'une activité économique à l'autre ;
- Constituent un obstacle à l'arrivée de nouveaux concurrents.

Il existe deux grands types de barrières :

- Barrières sectorielles *(Annexe 5),*
- Barrières géographiques *(Annexe 6).*

Les barrières sectorielles définissent des métiers ; les barrières géographiques définissent les zones de concurrence.

Des segments séparés par des barrières insurmontables sont dits étanches. À l'inverse, lorsque les barrières apparaissent comme négligeables, les segments sont dits perméables.

Ainsi une stratégie de retranchement, sur une partie seulement du marché, doit se fonder sur une segmentation appropriée qui permet de dégager une niche géographique, caractérisée par des barrières défendables par l'entreprise. C'est le cas de Fiat qui s'est replié sur l'Europe en menant une stratégie pertinente sur un segment déterminé.

Étudier plusieurs critères

D'une manière générale, il faut étudier plusieurs critères, tels que :

- **Critères marketing :**
  - Marché desservi,
  - Clientèle,
  - Besoins satisfaits,
  - Concurrence,
  - Distribution ;
- **Critères techniques :**
  - Technologie,
  - Compétences requises ;
- **Critères économiques :**
  - Structures des coûts ;
- **Autres critères :**
  - Synergies entre produits.

Si deux activités sont similaires sur la plupart de ces différents facteurs, on pourra considérer qu'elles appartiennent au même segment stratégique.

DIFFICULTÉS ET LIMITES DE LA SEGMENTATION

Une bonne segmentation doit permettre :

- une réflexion fine en matière d'objectifs stratégiques ;
- une allocation différenciée des ressources.

Elle doit donc refléter fidèlement la réalité économique des activités, tout en gardant une vue d'ensemble synthétique.

Trouver le bon compromis

Une des premières difficultés de l'analyse stratégique consiste à déterminer le degré de finesse approprié pour segmenter les activités de l'entreprise.

Deux écueils guettent toute segmentation.

La segmentation ne doit pas être trop fine

En effet, au fur et à mesure que le degré de finesse augmente, l'intensité des synergies[1] entre les segments croît en proportion ; or, deux segments stratégiques constituent théoriquement deux activités indépendantes entre lesquelles les synergies industrielles, technologiques ou commerciales sont faibles.

On risque alors de négliger les synergies (ex. : voitures rouges/voitures vertes).

1. Voir glossaire

Annexe 7

La segmentation ne doit être ni trop fine ni trop large

EXEMPLE

Segmentation des véhicules de transport routier

Finesse de la segmentation →

	Segmentation trop large	**Zone idéale**	**Segmentation trop fine**
Exemples	• Auto • Moto • Camion	• Voitures de ville • Grand tourisme • Sport • Grand luxe	• Voitures équipées V6, 4 cylindres, diesel • Voitures rouges/vertes
Caractéristiques	Segments trop hétérogènes	• Synergies maximisées • Segments homogènes	Synergies importantes négligées entre segments

Annexe 8

On peut vérifier la pertinence d'une segmentation en se posant un certain nombre de questions

Contrôle de la pertinence d'une segmentation

Questions

- Les produits s'adressent-ils aux mêmes clients et répndent-ils aux mêmes besoins et critères d'achat ?
- Ont-ils les mêmes modes et canaux de distribution ?
- La concurrence est-elle semblable sur les produits ?
- Les marchés desservis sont-ils identiques ?
- Les technologies sont-elles identiques, voisines ou liées ?
- Les structures de coûts sont-elles similaires ?
- Les compétences requises sont-elles les mêmes ?
- Y a-t-il des synergies (industrielles ou commerciales) qui obligent à considérer les produits comme un ensemble ?

→ Majorité de réponses positives : même segment

→ Majorité de réponses négatives : deux ou plusieurs segments

La segmentation ne doit pas être trop large

Plus la segmentation est large, plus les activités sont hétérogènes. Le segment manque de cohérence, car les compétences spécifiques à chaque activité sont négligées. On perd alors de vue les spécificités des différents besoins et des différents clients (ex. : voitures particulières).

Il existe une zone de segmentation optimale où les segments sont homogènes et les synergies minimisées *(Annexe 7)*.

La segmentation, processus itératif, doit être vérifiée *a posteriori*. Nous proposons ici une check-list de questions qui permet d'effectuer une telle vérification *(Annexe 8)*.

Une démarche en permanente évolution

Une segmentation n'est jamais définitive, elle doit être remise en cause pour intégrer, voire anticiper, les évolutions :

- modification des besoins ou des goûts de la clientèle ;
- évolution des modes de distribution ;
- ruptures technologiques (ex. : multimédia, etc.) ;
- changement du cadre réglementaire ;
- modification des structures du secteur par des concurrents (Ikéa, Canal Plus, MacDonald's).

Il ne faut rien accepter comme acquis.

Philippe Bourguignon

La segmentation doit être un processus dynamique qui accompagne le management stratégique.

Un travail plus complexe qu'il n'y paraît

Nous allons illustrer cette complexité grâce à deux exemples.

L'exemple du conditionnement d'air

L'industrie du conditionnement d'air est découpée en quatre métiers qui se distinguent par :

Il est inconcevable qu'un même type d'activité reste perpétuellement porteur. Si nous voulons assurer la croissance de notre groupe, nous ne pouvons donc nous cantonner à nos seuls domaines actuels d'activité.

Hiroshi Okuda

La spécificité des conditions de demande et d'offre

- En ce qui concerne la **demande,** on distingue :
  - la **demande de confort,** dont le secteur d'activité principal est le bâtiment pour promoteurs ou bureau d'études ; leurs préoccupations essentielles sont financières (prix de revient du mètre carré bâti) et le prix constitue un critère de choix.
  - la **demande technique,** concerne le secteur industriel ; il s'agit, dans ce cas, de rechercher l'efficacité et l'impact du process sur la qualité du produit ; ce type de client est très sensible au prix, mais aussi à la fiabilité opérationnelle, à la souplesse, aux compétences techniques et à l'adaptation de l'offre au besoin.

Annexe 9

L'industrie du conditionnement d'air peut se segmenter en quatre métiers

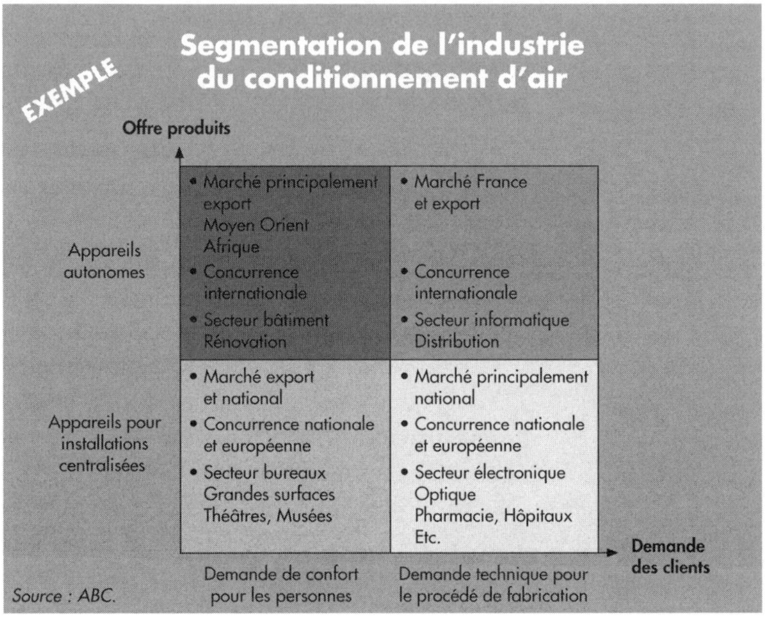

- Quant à l'**offre,** on dissocie les appareils autonomes et les appareils pour installations centralisées :
  - les **appareils autonomes** sont fabriqués en séries très importantes par des entreprises de dimension internationale qui maîtrisent en général la fabrication de l'ensemble des composants et l'installation requiert une mise en œuvre limitée.
  - les **appareils pour installations centralisées** sont produits en séries moyennes par des industries d'envergure nationale ou européenne spécialisées dans un ou plusieurs composants (caisson, ventilo, connecteur, etc.) ; l'installation demande une mise en œuvre très importante *(Annexe 9).*

L'importance des marchés export

Elle concerne plutôt les appareils autonomes tandis que pour les installations centralisées, le marché national est déterminant.

Les différentes attentes des clients industriels (technique) et du bâtiment (confort)

Elles ont des implications déterminantes sur les activités en amont :

- sur le segment **"confort",** les bureaux d'études maîtrisent totalement la conception et le cahier des charges est défini précisément; le client "bâtiment" recherche une installation et un matériel au moindre prix ; quant au service après-vente, il est souvent assuré par des prestataires généraux de maintenance du bâtiment au moindre coût.
- sur le segment **"technique",** les bureaux d'études partagent leur rôle de conception avec l'installateur ; le client "industrie" recherche une installation et un matériel qui optimisent l'efficacité du process et la qualité du produit fabriqué.

Annexe 10

La segmentation de l'industrie laitière peut se faire suivant la technicité des produits…

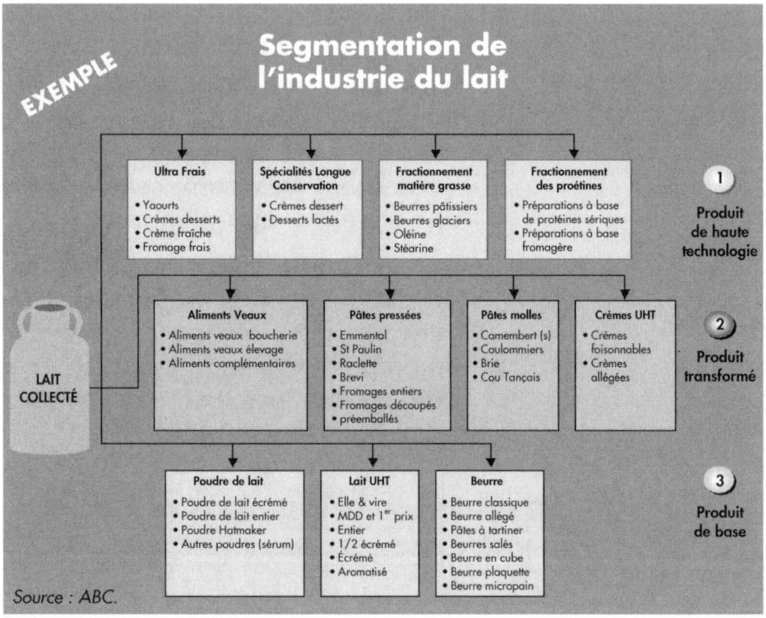

Annexe 11

… ou suivant des critères marketing et de rentabilité

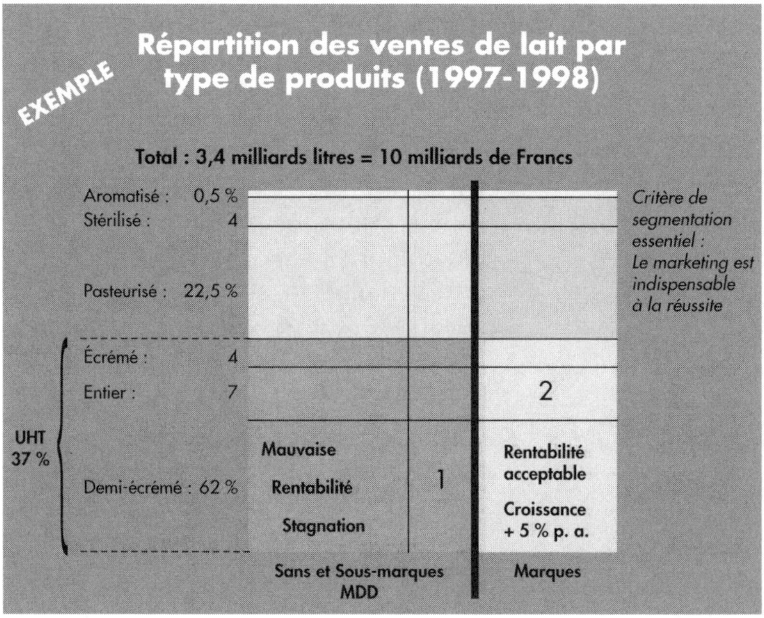

Exemple : le lait

Comme autre exemple, nous donnons ci-contre une segmentation effectuée dans l'industrie du lait *(Annexes 10 & 11).*

D'UN COUP D'ŒIL

ÉVALUER L'ATTRAIT D'UN SEGMENT

- **L'approche mécanique**
  - Le taux de croissance comme seul critère
  - Une approche limitée
- **L'approche organique**
  - Les implications stratégiques
  - La politique financière
  - Le portefeuille de l'entreprise
- **L'approche dynamique**
  - Concurrence interne entre les acteurs actuels du secteur
  - Pouvoir de négociation des clients
  - Pouvoir de négociation des fournisseurs
  - Risque d'entrée de nouveaux entrants
  - Menace de produits de substitution
  - Rôle de l'État
- **L'approche synthétique**
  - Un ensemble de critères généraux...
  - ... et des critères spécifiques à l'industrie

ÉVALUER L'ATTRAIT D'UN SEGMENT

Évaluer l'attrait d'un segment consiste à mesurer sa valeur, c'est-à-dire son intérêt pour l'entreprise. Cette évolution peut être menée selon plusieurs approches, liées à des modèles d'analyse stratégique.

Quatre méthodes d'approche permettent d'évaluer l'attrait des segments :

- *Approche mécanique, fondée sur le taux de croissance,*
- *Approche organique, fondée sur le cycle de vie,*
- *Approche dynamique, bâtie à partir des pressions qui s'exercent sur le segment,*
- *Approche synthétique, qui établit les facteurs d'attrait.*

Annexe 1

L'approche mécanique apprécie l'intérêt d'un segment par son taux de croissance. Elle fournit une valeur précise pour mesurer et comparer l'intérêt des segments

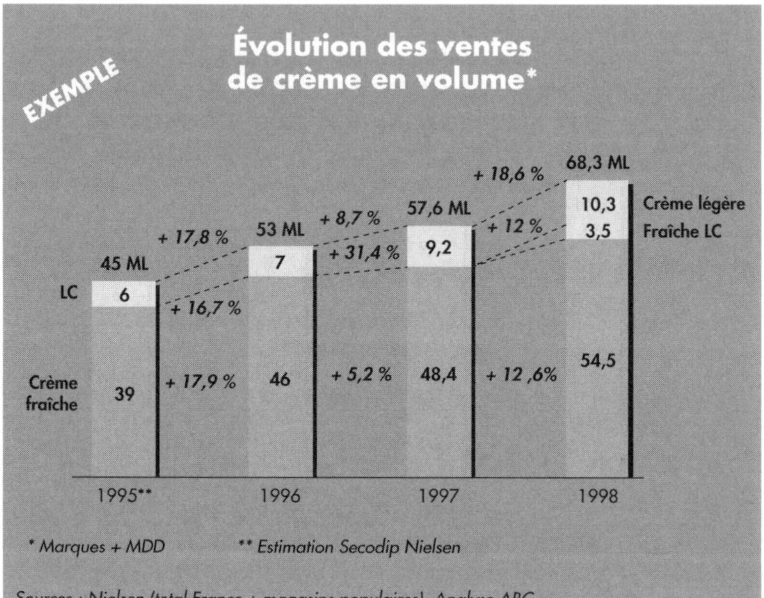

Sources : Nielsen (total France + magasins populaires), Analyse ABC.

Annexe 2

L'effet stratégique de l'approche mécanique est immédiat : pour maintenir la part de marché, il faut augmenter la capacité de production au même rythme que le marché

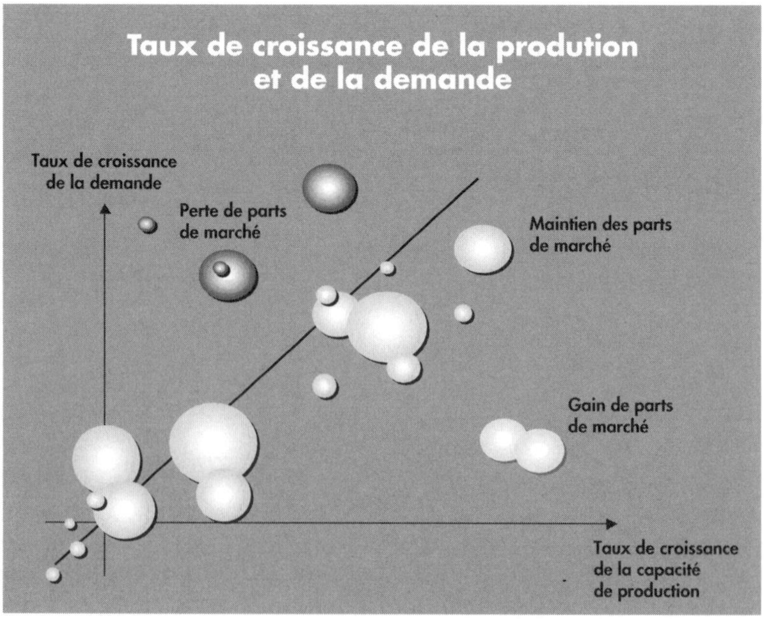

Le taux de croissance comme seul critère

L'approche mécanique apprécie l'intérêt d'un segment à travers son taux de croissance.

En mesurant le taux de croissance passé et prévisionnel d'un segment, on obtient un indicateur précis et des données quasi fiables pour évaluer l'attrait d'un segment *(Annexe 1).*

De plus, son effet stratégique est immédiat : pour maintenir la part de marché sur un segment, il suffit de fournir des efforts d'investissements proportionnels au taux de croissance sur ce segment. Autrement dit, il faut augmenter la capacité de production au même rythme que le marché *(Annexe 2).*

Le taux de croissance permet de mettre en évidence le lien existant entre les objectifs en termes de parts de marché et les disponibilités financières de l'entreprise.

Une approche limitée

Cette approche est cependant limitée, tant d'un point de vue théorique que d'un point de vue pratique. En effet :

Vouloir élaborer la stratégie sur la base d'une démarche mécanique ne peut… aboutir qu'à des résultats médiocres.

Henry Mintzberg

- On observe parfois dans certaines industries des ruptures dans la croissance ; les extrapolations semblent donc aléatoires ;
- Dans certains cas, il peut être rentable de réinvestir en phase de déclin, ce que la logique du taux de croissance ne prend jamais en compte, car il entraîne dans ce cas une stratégie de désinvestissement ;
- Il arrive que des entreprises connaissent des succès remarquables dans des secteurs à taux de croissance très faible.

Plus généralement, le taux de croissance n'est pas un bon outil de gestion prévisionnelle. Il ne représente qu'un constat des tendances passées.

Annexe 3

L'approche organique permet de positionner les segments sur un cycle de vie

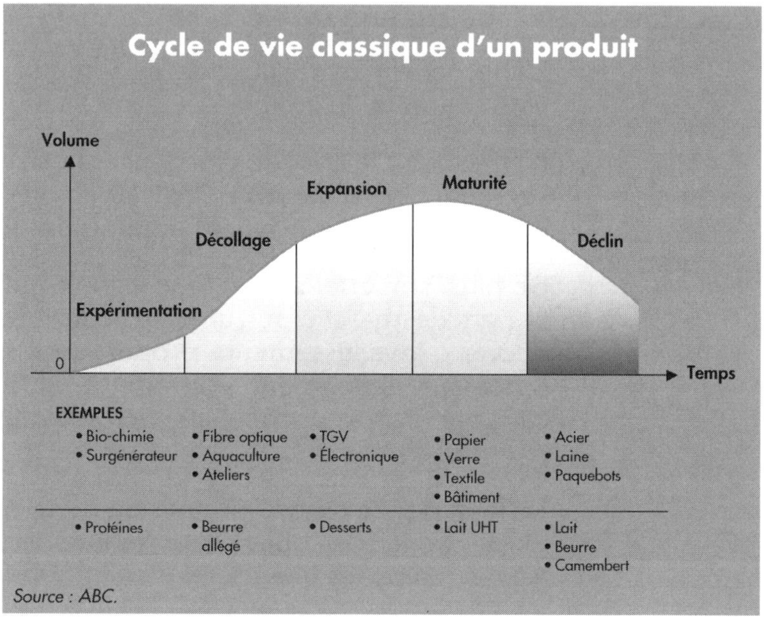

Annexe 4

À chaque phase de maturité correspondent des conditions économiques et concurrentielles particulières

L'identification de la phase de maturité : un travail de spécialiste

Critères	Démarrage	Expansion	Maturité	Déclin
• *Taux de croissance* • *Potentiel de croissance* • *Nombre de concurrents* • *Structure concurrentielle et stabilité des positions* • *Technologie* • *Accès au métier*	• Moyen • Important • Important • Répartie et volatile • Balbutiante • Facile	• Fort • Important • Important • Cristallisation des positions • Évolutive • Possible	• Faible et stable • Nul • Faible • Des leaders • Stables • Figée • Très difficile	• Nul ou négatif • Négatif • Faible • Oligopole • Figée • Sans intérêt
• *Nature de stratégie*	• Innover ou copier	• Développer • Investir en part de marché croissance	• Optimiser • Rentabiliser	• Rationaliser • "Traire"
• *Objet principal de la stratégie*	• Produits	• Distribution • Image	• Productivité	• Coûts
• *Exemple*	• Innovation • Technologique • Achat de licence	• Développement de capacité • Pénétration	• Intégration amont/aval • Internation-nalisation de la gamme et de la production	• Élagage de marchés/ gamme/unités

NB : travail à faire pour l'entreprise et pour ses concurrents

L'approche organique permet de positionner les segments sur un cycle de vie ; elle s'appuie sur l'observation du cycle de vie des produits. Par extension, on peut considérer qu'un segment passe par quatre phases d'évolution : démarrage, croissance, maturité et déclin *(Annexe 3).*

Cette approche dispose d'un avantage certain sur la précédente : elle permet d'anticiper les évolutions à venir sur le plan de la technologie, de la concurrence, de la stabilité des parts de marché, etc.

Les implications stratégiques

À chaque phase de maturité correspondent des conditions économiques et concurrentielles particulières qui ont des implications stratégiques :

- Au cours du **démarrage,** l'innovation et le développement de produits nouveaux vont être déterminants ;
- Pendant la phase de **croissance,** la capacité de financement, le développement du réseau de distribution, l'étendue de la gamme de produits deviennent les domaines d'actions prioritaires ;
- En période de **maturité,** c'est vers le marketing, l'image, et la gestion des coûts que l'attention se focalise ;
- En phase de **déclin,** il est nécessaire de se centrer sur la réduction des coûts, l'automatisation, la rationalisation des procédés.

Reste que l'identification de la phase de maturité d'un segment est un travail de spécialiste qui réclame l'étude d'un nombre relativement important de paramètres *(Annexe 4).*

Annexe 5

Chaque phase justifie une politique financière particulière

Politique financière suivant la phase de développement d'un segment

	Démarrage	Expansion	Maturité	Déclin
1. Bénéfice net	Faible, irrégulier	Positif moyen	Élevé	En déclin
2. Immobilisations brutes	Faible	Forte croissance	Maximum	En baisse
3. Amortissement	Faible	Croissant	Élevé	En baisse
4. Besoin en fonds de roulement	Faible	Forte croissance	Maximum	Stationnaire
5. Cash-flow (1) + (3)	Faible	Forte croissance	Élevé	Déclin
6. Flux financiers nets 5 – (2 + 3)	– –	–	+	+ +
7. Rendement actif net (1)/(2)	+/–	+	+ +	+

La politique financière

À chaque phase d'évolution d'un segment correspond une politique financière spécifique, car les besoins varient suivant la maturité du segment :

- En période de **démarrage,** la rentabilité est incertaine, et le segment ne peut pas faire face à ses besoins en financement.
- En période de **croissance,** la rentabilité s'améliore mais les besoins d'investissement en immobilisations et les besoins en fonds de roulement rendent l'équilibre financier précaire.
- En revanche, la phase de **maturité** s'accompagne normalement d'un excédent de fonds puisque les besoins d'investissement sont limités par la progression du marché *(Annexe 5).*

Le portefeuille de l'entreprise

Dans toute entreprise, il est préférable qu'à l'instant t, les différents segments ne se situent pas dans la même phase d'évolution. Il est souhaitable que certains segments soient positionnés en phase d'introduction, d'autres en phase de croissance, de maturité ou de déclin.

On peut ainsi injecter des fonds prélevés sur des segments en phase de maturité dans des segments en période de décollage. Il faut veiller à ne pas se trouver dans les situations suivantes :

- Certaines entreprises, dont les segments sont pratiquement tous positionnés en phase de déclin, sont menacées de disparaître.
- D'autres entreprises ne disposent que de segments situés en période de démarrage. Elles risquent la faillite par manque de moyens de financement.

Annexe 6

L'approche dynamique évalue l'attrait d'un segment en fonction des pressions exercées par le marché

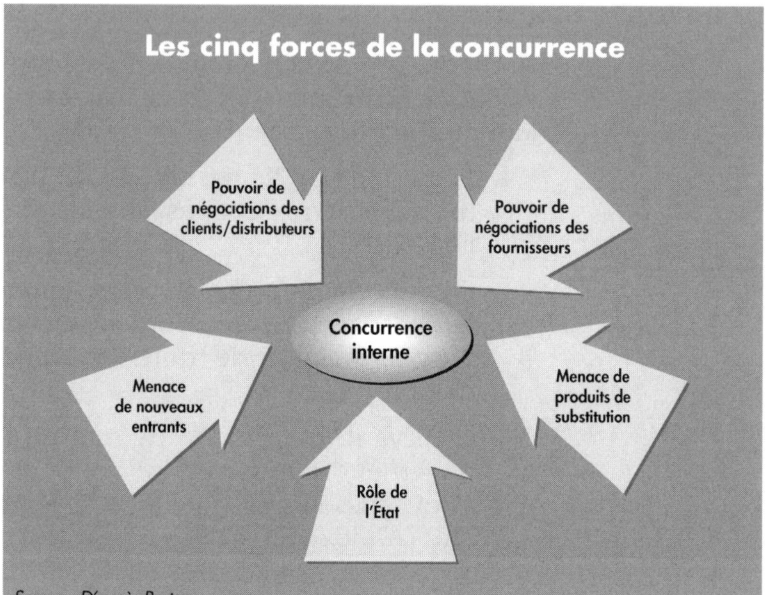

Source : D'après Porter.

L'approche dynamique cherche à évaluer la rentabilité potentielle d'un segment.

La connaissance du pays où l'on doit mener sa guerre sert de base à toute stratégie.

Frédéric le Grand

Or, dans l'analyse stratégique, l'étude de l'environnement concurrentiel est primordiale. En effet, la réussite de l'entreprise n'est pas seulement facteur de décisions internes et des capacités propres de l'entreprise, mais aussi de la structure générale du secteur dans laquelle elle se trouve.

L'approche dynamique a été élaborée par MICHAEL PORTER, professeur à Harvard, dans les années 80. Elle évalue l'intérêt d'un segment en fonction des pressions exercées par le marché. Elle dessine le champ de lutte concurrentielle sur ce segment.

La réalité n'est pas simple. Il serait naïf de croire qu'une entreprise peut définir sa stratégie en tenant compte simplement de la concurrence. Elle doit intégrer la complexité de son environnement, l'avantage – ou le handicap – concurrentiel du pays dans lequel elle se trouve.

Michael Porter

Pour MICHAEL PORTER, cinq forces peuvent modifier le jeu concurrentiel, et influer sur les facteurs clés de succès des activités :

- L'évolution du pouvoir de négociation des **clients et distributeurs ;**
- L'évolution du pouvoir de négociation des **fournisseurs ;**
- La menace d'**entrants potentiels ;**
- La menace de **produits ou services de substitution ;**
- L'évolution de l'**environnement politique et légal.**

Ces cinq forces influent sur la rivalité entre les firmes existantes *(Annexe 6).*

On peut considérer que la stratégie concerne le **partage de la valeur** entre les acteurs au sein de l'industrie. De ce point de vue, les entreprises ne sont plus seulement opposées à leurs concurrents, mais aussi à leurs fournisseurs, à leurs clients, aux entrants potentiels et aux produits de substitution : on parle alors de **concurrence élargie.**

Annexe 7

On appelle concurrence interne l'ensemble des acteurs actuels du secteur

Les paramètres de la concurrence interne

- L'activité est-elle en croissance ?
- Les concurrents sont-ils concentrés ?
- Quelle est l'importance relative du leader ?
- L'activité est-elle dominée par des produits différenciés, ou au contraire substituables ?
- Y a-t-il des possibilités d'entente entre concurrents ?
- Y a-t-il une instance régulatrice ? (ministère, syndicats...)
- Quelles sont les barrières à la sortie ? (en termes de coûts directs ou indirects, d'effets d'image, de freins sociaux et politiques...)

Source : D'après Porter.

Annexe 8

Le degré de la concurrence interne dépend de plusieurs facteurs à évaluer

EXEMPLE

Évaluation de la concurrence interne

Sur le lait banalisé

	Évaluation	Attraits
Croissance du marché	Élevé	–
Nombre de concurrents	Faible	–
Concentration et taille du leader	Faible	–
Possibilités de différenciation	Très faible	– –
Niveau de production	Moyen	– +
Obstacles à la sortie	Moyen	+

Source : ABC.

Concurrence interne entre les acteurs actuels du secteur

Le succès de la stratégie d'une firme dépend de la stratégie des autres firmes : il faut donc anticiper les réactions des concurrents, les dissuader, les tenir à distance ou chercher à réduire leur liberté d'action.

Chaque entreprise cherche à construire des **avantages concurrentiels,** fondés sur ses **compétences,** sa **situation sur le marché,** sa **maîtrise de l'amont ou de l'aval,** et ses capacités en matière de **technologie** et de **développement.**

Un véritable avantage concurrentiel ne doit pas être un "petit plus" par rapport aux autres : il doit être **décisif, durable** et **défendable.**

Ces avantages concurrentiels peuvent être maintenus et développés :

- par l'exploitation et le renouvellement des ressources et compétences ;
- par des actions limitant les manœuvres des concurrents actuels ou potentiels : stratégies de prix, de positionnement, de normes et standards, de réglementation *(Annexes 7 & 8).*

Annexe 9

La première force externe provient du pouvoir de négociation de l'aval de l'entreprise : ses clients et distributeurs

Évaluation du pouvoir de négociation des clients

- Les clients sont-ils concentrés (voir les centrales d'achat) ?
- Le secteur est-il fournisseur principal de ces clients ?
- Le recours à des produits de substitution est-il ouvert aux clients ?
- Y a-t-il des menaces d'intégration vers l'amont ?
- La fidélisation est-elle forte, quels sont les coûts de transfert (coûts supportés par le client lorsqu'il change de fournisseur) ?
- Quelle est la taille relative des clients et des entreprises du secteur ?
- Quelle est la marge des clients ?
- Les clients sont-ils bien informés ?

Source : D'après Porter.

Annexe 10

Plus un secteur est banalisé plus le pouvoir de négociation de l'aval est important

EXEMPLE

Évaluation du pouvoir de négociation des clients

Sur le lait banalisé

	Évaluation	Attraits
• Concentration dans le secteur des clients	Important	– –
• Importance du produit pour les clients (prix, qualité)	Très important	– – –
• Produits normalisés ou indifférenciés	Très peu	– –
• Coût de transfert de fournisseur à fournisseur (pour le client)	Aucun	– – –
• Menace d'intégration de la part du client vers l'amont		
• Influence sur la qualité du produit vendu au client	En partie (à travers MMD)	– –
• Marge du client		
• Information du client	Très complet	– –

Source : ABC.

Pouvoir de négociation des clients

L'aval de l'entreprise (clients finals ou distributeurs), se manifeste par son pouvoir de négociation des prix, de la publicité et des services, en mettant en concurrence les entreprises du secteur.

Il peut ainsi obliger à des redistributions drastiques de la valeur (ex. : grande distribution).

Les clients sont puissants si :

- Les achats sont concentrés ou massifs par rapport à la capacité des vendeurs ;
- Le produit est important pour les clients (ils seront sensibles au prix, à la quantité) ;
- Le vendeur doit subir des coûts en cas de changement de clients ;
- Les clients disposent d'une information complète ;
- Il existe un risque d'intégration en amont ;
- La marge du client est forte.

On connaît ainsi la puissance de la grande distribution par rapport aux fournisseurs de produits alimentaires *(Annexes 9 & 10)*.

Il est donc capital pour une entreprise d'évaluer la menace potentielle que peut représenter son aval ; en revanche, les concurrents peuvent court-circuiter les distributeurs en communiquant directement auprès des clients finaux (Tetra Pak, Dell, Intel, etc.).

Annexe 11

La deuxième force externe est celle due au pouvoir de négociation de l'amont de l'entreprise : ses fournisseurs

Évaluation du pouvoir de négociation des fournisseurs

- Les fournisseurs sont-ils concentrés (ex. : mémoires électroniques ou diamants) ?
- Le secteur est-il client principal de ces fournisseurs ?
- A-t-on accès à des produits de substitution ?
- Y a-t-il des menaces d'intégration vers l'aval ?
- Quels sont les coûts de transfert en cas de changement de fournisseur ?
- Les produits des fournisseurs sont-ils différenciés ?
- Y a-t-il un risque d'intégration en aval, des fournisseurs ?
- Y a-t-il une pénurie de l'offre ?

Source : D'après Porter.

Annexe 12

Dans les industries lourdes, les prix des produits à forte valeur ajoutée varient moins que ceux des produits de base ou intermédiaires

EXEMPLE

Évaluation de l'intensité et du pouvoir de négociation des fournisseurs

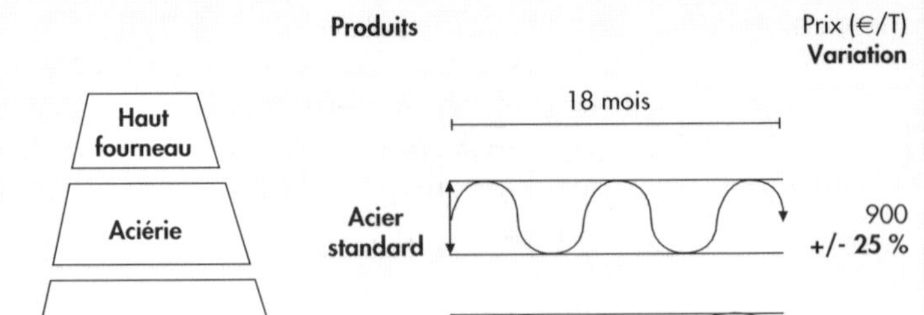

Source : ESCP/Usinor-Sacilor.

Pouvoir de négociation des fournisseurs

De même que les clients, les fournisseurs peuvent influer sur le profit des firmes du secteur en imposant un partage de la valeur en négociant les prix, la qualité des produits ou des services, les délais de livraison.

Par ailleurs, le fournisseur peut être lui-même concurrent, car dans les industries lourdes, le développement vers l'aval (produits différenciés, transformations ou assemblages spécifiques) permet d'échapper aux évolutions cycliques de prix des produits à faible valeur ajoutée tels que les matières premières ou les produits de première transformation *(Annexes 11 & 12).*

Annexe 13

La troisième force est liée à la difficulté d'entrée pour un nouveau concurrent

Les différents types de barrières à l'entrée

- Barrières techniques
  - brevets
  - savoir-faire
- Barrières financières
  - intensité capitalistique forte dans l'industrie
  - effets de seuil dans les industries lourdes (par rapport aux services)
  - effets d'échelle
- Barrières commerciales
  - coût d'accès aux distributeurs
  - coût de transfert pour les clients
  - coût de construction d'une image
- Barrières dues à des ressources rares
  - matières premières
  - emplacement (grande distribution)
  - autorisations légales
- Barrières réglementaires et légales

Source : D'après Porter.

Annexe 14

L'intensité de chacune de ces forces dépend de facteurs spécifiques à l'industrie

EXEMPLE

Intensité de la menace de nouveaux entrants

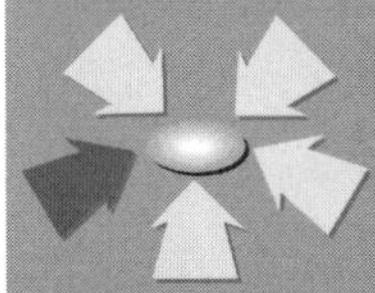

Sur le lait banalisé

	Évaluation	Attraits
• Importance des économies d'échelle	Faible	– –
• Niveau de différenciation des produits	Faible	– –
• Image de marque/fidélisation	Inexistant	– – –
• Intensité capitalistique	Faible	– –
• Coût de changement de fournisseurs pour les clients actuels	Très faible	– –
• Accès au circuit de distribution	Aisé	– –
• Maîtrise d'éléments de coûts autre qu'économies d'échelle : – propriété technologique – accès aux matières premières... (localisation)	Moyen	+

Source : ABC.

Risque d'entrée de nouveaux entrants

Il n'y a pas de marque, de produit ou de service, où que ce soit, qui soit à l'abri de l'arrivée inopinée de concurrents à stratégie globale.

Theodor Levitt

Les entrants potentiels constituent une menace dans la mesure où ils peuvent – et ils y ont souvent intérêt – modifier profondément, à leur avantage, les règles du jeu concurrentiel en jouant sur :

- les prix de vente,
- les normes et standards,
- la structure des coûts de production,
- les règles de distribution,
- les niveaux de qualité.

Leur venue dépend :

Si vous n'avez pas d'ennemi, le mieux c'est d'en créer un.

Roberto C. Goizuetta

- des **barrières à l'entrée,** qui imposent aux nouveaux entrants des coûts durablement supérieurs à ceux des entreprises en place. Les barrières sont entretenues par les concurrents et elles évoluent avec le temps; ainsi, les brevets tombent dans le domaine public, les réglementations sont modifiées *(Annexes 13 & 14) ;*
- de la **capacité de réaction** des firmes en place : entente, lobbying, pressions politiques (ex. : Airbus vs. Boeing).

Annexe 15

La quatrième force est la menace posée par l'arrivée potentielle de produits de substitution

Influence de la menace de produits de substitution

- Améliorent-ils le rapport qualité-prix ?
- Améliorent-ils la rentabilité finale du produit des clients ?
- Sont-ils issus d'un secteur où les profits sont élevés ?
- Changent-ils l'ensemble du secteur, en modifiant aussi les structures de distribution ?
- Quelle est la capacité de défense de la profession (chambres, syndicats...)

Source : D'après Porter.

Menace de produits de substitution

Les produits de substitution constituent une menace permanente, car le client n'est jamais **fidèle** à une **technique** ou à un **produit,** mais à un **besoin.** Un nouveau produit qui remplit mieux le même besoin, ou pour moins cher, a toutes les chances de constituer une menace sérieuse pour les produits existants *(Annexe 15).*

Les produits de substitution sont donc dangereux s'ils peuvent améliorer le **rapport qualité prix :** si le vidéodisque n'a pas été dangereux pour le magnétoscope, le disque laser s'est substitué en 4 ans au disque vinyle.

Les produits de substitution peuvent venir :

- **du même secteur,** par exemple à l'occasion d'une rupture technologique :
  - médicaments pharmaceutiques,
  - micro-ordinateurs en réseaux/mini-ordinateurs ;
- **de secteurs éloignés :**
  - TGV pour les avions moyens courriers,
  - opérations chirurgicales de l'œil pour les lunettes.

Ils peuvent aussi modifier les modes de distribution de l'ensemble du secteur, ou au contraire les laisser intacts (ex. : disques laser par rapport aux disques vinyle).

Annexe 16

L'intensité de chacune de ces forces dépend de facteurs spécifiques

EXEMPLE

Évaluation de l'intensité de la menace réglementaire

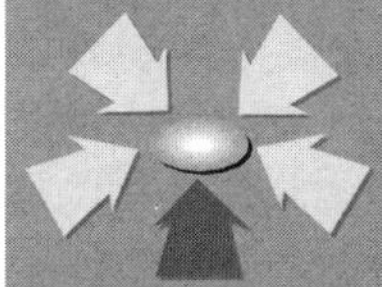

Sur le lait banalisé

	Évaluation	Attraits
• **Nombre de concurents**	Nulle	+
• **Concurrence directe d'une société nationalisée ou organisme d'État**		
• **Interventions réglementaires** – pollution – contrôle des changes – accords et contrôle des prix – contrôle des importations et exportations (matières premières, haute technologie) – normes		
• **Subventions** (quotas laitiers)	Très important	+ +

Source : ABC.

Rôle de l'État

L'État et ses différentes manifestations (ministères, commissions, organisations mondiales, etc.) a un impact de plus en plus transversal qui se fait sentir de manière plus ou moins importante suivant les secteurs.

En effet :

- Il établit la réglementation ;
- Il promeut ses firmes ressortissantes par des relations diplomatiques (ex. : avions) ;
- Il établit des barrières douanières ;
- Il peut être client, fournisseur, prescripteur ou rassembleur ;
- Il finance la recherche (ex. : Boeing, Dassault) ou les déficits (ex. : la sidérurgie européenne).

L'intensité de la menace politique et réglementaire est donc fonction de :

- **La concurrence directe** d'une société nationalisée ou d'un organisme d'État ;
- **L'intervention réglementaire,** qui selon l'industrie, prend les formes suivantes :
  - contrôle des changes,
  - accord et contrôle des prix,
  - contrôle des importations et des exportations (matières premières, haute technologie),
  - normes,
  - contrôle de la pollution,
  - etc. ;
- **L'importance des subventions** accordées *(Annexe 16).*

Annexe 17

Les critères d'évaluation des attraits sont résumés dans une grille synthétique, adaptée à l'industrie

EXEMPLE

Grille d'évaluation des attraits de l'industrie chimique

Critères	Évaluation 0 0,5 1	1,5 2	2,5 3
• Taux de croissance prévisible • Parts de marché des leaders • Stabilité des technologies	< 2 % > 60 % Innovation permanente	2 à 8 % 30 à 60 % Cycle < 5 ans	> 8 % < 30 % Cycle > 5 ans
• Risque de substitution produits • Barrières à l'entrée • Niveau de prix	Élevé Négligeables Guerre des prix	Moyen Moyennes Élasticité élevée	Nul Fortes Marge de manœuvre forte
• Marge de gains de productivité • Origine de la valeur ajoutée	Faible Banale	Moyenne Reposant sur know-how	Forte Résultats d'atouts spécifiques
• Sécurité d'approvisionnement • Saisonnalité • Base de développement d'autres métiers	Précaire Forte Difficile	Vulnérable Moyenne Plausible	Assurée Faible Évident

Source : McKinsey.

Annexe 18

Les critères d'évaluation des attraits sont résumés dans une grille synthétique, adaptée à l'industrie

EXEMPLE

Grille d'attrait des fromages à pâte molle

Critères	Segment pas du tout attrayant	Segment peu attrayant	Segment plutôt attrayant	Segment très attrayant
Taille du marché CA brut total (M francs)	< 100	100 à 300	300 à 900	> 900
Croissance (p.a.) **en valeur**	< – 2 %	– 2 à + 1 %	+ 1 à 5 %	> + 5 %
Rentabilité normative (marge gestion)	< 0	0 à 5 %	5 à 10 %	> 10 %
Impact sur la profitabilité des pressions qui s'exercent sur le segment (3 à 5 ans)	Dégradation importante		Amélioration importante	

Source : ABC.

Un ensemble de critères généraux...

L'approche synthétique utilise un ensemble de critères. Elle cherche à associer les méthodes d'analyse précédentes en évaluant l'intérêt d'un segment à partir d'une grille de critères. Empruntant aux différentes approches, pour en faire la synthèse, elle fait entrer en ligne de compte :

- Le taux de croissance,
- Certains éléments du cycle de vie du segment, à partir de l'approche organique,
- Les cinq ou six forces qui composent le champ concurrentiel dans l'approche dynamique.

... et des critères spécifiques à l'industrie

De plus l'approche synthétique identifie des critères spécifiques à l'industrie étudiée pour proposer une analyse stratégique sur mesure *(Annexe 17).*

Enfin, l'intérêt du segment fait l'objet d'une synthèse, pour que l'on puisse comparer les segments entre eux *(Annexe 18).*

D'UN COUP D'ŒIL

DÉTERMINER LES CONDITIONS À REMPLIR POUR RÉUSSIR DANS UN SEGMENT

Qu'appelle-t-on les facteurs clés de succès

- Conditions de réussite dans un segment...
- ... ils dépendent des caractéristiques spécifiques de ce segment

Identifier les facteurs clés de succès

- L'analyse de la concurrence ne suffit pas
- Une analyse prospective est indispensable
- L'analyse de la chaîne de valeur peut se révéler importante

Positionner l'entreprise pour évaluer ses atouts

- Le positionnement de l'entreprise par rapport à ses concurrents...
- ... permet de susciter des réflexions cruciales pour son avenir

DÉTERMINER LES CONDITIONS À REMPLIR POUR RÉUSSIR DANS UN SEGMENT

Après avoir éprouvé la pertinence d'une segmentation et avoir évalué l'attrait des segments, restent à définir les conditions à remplir pour réussir dans chacun des segments sélectionnés, c'est-à-dire à mesurer l'effort à accomplir pour remporter le bénéfice escompté sur ces segments.

QU'APPELLE-T-ON LES FACTEURS CLÉS DE SUCCÈS ?

Conditions de réussite dans un segment...

Les facteurs clés de succès sont les conditions à remplir pour réussir dans un segment. Autrement dit, il s'agit des éléments :

- Sur lesquels va porter la concurrence,
- Qui feront la différence entre les entreprises performantes et les autres.

On peut aussi considérer que les facteurs clés de succès représentent les compétences à maîtriser pour réussir dans le segment considéré. En observant les entreprises qui réussissent, on s'aperçoit que, sur chaque segment, il existe des domaines d'activité où le niveau de performance est déterminant et qu'il faut pouvoir dominer.

Par exemple :

- **En pharmacie,** ce sont les performances en Recherche & Développement qui sont essentielles ;
- **Chez les fabricants d'ascenseurs,** c'est la qualité du service après-vente qui fait la différence ;
- **Dans le domaine de l'aéronautique,** l'avantage majeur revient à celui qui assure la meilleure conception technique du produit.

Annexe 1

Les facteurs clés de succès sont spécifiques à un segment

EXEMPLES

Facteurs clés de succès et limites géographiques

Segment	Principal facteur clé de succès	Unité géographique du segment
• **Bâtiment**	Réseau de distribution	Nationale/voire régionale
• **Répartition automobile**	Innovation technologique/ distribution	Européenne. Le rôle croissant des réseaux constructeurs dans la répartition pousse à l'internationnalisation
• **Construction automobile**	Coûts de production/ effets d'échelle	Mondiale. Un nombre limité de clients (les constructeurs automobiles) avec une politique d'achat internationale
• **Construction et répartition navales**	Innovation technologique et présence internationale	Mondiale. Le marché est contrôlé par 3 producteurs qui couvrent le monde par l'intermédiaire de licenciés

... ils dépendent des caractéristiques spécifiques de ce segment

Les facteurs clés de succès sont spécifiques à un segment *(Annexe 1 et appendice).*

Ils dépendent des caractéristiques spécifiques de l'offre et de la demande sur ce segment. Ainsi :

- **Dans l'industrie du ciment,** la localisation des usines est déterminante compte tenu des coûts de transport de la matière première et des produits finis ;
- **Dans l'industrie automobile,** les systèmes de gestion et de contrôle des coûts sont essentiels, compte tenu :
  - du temps qui s'écoule entre la conception d'un modèle et sa mise sur le marché,
  - des variations des volumes produits dans l'année.

Annexe 2

Les facteurs clés de succès sont identifiés à chaque étape de la chaîne de valeur

EXEMPLE

Facteurs clés de succès pour le lait de marque

Domaine	Facteurs clés de succès
Collecte	• Volume national • Ramassages concentrés (> 600 ML)
Fabrication	• Usine performante de taille critique (100 M) • Minimisation des coûts d'emballage
Logistique	• Usines stratégiquement dispersées sur l'ensemble du territoire • Livraisons nationales dans un rayon inférieur à 150 km
Commercial	• Force de vente réduite : – négociation nationale – mini merchandising PLV
Distribution	• Forte distribution valeur permettant une communication efficace
Service clientèle	• Création d'une valeur ajoutée consommateur (produit, offre, praticité, emballage, communication)

Source : ABC.

Annexe 3

Quelles forces s'exercent dans le segment ?

EXEMPLE

Forces extérieures s'exerçant sur le lait de marque

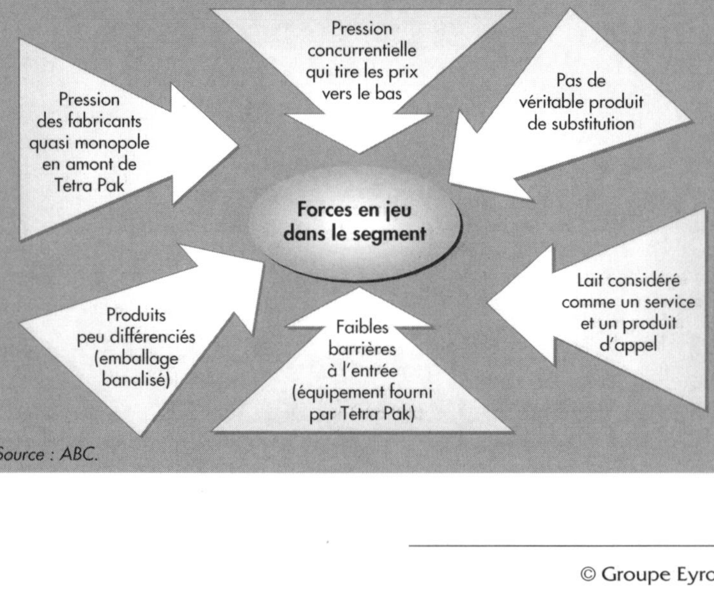

Source : ABC.

IDENTIFIER LES FACTEURS CLÉS DE SUCCÈS

L'analyse de la concurrence ne suffit pas

Pour identifier les facteurs clés de succès, il était d'usage d'analyser :

- Le champ concurrentiel et le positionnement des concurrents,
- La stratégie du (ou des) leader(s).

On aboutissait alors à une série de facteurs à maîtriser *(Annexe 2).*

Ces facteurs n'étaient pas posés dans l'absolu, mais étaient relatifs aux concurrents et renvoyaient donc à la réalité du marché.

L'analyse des facteurs clés de succès, fondée essentiellement sur la position des concurrents, en particulier des leaders, comporte cependant quelques inconvénients. On risque en effet de :

- Ne parvenir qu'à imiter les concurrents ;
- Ne pas arriver à se différencier ;
- Manquer les opportunités qui peuvent se présenter à l'avenir.

Une analyse prospective est indispensable

Divers modèles sont mis à contribution pour trouver une approche plus complète et plus tournée vers la prospective, par exemple en étudiant les "bonnes pratiques" par fonction.

La mise en évidence des facteurs clés de succès s'appuie généralement aujourd'hui sur l'analyse de l'intensité des forces concurrentielles qui s'exercent sur un segment selon le modèle de PORTER *(Annexe 3).*

On se demande alors quels sont les facteurs d'évolution de l'environnement et quelles seront leurs implications sur les facteurs clés de succès dans le futur.

Il est parfois souhaitable de mettre au point des grilles d'analyse pour identifier les facteurs clés de succès en tâchant de faire le tour de la question. Une démarche systématique peut alors apporter une aide importante.

Analyser les quatre facteurs essentiels qui déterminent l'offre et la demande

- **Caractéristiques du marché**
  - Quelle est la ligne de produits ?
  - Quels sont les clients pour les produits ?
  - Quels sont les canaux de distribution ?
  - Quelles sont les utilisations de ces produits ?
  - Quelle est la base de la décision d'achat ?
  - Comment les prix sont-ils fixés ?
- **Caractéristiques des relations entre investissement, coût et prix**
  - Quelle est l'importance relative du coût et de l'investissement ?
  - Quelle est la source de profits des entreprises dans cette industrie ?
  - Quel est l'effet du volume, du prix, des coûts et des modifications apportées concernant le retour sur investissement ?
  - Quelles sont les implications des différentes alternatives stratégiques et des transactions économiques sur la rentabilité ?

◆ **Caractéristiques technologiques**

- Comment le produit et le processus de production sont-ils liés ?
- Quel est le temps nécessaire pour la conception et le développement d'un nouveau produit ?
- Comment les changements qui affectent la production et la distribution se répercutent-ils sur les caractéristiques économiques de l'industrie ?
- Comment la nature du processus de production influe-t-elle sur la capacité de l'industrie à faire varier l'offre ?
- Quel est le taux de renouvellement des produits compte tenu des caractéristiques de l'industrie concernant l'innovation ?
- Comment l'apparition de nouveaux produits et de nouvelles technologies a-t-elle affecté la croissance de l'industrie ?

◆ **Structure de l'industrie et sa rentabilité**

- Quel est le nombre d'entreprises dans l'industrie ?
- Observe-t-on des tendances à la concentration ou à l'intégration ?
- Quelles sont les barrières à l'entrée ?
- Existe-t-il une tendance à la surproduction ?
- Quelle est la nature de la compétition ?
- Existe-t-il des accords avec la concurrence ?
- Quelle est la tendance à la diversification vers d'autres marchés des entreprises du secteur ?

Annexe 4

Pour identifier les facteurs clés de succès, on doit aussi analyser les attentes des clients

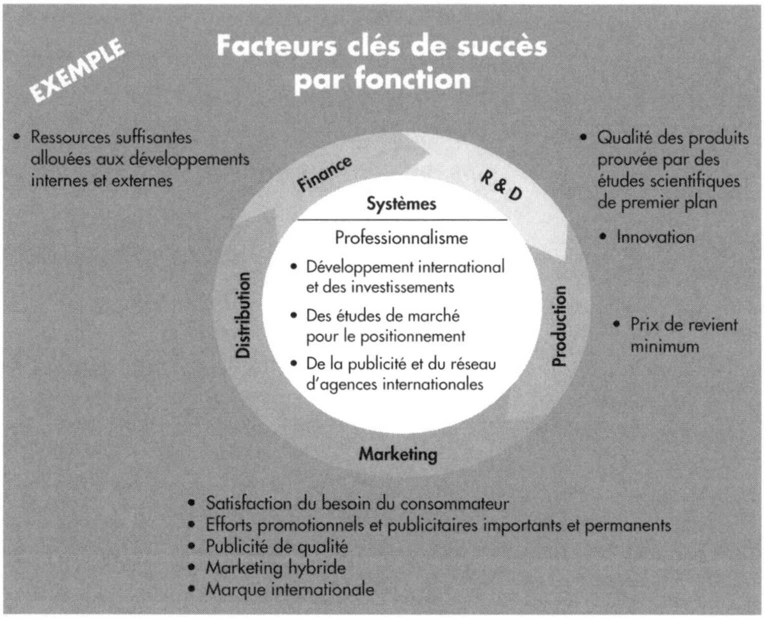

Annexe 5

L'analyse des mécanismes de profitabilité de l'activité se fait à chaque étape de création de la valeur

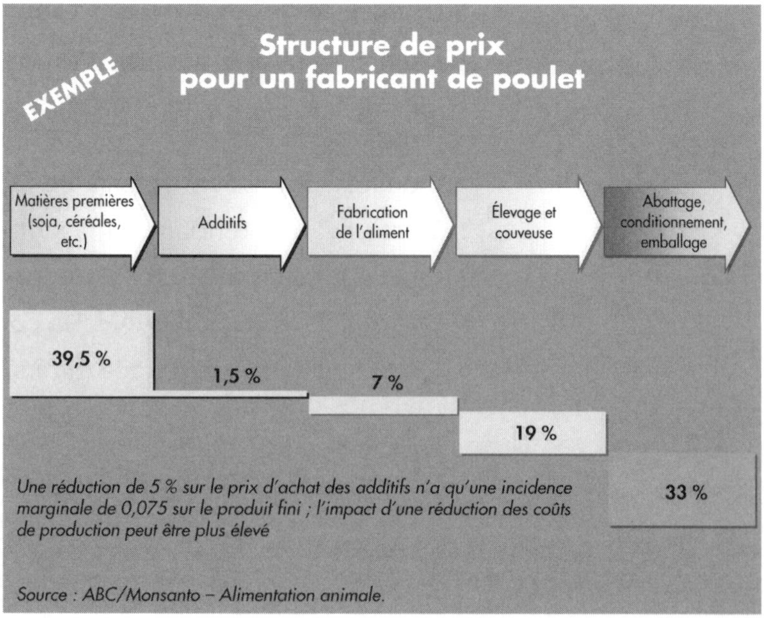

Analyser les spécificités pour déterminer les facteurs clés de succès

- **Sélectionner les domaines** qui déterminent l'offre et la demande propres à l'industrie.
- **Préciser les compétences** ou les avantages spécifiques de chaque entreprise de l'industrie.
- **Identifier les tendances** qui sont liées aux attentes du client ; elles sont susceptibles de modifier les facteurs clés de succès de l'avenir *(Annexe 4).*

Annexe 6

Quels sont les leviers de compétitivité sur la chaîne de valeur ?

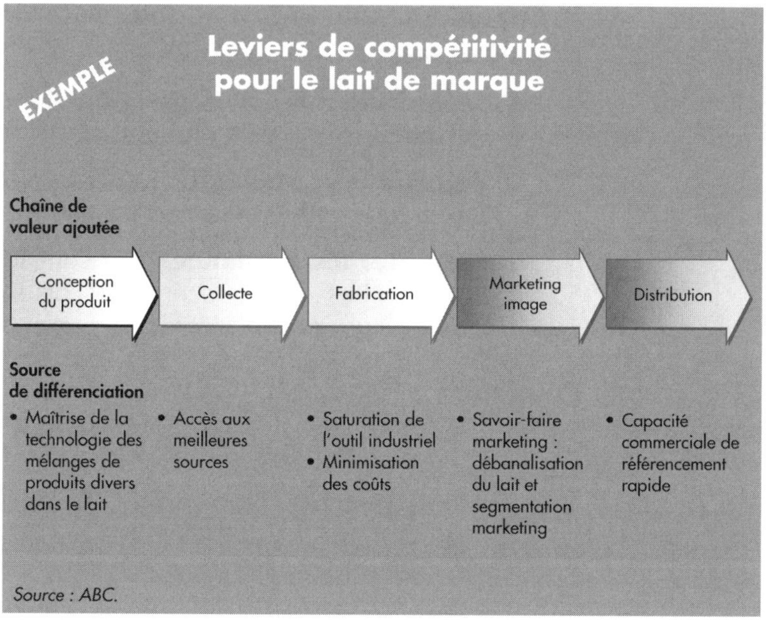

Annexe 7

À chaque étape de la chaîne de valeur (qui comprend toutes les activités d'une Unité Stratégique) on peut identifier des facteurs clés de réussite

EXEMPLE

Éditeur de tissu d'ameublement haut de gamme

Domaine	Facteurs clés de succès
Création	• Une création exceptionnelle qui constitue un réel apport et répond aux tendances du marché
Qualité du produit	• Des produits d'une qualité visible dont l'aspect luxueux et la classe justifient la position de haut de gamme
Image de marque	• Une image de marque forte et prestigieuse qui positionne le produit en haut de gamme
Niveau des prix	• Un niveau de prix satisfaisant en relation avec la valeur du produit pour le client
Service client	• Des services efficaces et personnalisés en termes de suivi, assistance et relation client
Action commerciale	• Des circuits de distribution positifs et une action commerciale qui guident le consommateur vers les produits de l'éditeur

Source : ABC.

L'analyse de la chaîne de valeur peut se révéler importante

Enfin, une dernière approche possible s'appuie sur l'analyse de la chaîne de valeur. Celle-ci permet de :

- **Mesurer les mécanismes de profitabilité de chaque étape** de la chaîne, c'est-à-dire d'étudier :
  - la structure et la dynamique des coûts (leur évolution dans l'avenir),
  - l'incidence des investissements effectués étape par étape,
  - l'établissement du point mort (quand l'effet de volume atteint son point limite) ;
- **Distinguer les leviers de compétitivité à chaque étape** de la chaîne, c'est-à-dire l'avantage majeur dont il faut disposer pour dominer ;
- **Trouver les moyens de se différencier** *(Annexes 5 page 244, 6 & 7).*

Annexe 8

Positionner l'entreprise pour évaluer ses atouts

EXEMPLE

Positionnement pour le lait de marque

Facteurs clés de succès — **Évaluation des atouts** (– –, –, +, + +)

- **Création d'une valeur ajoutée consommateur** (produit, offre, praticité, emballage, communication)
- **Forte DV permettant une communication efficace**
- **Réduction au minimum de tous les autres coûts :**
  - Collecte : volume "national", (≥ 600 ML) ramassages
  - Fabrication
    - potentiel de fabrication ≥ 600 ML
    - usines performantes de taille critique (100 M)
    - coûts emballages
  - Logistique : usines stratégiquement dispersées sur l'ensemble du territoire, livraisons "nationales" dans un rayon ≤ 150 km
  - Commercial : force de vente réduite
    - négociation nationale
    - mini-merchandising PLV

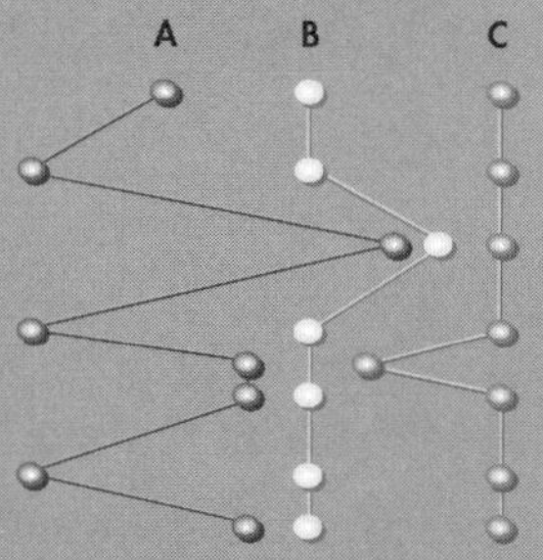

Source : ABC.

POSITIONNER L'ENTREPRISE POUR ÉVALUER SES ATOUTS

Le positionnement de l'entreprise par rapport à ses concurrents...

Positionner l'entreprise pour évaluer ses atouts est la dernière étape de l'approche. Après avoir déterminé les facteurs clés de succès, la position concurrentielle de l'entreprise s'apprécie en évaluant ses performances sur chacun d'eux.
On positionne alors les atouts de l'entreprise ainsi que ceux de la concurrence *(Annexe 8).*

Les méthodes pour effectuer cette évaluation sont de nature diverse : certains critères de jugement relèvent du simple bon sens ; d'autres nécessitent des analyses quantitatives très sophistiquées.

... permet de susciter une réflexion cruciale pour son avenir

Chacun peut citer de nombreux secteurs industriels dans lesquels certaines entreprises, parmi les meilleures, font visiblement de nombreux faux pas pour la simple raison qu'elles n'ont pas une image claire de la stratégie de leurs concurrents ou qu'elles ne connaissent pas les atouts qu'elles possèdent et qui pourraient leur permettre de contrer leurs adversaires.

Charles R. Wasson

Mais c'est moins la méthode en elle-même qui est importante, que les réflexions qu'elle suscite sur les plans suivants :

- Comment l'entreprise peut-elle exploiter au mieux un point fort sur un facteur clé de succès ?
- Comment peut-elle diminuer l'importance d'un point faible ?
- Quels sont les atouts dont l'entreprise dispose ?
- Quelles sont les faiblesses auxquelles elle doit remédier ?

Pour finir, le positionnement de l'entreprise permet de :

- Connaître sa place et ses avantages concurrentiels par rapport à ses concurrents,
- Évaluer la compétitivité de l'entreprise à l'intérieur de ce segment, c'est-à-dire évaluer si l'entreprise est capable d'acquérir, maîtriser et conserver les facteurs clés de succès,
- Identifier les axes d'amélioration.

Cette dernière étape permet de tirer les conclusions de l'analyse en termes de facteurs clés de succès, et de passer aux recommandations d'actions.

D'UN COUP D'ŒIL

RECOMMANDER DES ORIENTATIONS D'ACTION

- **Conduire une entreprise dans le temps**
- **Améliorer sa position sur les facteurs clés de succès**
  - **À court terme**
  - **À moyen terme**
- **Sélectionner les projets d'investissement en fonction de leur cohérence stratégique**
  - **L'analyse stratégique ajoute une dimension supplémentaire à la rentabilité**
  - ***Exemple : Nestlé***
- **Réaliser des alliances en fonction de la complémentarité stratégique**

RECOMMANDER DES ORIENTATIONS D'ACTION

Suite logique de l'analyse stratégique, les recommandations d'action cherchent à combler le "gap" entre la situation de l'entreprise, avec ses forces et faiblesses, et les objectifs stratégiques fixés pour disposer d'avantages concurrentiels évidents et durables.

CONDUIRE UNE ENTREPRISE DANS LE TEMPS

La gestion stratégique consiste à essayer de comprendre où l'on se situera dans le monde de demain, et non pas où l'on espère se situer, à évaluer la position possible et décider de la position désirée.

Adapté de Jack Welch

L'analyse stratégique permet de comprendre comment réussir dans les métiers d'une entreprise et d'identifier les actions nécessaires concernant chacun de ses métiers.

Elle définit ainsi les métiers :

- **Dont l'entreprise doit sortir** et ou bien éviter d'entrer, par exemple ceux qui présentent une faible rentabilité et qui l'empêcheraient de s'engager dans d'autres métiers où la rentabilité est intéressante.
- **Où l'entreprise peut réussir seule** en améliorant sa position sur les facteurs clés de succès.
- **Dans lesquels elle doit rechercher des alliances.**

  La pression actuelle de l'environnement est telle qu'il ne se passe pas de jour sans que la presse ne se fasse l'écho de nouveaux accords entre firmes complémentaires ou même souvent concurrentes (ex : automobile, électricité basse tension, systèmes et automates).

  Ces stratégies d'alliances sont devenues la règle, et plus seulement l'exception, lorsqu'il s'agit :

  - d'acquérir des technologies,
  - d'atteindre une taille critique,
  - de pénétrer des marchés protégés,
  - de satisfaire des exigences d'ordre politique, etc.

Une position stratégique n'est pas durable sans possibilités d'alternatives sur d'autres positions.

Michael Porter

La persévérance, c'est ce qui rend l'impossible possible, le possible probable, et le probable réalisé.

Robert Half

AMÉLIORER SA POSITION SUR LES FACTEURS CLÉS DE SUCCÈS

Pour améliorer sa position sur les facteurs clés de succès, il faut, au minimum, combler l'écart par rapport aux concurrents sur les domaines critiques, puis les dépasser sur tous les facteurs clés de succès.

Pour atteindre de tels objectifs, on distingue deux types d'améliorations.

Les améliorations à court terme

Le plus souvent, elles permettent de dégager des moyens financiers. Il s'agit par exemple, de :

- Saturer un atelier,
- Diminuer les frais fixes,
- Modifier un conditionnement, etc.

Les axes d'amélioration à moyen terme

La stratégie d'une entreprise est l'ensemble des décisions destinées à adapter, dans le temps et l'espace, les ressources de la firme aux opportunités et aux risques d'un environnement et de marchés en mutation constante.

Octave Gélinier

Ce sont ceux qui ont une portée stratégique. On peut par exemple à ce stade :

- Construire une nouvelle usine,
- Lancer un nouveau produit,
- Procéder à une acquisition, etc.

En proposant des recommandations d'actions, il ne faut pas hésiter à remettre en cause les habitudes et les manières de faire.

Annexe 1

Sélectionner les projets d'investissement en fonction de leur cohérence stratégique

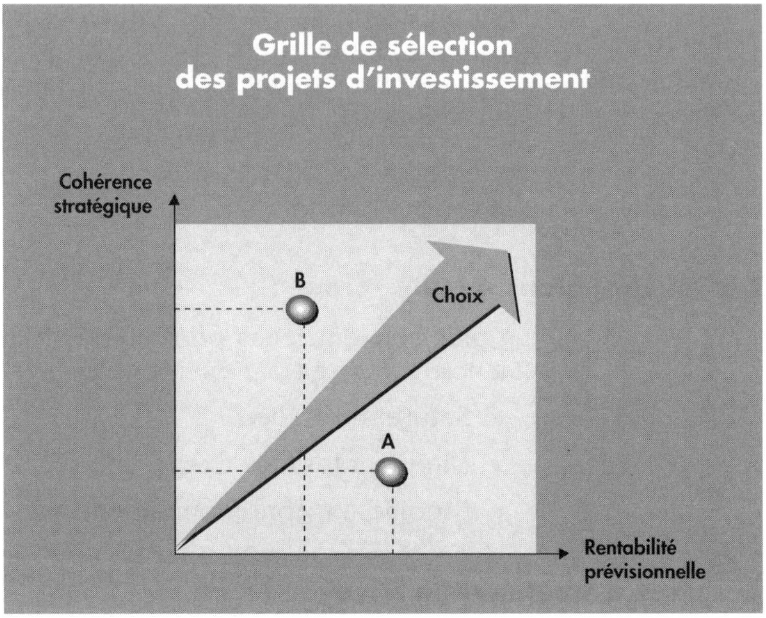

SÉLECTIONNER LES PROJETS D'INVESTISSEMENT EN FONCTION DE LEUR COHÉRENCE STRATÉGIQUE

L'analyse stratégique ajoute une dimension supplémentaire à la rentabilité

La rentabilité n'est pas la seule manière d'évaluer l'intérêt d'un investissement et de sélectionner les projets. La rentabilité prévisionnelle n'est qu'une dimension du problème. L'analyse stratégique ajoute une deuxième dimension, elle aussi essentielle, qui est la cohérence des projets d'investissements avec la stratégie proposée.

Ainsi, si l'on prend deux projets A et B :

- Le projet A présente une rentabilité prévisionnelle élevée, avec les aléas que comportent toutes prévisions, et une faible cohérence stratégique,
- Le projet B est très cohérent avec la stratégie mais sa rentabilité prévisionnelle est faible *(Annexe 1).*

Les deux projets sont situés dans des zones d'intérêt différentes pour des investissements combinant à la fois rentabilité prévisionnelle et cohérence stratégique. On préférera ici le projet B au projet A, car il est situé dans une zone d'intérêt supérieur à celle de A.

ORIENTATIONS D'ACTION

Exemple : Nestlé

Nestlé a racheté Buitoni à un coût élevé pour une rentabilité faible, car Buitoni est installé en Italie et en France tandis que Nestlé voulait renforcer ses positions dans ces deux pays.

La cohérence stratégique a donc primé.

Annexe 2

Réaliser des alliances en fonction de la complémentarité stratégique recherchée

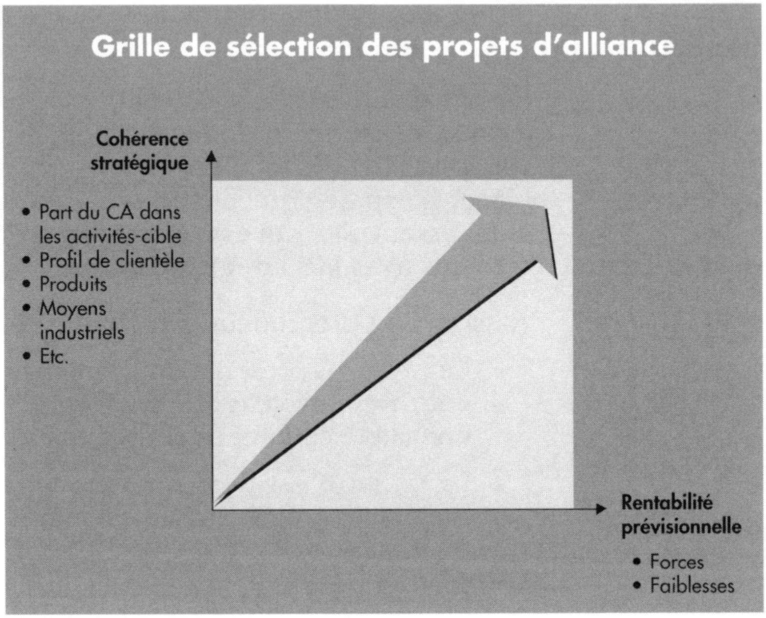

RÉALISER DES ALLIANCES EN FONCTION DE LA COMPLÉMENTARITÉ STRATÉGIQUE

Les projets d'alliance prennent en compte la qualité intrinsèque de l'alliance, c'est-à-dire le rapport des forces et des faiblesses des alliés potentiels.

Mais ce n'est qu'une dimension du problème, la seconde concerne la complémentarité stratégique des deux entreprises, c'est-à-dire :

- La part de chiffre d'affaires dans les activités cibles,
- Le profil de la clientèle,
- Les produits,
- Les moyens industriels etc.

Le choix s'opère alors en fonction d'une grille de sélection des projets d'alliances *(Annexe 2).*

Une telle analyse doit également prendre en compte la façon dont l'allié potentiel est susceptible de :

- Renforcer les forces de l'entreprise ;
- Corriger certaines de ses faiblesses ;
- Écarter des menaces qui pèsent sur les activités de l'entreprise ;
- Saisir les opportunités qui se profilent concernant les activités de l'entreprise ;
- Correspondre aux besoins fondamentaux de l'entreprise.

L'ANALYSE DE PORTEFEUILLE

LA MATRICE CROISSANCE/PART DE MARCHÉ RELATIVE

LA MATRICE MATURITÉ/POSITION CONCURRENTIELLE

LA MATRICE ATTRAITS/ATOUTS

APPORTS ET LIMITES DES ANALYSES DE PORTEFEUILLE

D'UN COUP D'ŒIL

LA MATRICE CROISSANCE/ PART DE MARCHÉ RELATIVE

Elle positionne chaque segment en fonction de son taux de croissance et de sa part de marché

- Deux variables clés
- Plusieurs avantages, dont la simplicité

Elle détermine quatre types d'activités

- Les vedettes
- Les vaches à lait
- Les dilemmes
- Les poids morts

Chaque position sur la matrice représente une stratégie spécifique

- Vedettes : maintenir sa domination
- Vaches à lait : rentabiliser
- Dilemmes : trois stratégies possibles
- Poids morts : arrêter, céder ou reconvertir

Un équilibre global entre les activités doit être préservé

LA MATRICE CROISSANCE/ PART DE MARCHÉ RELATIVE

La matrice croissance/part de marché relative a été développée par le Boston Consulting Group. C'est la plus ancienne et la plus élémentaire.

Elle considère l'entreprise comme un portefeuille de segments, contribuant chacun à la croissance et à la rentabilité de celle-ci.

Les segments, pris indépendamment, ont des conduites spécifiques : une vision d'ensemble permet d'envisager des transferts de ressources pour assurer l'avenir de l'entreprise.

Annexe 1

La matrice BCG positionne chaque segment en fonction de son taux de croissance et de sa part de marché relative

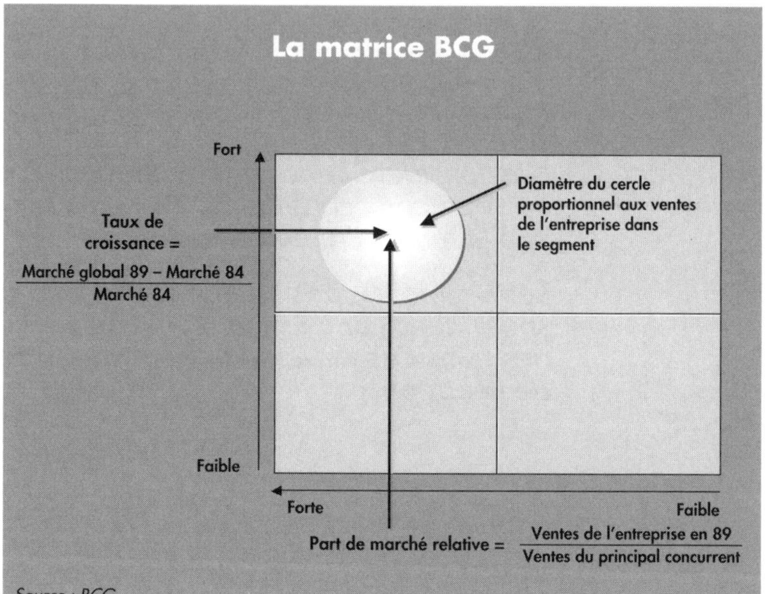

Source : BCG.

CETTE MATRICE POSITIONNE CHAQUE SEGMENT EN FONCTION DE SON TAUX DE CROISSANCE ET DE SA PART DE MARCHÉ RELATIVE

Deux variables clés

La matrice BCG s'articule autour de deux variables clés :

- **Le taux de croissance** de l'ensemble de l'activité du segment stratégique.
- **La part de marché relative** de l'entreprise mesurée par rapport à son principal concurrent.

Chacune de ces variables s'inscrit sur un axe qui permet de situer le segment, lui-même représenté par un cercle dont le diamètre est proportionnel à son importance relative en chiffre d'affaires pour l'entreprise *(Annexe 1).*

Plusieurs avantages, dont la simplicité

Cette matrice présente plusieurs avantages :

- **Le taux de croissance** permet d'identifier les besoins du segment (investissement ou fonds de roulement) : plus un segment est en croissance, plus il nécessite de liquidités. Il permet également de savoir s'il est possible de gagner des parts de marché sans empiéter sur les ventes des concurrents.
- **La part de marché relative** met en évidence la position sur la courbe d'expérience, la rentabilité, et donc le niveau des ressources dégagées sur le segment.
- **La représentation graphique** permet d'offrir une image globale des activités de l'entreprise, de ses forces et de ses faiblesses relatives.

Annexe 2

La matrice BCG détermine donc 4 types d'activités

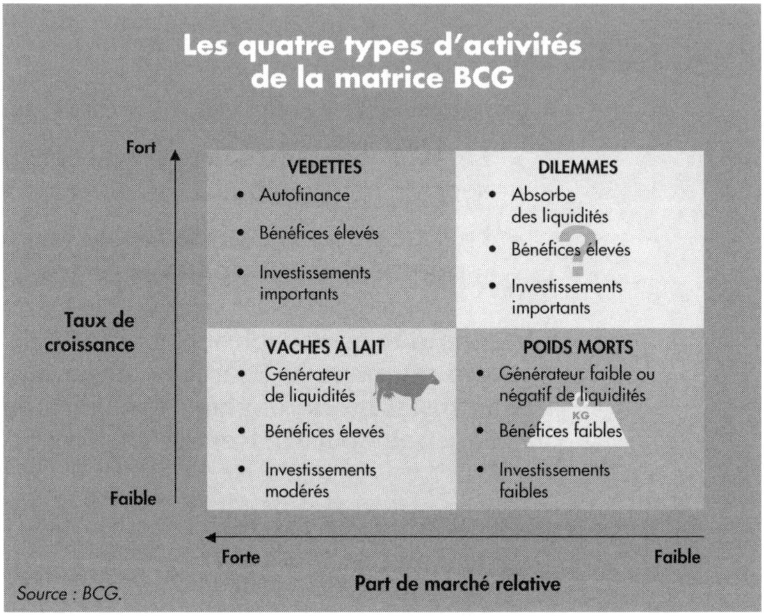

ELLE DÉTERMINE QUATRE TYPES D'ACTIVITÉS

Les valeurs médianes sur les deux axes de la matrice BCG permettent de la découper en quatre secteurs correspondant à quatre comportements financiers pour les segments qui y sont inclus. On distingue ainsi *(Annexe 2) :*

Les vedettes

Ce sont des activités situées dans le coin supérieur gauche de la matrice, extrêmement intéressantes, bénéficiant d'un fort accroissement du marché, avec de fortes positions concurrentielles (forte part de marché relative). Elles créent d'importants montants de liquidités en raison de leur statut prospère.

Mais, en même temps, elles ont besoin de ressources financières considérables pour assurer le maintien de leur force concurrentielle sur des marchés à croissance rapide. D'où un faible montant de liquidités qui est, soit demandé, soit versé à l'entreprise.

Annexe 3

Pour la société X, les produits industriels animaux sont une vache à lait

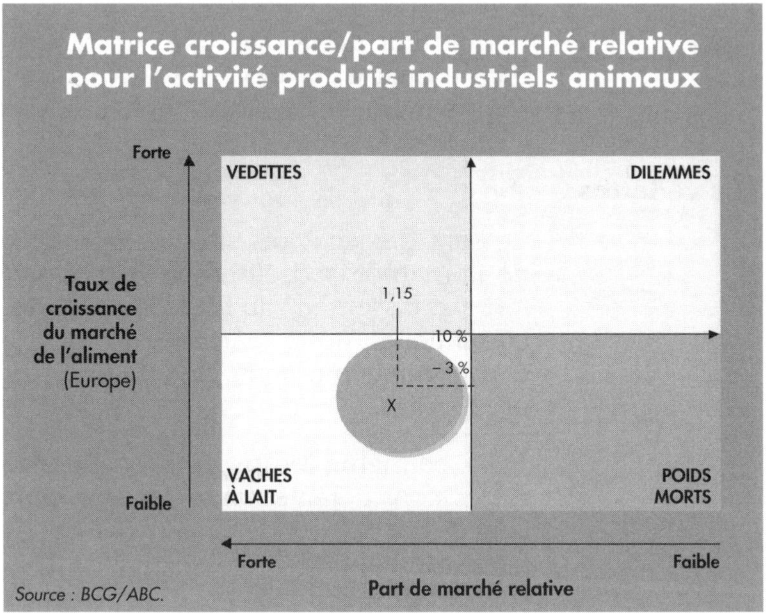

Les vaches à lait

Ces activités (coin inférieur gauche de la matrice) constituent des sources de liquidités pour le système. En raison de leur forte vigueur sur des marchés en baisse, elles génèrent des liquidités importantes qu'elles ne doivent pas réinvestir. Ces activités servent donc à financer la création d'autres activités à l'intérieur de l'entreprise. Il est, par conséquent, nécessaire, à l'intérieur d'une entreprise, que la répartition des ressources soit centralisée. Autrement, les gestionnaires de vaches à lait auront tendance à réinvestir le produit de leurs activités, ce qui sous-optimiserait l'utilisation des ressources *(Annexe 3).*

Les dilemmes

Les dilemmes (section supérieure droite) sont les principales opportunités inexploitées, très intéressantes en raison de l'important accroissement du marché. Elles sont toutefois en position défavorable par rapport à la concurrence. Ces activités exigent un choix : soit investir massivement pour rattraper le leader pendant la phase de croissance, soit se retirer si les possibilités de financement ne le permettent pas. Si ce rattrapage exige un investissement massif, tout investissement inférieur sera un pur gaspillage.

Les poids morts

Les poids morts disposent d'un faible potentiel de développement. Ils ne dégagent pas de liquidités mais ne consomment pas non plus de capitaux. Mal situés sur la courbe d'expérience, leur rentabilité est faible. Activités sans avenir, ils constituent parfois un danger potentiel pour l'entreprise qui ne s'en aperçoit pas à temps.

Annexe 4

Chaque position sur la matrice représente une stratégie spécifique

Matrice croissance/part de marché relative pour l'activité produits industriels animaux

VEDETTES	DILEMMES
• Concentrer les ressources sur ces produits prometteurs • Prendre la tête du peloton en réinvestissant massivement • Éviter de mal exploiter la percée par des investissements sans rapport avec la croissance	• Soit investir massivement pour accéder à une forte part de marché • Soit décrocher rapidement ce qui est aisé, car il y a des acquéreurs • Éviter d'investir insuffisamment
VACHES À LAIT	**POIDS MORTS**
• Maintenir la position • Dégager du cash-flow à réinvestir par ailleurs • Apprécier le moment où il est judicieux de décrocher • Éviter des investissements trop importants • Éviter d'handicaper la rentabilité par un marketing coûteux	• Arrêter l'exploitation ou céder à un acquéreur mieux placé • Reconvertir les moyens vers d'autres activités • Éviter d'y consacrer des ressources rares qui seraient plus utiles par ailleurs

Source : D'après BCG.

CHAQUE POSITION SUR LA MATRICE REPRÉSENTE UNE STRATÉGIE SPÉCIFIQUE

Les stratégies à employer sur les segments découlent logiquement des quatre positions définies sur la matrice *(Annexe 4)*.

Vedettes : maintenir sa domination

Il faut maintenir la position dominante en :

- Concentrant les ressources sur ces segments prometteurs ;
- Réinvestissant massivement pour rester en position de domination.

Il ne s'agit pas d'être modeste, mais d'être le premier.

Hérault de Seychelles

Il faut cependant éviter l'erreur qui consisterait à engager des investissements massifs, sans rapport avec la croissance. À cette condition, l'activité vedette pourra devenir ensuite vache à lait.

Vaches à lait : rentabiliser

Elles doivent être rentabilisées en :

- Maintenant la position ;
- Dégageant de la marge brute d'autofinancement pour réinvestir ailleurs, dans des activités prometteuses ;
- Appréciant le moment judicieux pour se désengager.

Il est nécessaire d'appliquer une gestion rigoureuse pour éviter de :

- Trop investir ;
- Handicaper la rentabilité par un marketing trop coûteux.

Le but étant de dégager des vaches à lait des flux financiers les plus importants possibles.

Dilemmes : trois stratégies possibles

Trois stratégies sont envisageables :

- Soit investir massivement pour acquérir une forte part de marché ;
- Soit abandonner, ce qui est d'autant plus facile qu'il y a des acquéreurs ;
- Soit resegmenter pour dégager un sous-segment plus compétitif.

De toute façon, il faut éviter de :

- Maintenir l'activité en l'état, ce qui n'est pas viable ;
- Investir insuffisamment, ce qui ne permet pas de transformer le produit en vedette.

Poids morts : arrêter, céder ou reconvertir

Dans l'entreprise, l'objectif stratégique est d'obtenir que le capital rapporte et si, dans un cas donné, le rapport ne se montre pas satisfaisant à la longue, il faut, ou bien y remédier, ou bien se tourner vers une activité plus rentable.

Alfred P. Sloan Jr.

On peut, soit abandonner, soit maintenir l'activité sans investir, c'est-à-dire :

- Arrêter l'exploitation ou céder à un acquéreur mieux placé en assurant, jusque-là, la meilleure rentabilité possible ;
- Reconvertir les moyens vers d'autres activités.

Dans les deux cas il faut surtout :

- Ne pas investir ;
- Éviter d'y consacrer des ressources utiles ailleurs.

Annexe 5

Un équilibre global entre activités doit être préservé

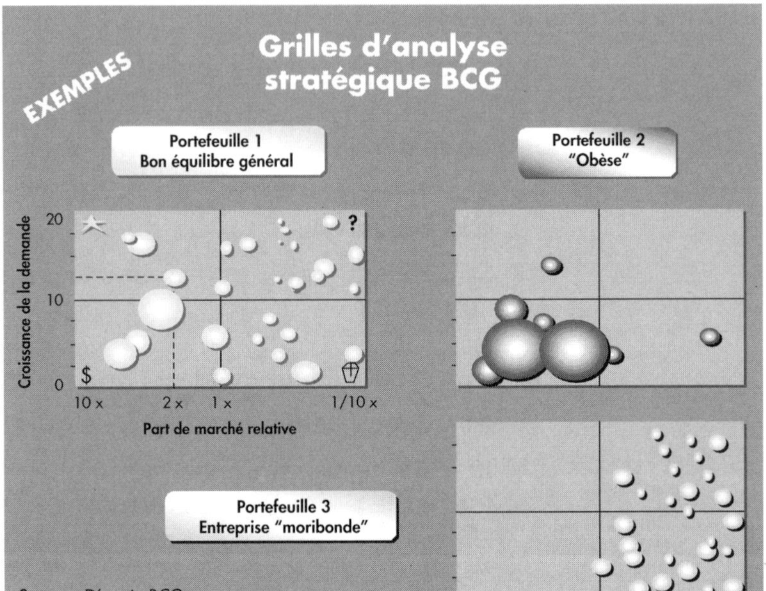

Source : D'après BCG.

UN ÉQUILIBRE GLOBAL ENTRE LES ACTIVITÉS DOIT ÊTRE PRÉSERVÉ

Les stratégies de maintien, de renforcement ou d'abandon sur les segments, doivent se compléter et s'harmoniser pour assurer l'avenir de l'entreprise et faire en sorte que les ressources dégagées dans certains segments en déclin soient réinvesties sur d'autres plus porteurs.

Il est particulièrement important d'éviter de constituer un portefeuille :

- **"Anémique",** avec une part trop importante de segments en développement, gros consommateurs de liquidités ;
- **"Obèse",** c'est-à-dire trop chargé par des activités "mûres" qui n'assurent pas à long terme la pérennité de l'entreprise ;
- **"Moribond",** encombré de poids morts en position faible et sans espoir de redressement *(Annexe 5).*

D'UN COUP D'ŒIL

LA MATRICE MATURITÉ/POSITION CONCURRENTIELLE

- **Elle utilise une approche multicritères**
  - Le degré de maturité de l'activité
  - La position compétitive
- **On distingue des pôles stratégiques au sein de prescriptions peu différenciées**
  - Développement
  - Développement sélectif
  - Abandon
- **Elle permet également d'analyser les stratégies de chaque concurrent**

LA MATRICE MATURITÉ/ POSITION CONCURRENTIELLE

Qualifiée parfois d'école "organique" pour la distinguer de l'école dite "mécanique" du BCG, la matrice maturité/position concurrentielle a été développée par ARTHUR D. LITTLE.

Elle prend en compte l'évolution du segment dans le temps, c'est-à-dire sa maturité, en la situant par rapport à sa position concurrentielle.

Annexe 1

La matrice d'ADL utilise une approche multicritères fondée sur la maturité du secteur et la position compétitive de l'entreprise

La grille d'analyse d'Arthur D. Little

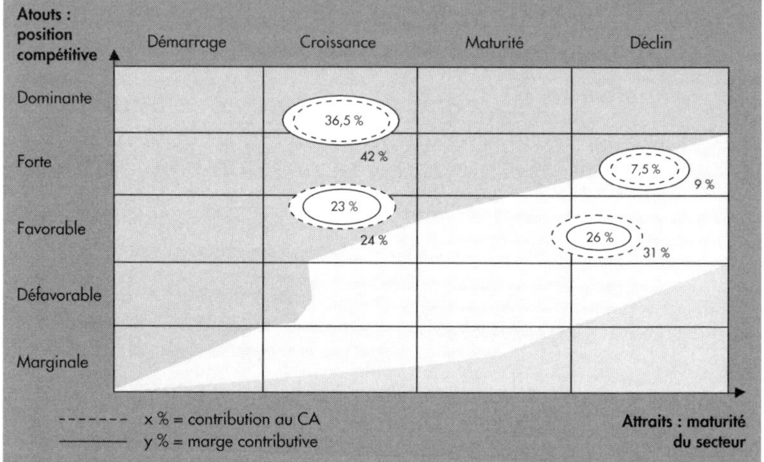

Source : D'après Arthur D. Little.

Annexe 2

La matrice d'ADL permet d'identifier cinq types de positions compétitives

Caractéristiques de la position compétitive

Dominante	• Capable de contrôler le comportement de ses concurrents (en matière de performances ou de stratégie) • Vaste choix d'options stratégiques, indépendamment de ses concurrents
Forte	• Capable de mener la politique de son choix sans mettre en danger sa position LT
Favorable	• Atouts exploitables pour la conduite de certaines stratégies • Très bonnes chances de pouvoir maintenir sa position à long terme
Défavorable	• Performances suffisamment satisfaisantes pour justifier la continuation de ses activités • Subsiste généralement du fait de la tolérance des concurrents plus importants • Chances moyennes de maintenir sa position à LT
Marginale	• Performances peu satisfaisantes actuellement, mais possibilités d'améliorer sa position • Position améliorable, mais une faiblesse majeure • Peut survivre à CT, mais doit améliorer sa position pour survivre à LT

Source : D'après Arthur D. Little.

CETTE MATRICE UTILISE UNE APPROCHE MULTICRITÈRES

Le degré de maturité de l'activité

C'est la première entrée de la matrice. Elle est divisée selon les quatre phases du cycle de vie des segments, découpées en période de démarrage, de croissance, de maturité ou de déclin.

Contrairement au taux de croissance qui est difficile à déterminer à l'avance, la maturité d'un produit ou d'un segment propose un diagnostic plus fiable. Elle comporte des caractéristiques financières, stratégiques et des forces concurrentielles relativement faciles à repérer.

La position compétitive

Elle mesure les forces relativement aux concurrents en déterminant les facteurs clés de succès de l'activité envisagée.

Les critères sont à la fois quantitatifs et qualitatifs et proposent une approche multicritères plus fine.

De façon pratique, ADL suggère d'abord la mise en lumière des facteurs de succès dans le segment, qui sont à rechercher dans l'approvisionnement, la production et la commercialisation.

Ensuite, chaque facteur de succès retenu fait l'objet d'une notation comparée entre l'unité concernée et ses concurrents.

Enfin la note finale permet de situer la position concurrentielle sur une échelle à cinq positions : dominante, forte, favorable, défavorable, marginale *(Annexe 1)*.

Il existe une relation entre la position compétitive et la rentabilité sur le segment. Par ailleurs, plus la position compétitive de l'entreprise est forte, plus ses chances de survie augmentent et plus ses choix stratégiques sont multiples *(Annexe 2)*.

Annexe 3

La matrice d'ADL permet de déterminer des stratégies globales…

Types de stratégies ADL

Position concurrentielle (vertical axis) / Maturité du segment (horizontal axis)

Position concurrentielle	Démarrage	Croissance	Maturité	Déclin
Dominante				
Forte		Développement naturel		
Favorable			Sélection	
Soutenable				
Faible				Abandon

Source : D'après Arthur D. Little.

Annexe 4

… et à mettre en œuvre pour chaque segment

Types de stratégies ADL

Position concurrentielle (vertical axis) / Maturité du segment (horizontal axis)

Position concurrentielle	Démarrage	Croissance	Maturité	Déclin
Dominante	• Pousser à fond pour accroître la part de marché • Maintenir la position	• Maintenir la position et • Maintenir la part de marché	• Maintenir la position et • Croître avec le secteur	• Maintenir la position
Forte	• Essayer d'améliorer la position • Pousser à fond pour part de marché	• Essayer d'améliorer la position et • Pousser pour part de marché	• Maintenir la position et • Croître avec le secteur	• Maintenir la position ou • "Moissonner"
Favorable	• Sélectionner ou pousser à fond pour part de marché • Essayer d'améliorer la position de façon sélective	• Essayer d'améliorer la position et • Pousser pour part de marché de façon sélective	• Maintenir ou • Trouver une niche et essayer de la protéger	• Moissonner et • Se retirer progressivement
Soutenable	• Pousser pour améliorer la position de façon sélective	• Trouver une niche et la protéger	• Trouver une niche et essayer de la protéger ou • Se retirer progressivement	• Se retirer progressivement • Abandonner
Faible	• Foncer ou • Se retirer	• "Turn around" ou • Abandonner	• "Turn around" ou • Se retirer progressivement	• Abandonner

Source : D'après Arthur D. Little.

ON DISTINGUE DES PÔLES STRATÉGIQUES AU SEIN DE PRESCRIPTIONS PEU DIFFÉRENCIÉES

Grâce à un tableau à double entrée, on distingue des cases qui correspondent à un couple maturité/position concurrentielle. Les cases permettent de définir des stratégies à développer pour les segments qui y sont contenus *(Annexes 3 & 4).*

Par rapport à la matrice BCG, le modèle d'ADL fournit des prescriptions stratégiques moins tranchées. On détermine cependant trois grands pôles stratégiques définis ainsi :

Stratégie de développement

Elle consiste à :

- Améliorer ou maintenir sa position,
- Chercher à accroître sa part de marché.

Stratégie de développement sélectif

Il convient de :

- Se maintenir ou se retirer progressivement,
- Trouver une niche ou la protéger.

Stratégie d'abandon

Elle prescrit de :

- Se retirer progressivement, ou
- Abandonner.

Par ailleurs, chaque phase justifie une politique financière particulière *(Annexe 5 page suivante).*

Annexe 5

Chaque phase justifie une politique financière particulière

Évolution de la politique financière en fonction de la maturité d'un segment

Cycle de vie / *Critères financiers*	Démarrage	Expansion	Maturité	Déclin
1. Bénéfice net	Faible, irrégulier	Positif moyen	Élevé	En déclin
2. Immobilisations brutes	Faible	Forte croissance	Maximum	En baisse
3. Amortissement	Faible	Croissant	Élevé	En baisse
4. Besoin en fonds de roulement	Faible	Forte croissance	Maximum	Stationnaire
5. Cash-flow (1) + (3)	Faible	Forte croissance	Élevé	Déclin
6. Flux financiers nets 5 – (2 + 3)	– –	–	+	+ +
7. Rendement actif net (1)/(2)	+/–	+	+ +	+

Source : D'après Arthur D. Little.

Annexe 6

Les stratégies de chaque concurrent peuvent être également analysées au moyen de la grille ADL

EXEMPLE

Position stratégique sectorielle (consolidée) dans le secteur de l'habillement

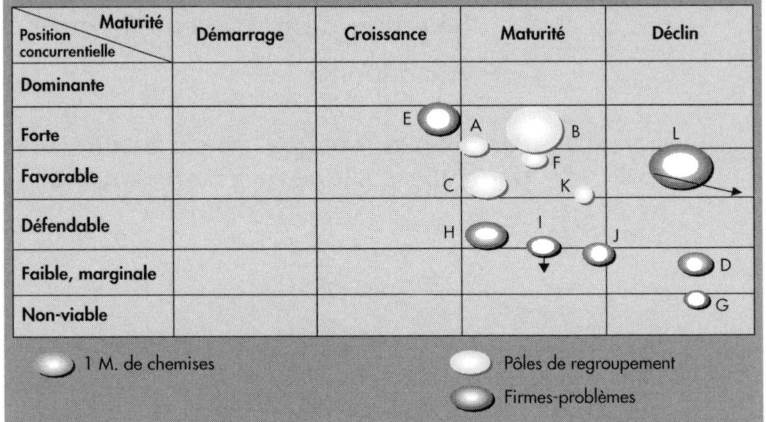

Source : ABC.

LA MATRICE ADL PERMET ÉGALEMENT D'ANALYSER LES STRATÉGIES DE CHAQUE CONCURRENT

Connaissez bien votre ennemi et connaissez-vous vous-même, et vous survivrez à des centaines de batailles. Si vous ne connaissez pas bien votre ennemi mais que vous vous connaissez vous-même, vos chances de perdre ou de gagner sont égales.

Sun Tzu

L'intérêt de la matrice ADL réside également dans le fait qu'on peut situer les concurrents à l'intérieur d'une même grille et prévoir leur avenir à plus ou moins long terme.

La position relative sur un secteur est donc particulièrement bien illustrée et permet de saisir les opportunités et les risques qui concernent un métier précis dans son champ concurrentiel *(Annexe 6).*

D'UN COUP D'ŒIL

LA MATRICE ATTRAITS/ATOUTS

Elle utilise également une analyse multicritères

- L'attrait d'une activité pour l'entreprise étudiée
- Les atouts de l'entreprise
- Une définition et une pondération délicates

La position des segments dans la matrice donne des orientations stratégiques

- Les segments sont situés dans une matrice à neuf cases
- Trois grands types de stratégies de portefeuille s'en dégagent

LA MATRICE ATTRAITS/ATOUTS

Développée par le cabinet McKinsey, lors d'une importante étude concernant la stratégie d'une des divisions de General Electric[1], la matrice attraits/atouts repose sur le principe que les facteurs à prendre en compte varient selon les industries ou les entreprises.

1. Pour la petite histoire, le BCG travaillait à l'époque simultanément dans une autre division et appliquait sa matrice croissance/part de marché relative !

ELLE UTILISE ÉGALEMENT UNE ANALYSE MULTICRITÈRES

La matrice McKinsey croise deux dimensions, l'attrait d'une activité pour l'entreprise et les atouts que celle-ci possède pour y réussir, chacune composée de plusieurs critères.

L'attrait d'une activité pour l'entreprise étudiée

Il s'apprécie en fonction de :

- la taille du marché (et non pas seulement sa croissance comme dans la matrice BCG),
- l'intensité de la concurrence,
- la cohérence avec la mission de l'entreprise,
- etc.

Chaque segment est ainsi évalué en termes d'opportunités ou d'obstacles pour l'ensemble des agents qui y opèrent, indépendamment de leurs caractéristiques propres (forces ou faiblesses).

Les atouts de l'entreprise

Ils évaluent la performance de l'entreprise par rapport aux facteurs clés de réussite. La matrice prend donc en compte, comme la matrice ADL, la position concurrentielle de l'entreprise, en faisant intervenir davantage de facteurs et en les pondérant :

- Certains critères évaluent l'adéquation de l'entreprise par rapport au secteur étudié en fonction de ses forces et de ses faiblesses structurelles (surface financière, ressources humaines, aptitude à maîtriser la complexité) ;
- D'autres critères mesurent les atouts de l'entreprise par rapport aux développements rentables de l'activité (compétence technique, qualité de la force de vente, implantation géographique, image, etc.).

Une définition et une pondération délicates

La définition des critères et leur pondération peuvent se révéler délicates et il est souvent indispensable de mener un véritable audit de cinq domaines critiques :

- Évaluation de la position concurrentielle,
- Diagnostic des risques de désadaptation,
- Analyse du couplage de Marketing/Recherche & Développement,
- Mesure de l'efficience des technologies,
- Sélection des dysfonctionnements du mode de gestion.

Annexe 1

Les segments sont positionnés dans une matrice à neuf cases

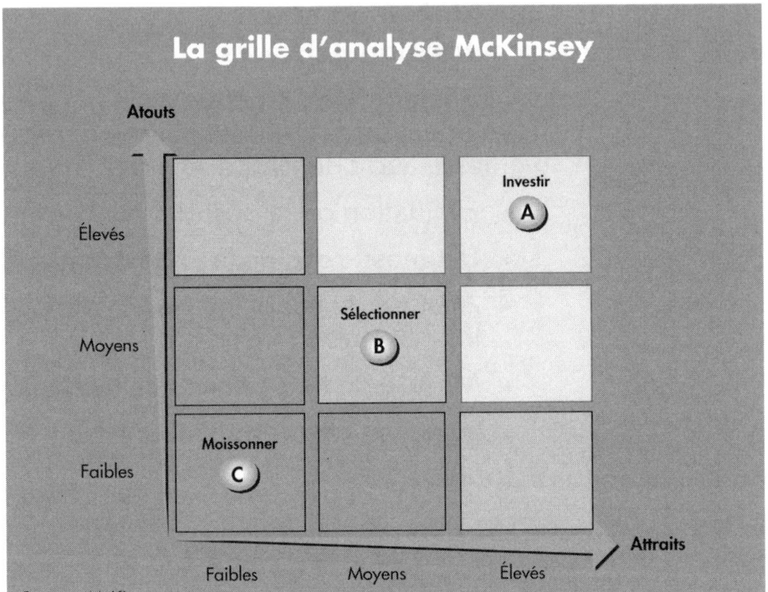

Source : McKinsey.

LA POSITION DES SEGMENTS DANS LA MATRICE DONNE DES ORIENTATIONS STRATÉGIQUES

Les segments sont situés dans une matrice à neuf cases

Il s'agit alors d'évaluer l'attrait du marché et la capacité concurrentielle de l'entreprise en tirant une note d'ensemble de l'analyse multicritères.

L'évaluation des attraits et des atouts permet ensuite de situer chaque segment sur une matrice qui prend la forme d'un tableau à double entrée composé de neuf cases. Chacune des deux entrées est divisée en trois parties selon que les attraits et les atouts sont faibles, moyens ou élevés.

Trois grands types de stratégies de portefeuille s'en dégagent

Nous devons nous poser la très difficile question de Peter Drucker : "Si nous n'étions pas dans cette activité, voudrions-nous y rentrer aujourd'hui ?" Et si la réponse est "non", regarder en face cette deuxième question difficile : "Alors, qu'allons-nous faire maintenant ?".

Jack Welch

En fonction de la zone où se situe le segment, une stratégie spécifique lui correspond ; il s'agit alors :

- **D'investir** dans la zone de développement A,
- **De sélectionner** dans la zone moyenne B,
- **De moissonner** dans la zone d'abandon C *(Annexe 1).*

La taille des cercles est fonction de l'importance du segment dans le chiffre d'affaires.

Annexe 2

Trois grands types de stratégies de portefeuille s'en dégagent

Types de stratégies McKinsey

Éléments de stratégie	A Investir/Croissance	B Sélectionner/Résultats	C "Moisonner"/Cash
• Investissements	• Maximum	• Sélectionner	• Minimiser • Désinvestir
• Risque	• Accepter	• Limiter	• Éviter
• Part de marché	• Accroître agressivement dans tous les segments et dans le maximum de marchés géographiques	• Protéger • Axer sur segments et marchés à fort potentiel de rentabilité et de croissance	• Priorité aux profits immédiats
• Prix	• Baisser pour augmenter la part de marché	• Stabiliser pour augmenter la contribution	• Augmenter quitte à perdre du volume
• Produits	• Accroître volume, nouveaux produits • Augmenter les efforts de recherche	• Changer le mix et spécialiser • Axer sur qualité/performances (développement)	• Éliminer les produits à faible contribution • Abandonner R & D
• Coûts	• Utiliser les économies d'échelle	• Réduire les coûts variables • Économiser sur frais fixes	• "Variabiliser" au maximum
• Personnel	• Programme d'embauche (international) et de formation	• Limiter l'embauche	• Bloquer l'embauche et préparer programmes de reconversion
• Type d'animateur	• "Entrepreneur"	• "Gestionnaire"	• Courageux et discipliné

Source : McKinsey.

Annexe 3

Ces stratégies peuvent être plus ou moins affinées pour chaque segment

Matrice ABC

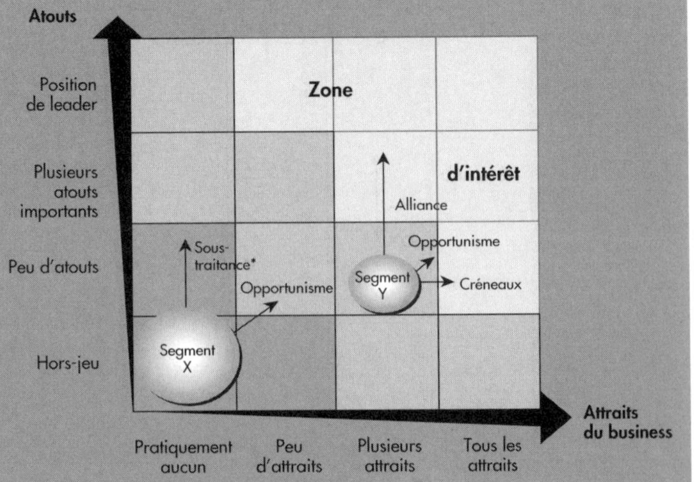

Source : ABC.

** Difficile si usines non amorties*

On peut, à partir d'un tel modèle, définir les orientations stratégiques pour chacun des segments d'un point de vue dynamique et prévoir plusieurs scénarios pour chacun des segments.

Ces grandes stratégies de portefeuille se décomposent en prescriptions qui concernent :

- Les investissements,
- La mesure du risque,
- La conquête des parts de marché,
- Les prix,
- Les produits,
- Les ressources humaines,
- Le type de leader, etc. *(Annexe 2).*

ABC a utilisé les mêmes concepts, mais dans une matrice à 16 cases, ce qui oblige l'analyste à faire un choix clair dans ses critères de positionnement *(Annexe 3).*

D'UN COUP D'ŒIL

APPORTS ET LIMITES DE L'ANALYSE DE PORTEFEUILLE

Elles constituent un apport fondamental

- Apport d'orientations externes
- Fixation d'objectifs
- Équilibrage des marges brutes d'autofinancement
- Anticipation des manœuvres de la concurrence
- Évaluations stratégiques

Elles présentent un certain nombre de faiblesses

- Des conditions de validité restrictives
- La structure des modèles
- La mise en œuvre qui en découle
- L'absence de créativité stratégique

Elles sont particulièrement utiles aux grands groupes diversifiés

- Une mise en perspective
- Les quatre concepts de la diversification
- Le choix de la stratégie d'un Groupe diversifié

APPORTS ET LIMITES DES ANALYSES DE PORTEFEUILLE

Outils éprouvés, les trois modèles que nous venons de présenter ont leurs avantages mais aussi des limites.

Ils correspondent à une étape dans l'analyse stratégique qui mérite d'être affinée et corrigée, voire dépassée.

LES ANALYSES DE PORTEFEUILLE CONSTITUENT UN APPORT FONDAMENTAL

Les différentes présentations matricielles disposent d'avantages évidents.

Apport d'orientations externes

Ces orientations prennent en compte des variables que les outils de gestion ou de planification des entreprises négligent parfois de prendre en considération.

Fixation d'objectifs

Ces objectifs sont spécifiques à chaque activité et donnent des indications sur la stratégie envisageable pour chacun des segments.

Équilibrage des marges brutes d'autofinancement

Grâce à ces outils, on peut identifier les zones qui nécessitent des investissements par rapport à celles qui doivent les financer. Chaque case correspond, en effet, à une position particulière en terme de consommation et de génération de liquidités.

Par exemple, les segments où la position est forte en phase de maturité, produisent normalement des ressources nettes : les marges sont élevées et les réinvestissements de maintien modérés. Ce sont des segments qui produisent des ressources pouvant être allouées à d'autres ou distribuées à l'extérieur. Ils composent les noyaux durs.

Les segments où la position est forte dans la phase de croissance génèrent eux aussi des liquidités, mais l'impératif de maintenir la position et de suivre la croissance exige des investissements importants. Aussi, les segments s'autofinancent sans dégager un flux net de liquidités important.

Anticipation des manœuvres de la concurrence

Elles permettent de définir ses positions, d'évaluer ses faiblesses et d'identifier ses opportunités.

Évaluations stratégiques

Enfin, elles apportent un outil d'évaluation stratégique des acquisitions à prévoir et des désinvestissements souhaitables.

ELLES PRÉSENTENT UN CERTAIN NOMBRE DE FAIBLESSES

On cite souvent un certain nombre de faiblesses pour les analyses de portefeuille.

Des conditions de validité restrictives

Elles reposent en effet sur :

- une stabilité de la structure de l'industrie,
- une progression prévisible de la technologie,
- une évolution lente des besoins des clients,
- et peu d'opportunités d'innovation.

La structure des modèles

Ils sont fondés sur :

- une méthode de segmentation pas toujours bien définie,
- des variables explicatives réduites ou non pertinentes (au moins dans l'approche BCG),

Enfin, les synergies entre les segments sont mal prises en compte.

La mise en œuvre qui en découle

On arrive souvent à :

- des recommandations trop schématiques du type : "J'investis, je maintiens, je désinvestis",
- une approche technocratique,
- enfin les aspects *"soft"* de l'entreprise ne sont pas pris en considération.

Annexe 1

Les analyses de portefeuille sont mal adaptées aux perturbations de l'environnement actuel

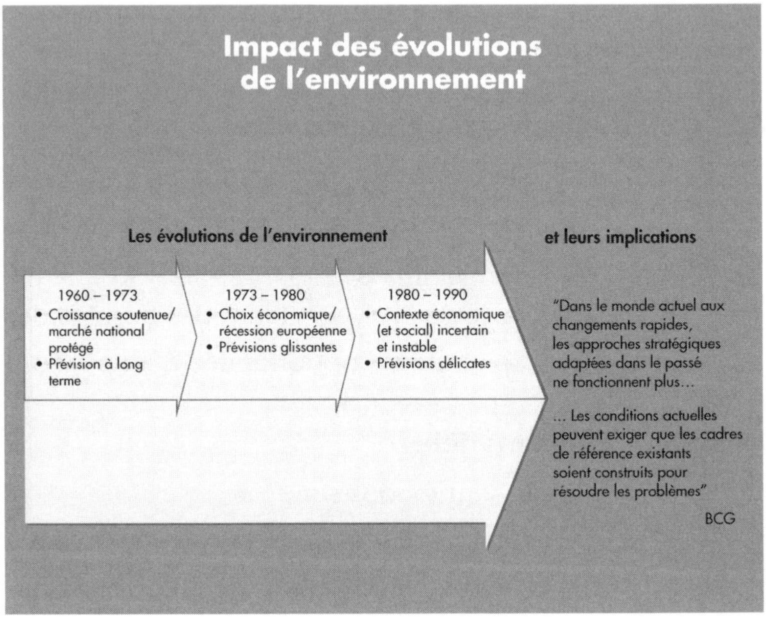

Annexe 2

L'analyse de portefeuille constitue une étape importante, mais non définitive, dans les méthodes de planification

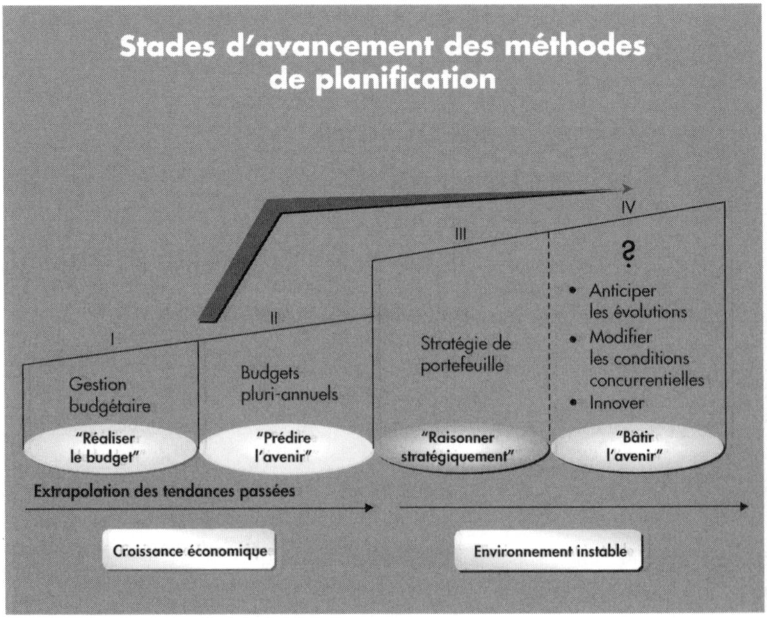

L'absence de créativité stratégique

Les conditions de la concurrence ne sont pas remises en cause.

On n'envisage pas de déstabilisation, ni un changement radical dans la façon de définir le métier.

Cette série d'inconvénients rend les analyses de portefeuille peu propres à s'adapter aux perturbations de l'environnement actuel *(Annexe 1).*

L'analyse de portefeuille représente donc une étape importante, mais non définitive dans les méthodes de planification stratégique *(Annexe 2).*

Une mise en perspective

MICHAEL PORTER propose une mise en perspective de l'analyse de portefeuille dans l'ensemble des choix stratégiques d'un groupe diversifié.

Il y a deux niveaux de stratégie : SBU et groupe

PORTER part du principe qu'un groupe diversifié élabore sa stratégie à deux niveaux : celui des SBU *(Strategic Business Unit)* et celui de l'ensemble du groupe.

La stratégie qui concerne les SBU peut se résumer ainsi : comment disposer d'un avantage compétitif dans chaque segment stratégique où se situe le groupe ?

En revanche la stratégie du groupe est constituée par la réponse fournie aux deux questions suivantes :

- Dans quel segment stratégique l'entreprise doit-elle se placer ?
- Comment la direction du groupe gère-t-elle l'importance relative de chacun des SBU ?

Le groupe doit apporter une valeur supplémentaire

Le groupe représente alors davantage que la simple somme des SBU qui le compose.

La stratégie du groupe est valable si elle apporte de la valeur :

- **Aux SBU** qui composent celui-ci en fournissant des avantages tangibles qui compensent les coûts inhérents à l'interdépendance des SBU.
- **Aux actionnaires** en se diversifiant d'une manière telle qu'un simple portefeuille d'actions ne puisse reproduire l'avantage qu'elle procure.

À ce stade, l'analyse de portefeuille n'est qu'un concept parmi d'autres pour gérer stratégiquement un groupe.

Annexe 3

Trois tests sont essentiels pour conduire une diversification

Tests de la création de valeur dans une diversification

Pour que la diversification crée de la valeur pour l'actionnaire, elle doit remplir des conditions qui reposent sur trois questions essentielles :

- **Le test de l'attrait**
  Les industries choisies pour que le groupe se diversifie doivent être attrayantes ou capables de le devenir. Les critères d'attrait reposent sur la structure de base de l'industrie qui implique un taux de retour sur investissement plus ou moins favorable. Le taux de croissance n'est pas un indicateur suffisant.

- **Le test du coût à l'entrée**
  Si le coût à l'entrée est trop élevé par rapport au taux de retour sur investissement, l'engagement n'est pas souhaitable. Et plus le marché est attrayant, plus les barrières à l'entrée sont élevées, d'autant plus que les nouveaux instruments financiers rendent le marché très sensible et les acquisitions onéreuses.

- **Le test de l'avantage apporté**
  Le groupe doit pouvoir fournir un avantage concurrentiel significatif à l'unité acquise, tout comme celle-ci doit apporter un bénéfice au groupe.

Source : Michael Porter.

Les quatre concepts de la diversification

MICHAEL PORTER[2] distingue ainsi quatre concepts clés pour conduire la stratégie d'un groupe diversifié :

- Le management par l'analyse de portefeuille,
- La stratégie de restructuration,
- Le transfert de compétences,
- Le partage d'activités.

Chacun de ces concepts stratégiques ne peut être mis en application qu'après avoir rempli les conditions définies par les tests essentiels pour conduire une diversification *(Annexe 3).*

Le management par l'analyse de portefeuille

La stratégie de diversification la plus souvent choisie par une direction générale qui raisonne en termes d'analyse de portefeuille est l'acquisition.

Les SBU acquises sont autonomes et les équipes récompensées selon les résultats de l'unité. Dans le management par l'analyse de portefeuille, il s'agit de maîtriser les résultats en reportant les ressources transférables d'une unité qui génère des liquidités vers une autre qui en a besoin pour devenir profitable.

APPORTS & LIMITES

2. MICHAEL E. PORTER, "From competitive advantage to corporate strategy." *Harvard Business Review*, May-June 1987.

Le groupe cherche à créer de la valeur pour l'actionnaire par ses capacités à déceler les attraits des unités acquises, à les gérer. Ces unités doivent généralement être sous-évaluées avant la diversification pour que les barrières à l'entrée ne soient pas trop élevées.

Le management par l'analyse de portefeuille marque le pas dans la plupart des pays développés. Les acteurs du marché des capitaux disposent d'informations précises sur les industries attrayantes. La valeur ajoutée apportée par un management performant n'est guère évidente tant il faut connaître les spécificités de l'industrie où l'on s'engage.

L'autonomie laissée aux SBU est aussi un principe contestable tant les unités doivent être reliées sur le plan technologique ou en ce qui concerne les canaux de distribution.

Par ailleurs, à partir d'une certaine dimension, la direction générale du groupe n'est plus à même de maîtriser parfaitement la rentabilité des SBU. La solution consiste alors à initier des désinvestissements massifs et à limiter les activités à un noyau central : la politique d'ITT, ces dernières années, en est un exemple.

Pour toute cette série de raisons, le management par l'analyse de portefeuille ne paraît pas la meilleure manière de conduire la stratégie d'un groupe diversifié.

La stratégie de restructuration

Une stratégie de restructuration concerne essentiellement les unités acquises issues d'organisations défaillantes ou d'industries en pleine mutation.

Le groupe intervient alors pour modifier la stratégie ou introduire une nouvelle technologie.

Après assainissement, le groupe revend les unités les plus solides dont les résultats sont positifs pour réduire le coût de l'acquisition.

Pour de telles acquisitions, le coût à l'entrée doit être faible et l'avantage apporté perceptible. Il arrive fréquemment que les groupes qui se restructurent profitent des stratégies de portefeuille antérieures. Pour se distinguer de ses dernières, les meilleures entreprises considèrent qu'elles n'acquièrent pas seulement une entreprise mais qu'elles restructurent une industrie.

Dans les deux cas le groupe est essentiellement un sélectionneur, un banquier et un intermédiaire.

Annexe 4

Les quatre clés pour conduire la stratégie d'un Groupe diversifié

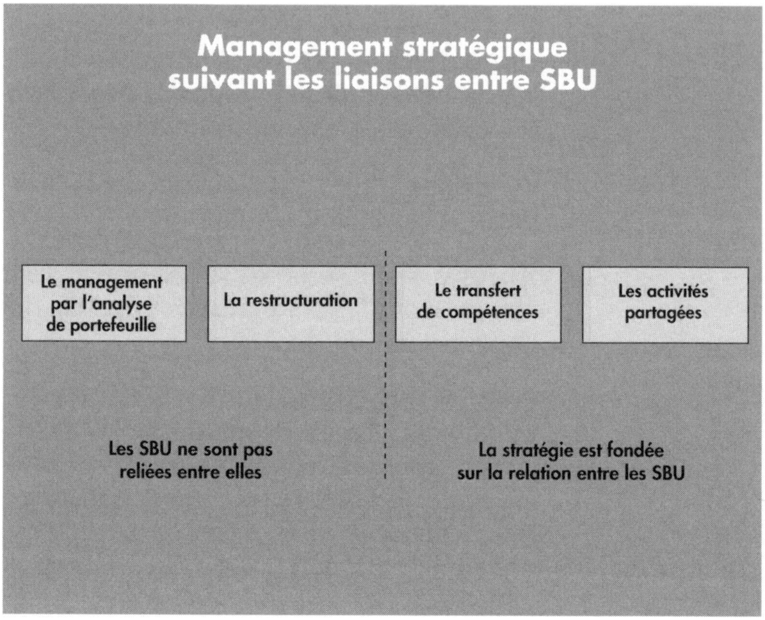

Le transfert de compétences

Le transfert de compétences exploite les relations entres les SBU et donne un contenu au concept, parfois un peu vague, de synergie.

Pour développer des synergies, il faut que les SBU ne soient pas seulement en concurrence mais qu'elles coopèrent.

Un des moyens de concevoir ces liaisons s'appuie sur la chaîne de valeur.

Chaque segment constitue une série d'activités discrètes qui va de la conception à la vente. C'est sur cette chaîne que le SBU dégage des avantages concurrentiels. La chaîne de valeur permet deux types de relations entre les SBU :

- Le transfert de compétences,
- Le partage des activités *(Annexe 4).*

Le transfert de compétences est une base solide pour la stratégie d'un groupe diversifié. Chaque SBU a une chaîne de valeur spécifique mais il est possible de mettre en commun les compétences acquises entre les SBU.

Il faut pour cela qu'ils remplissent trois conditions majeures :

- Les activités sont suffisamment similaires pour que le partage des compétences soit intéressant ;
- Le transfert des compétences doit concerner des activités qui dégagent un avantage compétitif ;
- Les compétences transférées représentent une source significative d'amélioration supérieure aux capacités des concurrents.

Deux entreprises types qui se sont diversifiées en s'appuyant sur le transfert des compétences sont 3M et Pepsico.

Annexe 5

Choisir une stratégie pour un groupe diversifié requiert un programme d'action spécifique

Programme d'action pour choisir une stratégie

- Identifier les relations industrielles entre les SBU existants.
- Sélectionner le noyau central qui constitue le métier sur lequel la stratégie de l'entreprise va se fonder.
- Créer les mécanismes horizontaux dans l'organisation pour faciliter les relations à l'intérieur du noyau central et construire la base d'une diversification réussie.
- Mener la diversification en tenant compte des possibilités de partager des activités.
- Poursuivre la diversification en favorisant le transfert des compétences si les possibilités de partager des activités sont limitées ou déjà réalisées.
- Prévoir une stratégie de restructuration si elle coïncide avec les compétences du management ou s'il ne présente pas de bonnes opportunités concernant les liaisons des unités avec le groupe acquéreur.
- Payer à l'actionnaire les dividendes qui correspondent à ceux qu'il dégagerait s'il était gestionnaire du portefeuille du groupe.

Source : Michael Porter.

Le partage d'activités

Partager les activités consiste à relier sur le terrain les domaines de plusieurs SBU. Procter & Gamble emploie un système de distribution et une force de vente commune pour les serviettes en papier et les couches-culottes.

Le partage d'activités dégage un avantage compétitif en diminuant les coûts ou en permettant de se différencier plus encore (par exemple : dans le service apporté au client).

Les concertistes savent, depuis bien longtemps, qu'à chaque fois qu'ils ajoutent à leur répertoire une œuvre nouvelle, ils doivent en enlever une ancienne...
Un grand concertiste, fût-il le meilleur, ne peut interpréter excellemment, qu'un nombre limité de partitions.

Peter Drucker

Mais la mise en pratique est difficile : une analyse du coût et des bénéfices envisageables concernant le partage d'activités doit permettre d'évaluer les synergies possibles. Les économies d'échelle, une utilisation plus efficace des équipements, une meilleure position sur la courbe d'expérience sont ainsi générées. Le coût de la coordination doit être compensé par les avantages retirés.

Les développements accélérés de la technologie, la déréglementation et l'accentuation de la concurrence ont multiplié les avantages de partage d'activités.

Le groupe doit alors favoriser les mécanismes horizontaux : forte culture d'entreprise, énoncé clair de la mission qui intègre les stratégies des SBU, système inventif pour récompenser les résultats positifs.

Le choix de la stratégie d'un groupe diversifié

Des quatre concepts présentés, peuvent découler des stratégies appropriées à des groupes en voie de diversification.

MICHAEL PORTER, après avoir étudié la stratégie et les résultats de nombreuses entreprises, suggère cependant que les activités partagées et les transferts de compétences devraient à l'avenir générer davantage de valeur que la gestion de portefeuille. Il propose dans ce sens, un plan d'actions *(Annexe 5).*

Ainsi, l'approche portérienne souligne les limites de l'analyse de portefeuille en proposant d'autres grilles qui insistent davantage sur les relations entre les SBU.

LA MISE EN ŒUVRE, CLÉ DE LA RÉUSSITE

LES SEPT DIMENSIONS DE L'ORGANISATION

L'ÉVOLUTION DE LA PLANIFICATION STRATÉGIQUE

L'ORGANISATION DE LA MISE EN ŒUVRE

D'UN COUP D'ŒIL

LES SEPT DIMENSIONS DE L'ORGANISATION

Stratégie	Choix des axes de développement Action explicite et résolue
Structure	Les meilleures entreprises : un exemple riche d'enseignement La stratégie conditionne la structure
Systèmes	Le miroir de l'organisation Une bonne interaction entre stratégie et systèmes
Culture commune	Quelques valeurs fondamentales... ... diffusées dans l'entreprise grâce à l'exemple
Style de direction	Le comportement de l'équipe de direction... ... véhicule un message symbolique puissant
Personnel	Le management des hommes... ... représente un levier capital pour les meilleures entreprises Une attention toute particulière portée aux jeunes embauchés
Savoir-faire	Un domaine lié à la capacité de changement... ... particulièrement critique en cas de diversification

LES SEPT DIMENSIONS DE L'ORGANISATION

La méthode ne vaut que par l'exécution.

Richelieu

La guerre est un art simple et tout d'exécution.

Napoléon

C'est en fonction de l'ensemble de l'organisation que la mise en œuvre d'une stratégie peut se concevoir.

Pour comprendre une entité, il est possible de dégager sept variables fondamentales.

La stratégie est l'une d'elles et entre en interaction avec les autres.

Annexe 1

L'efficacité d'une organisation dépend de sept variables clés

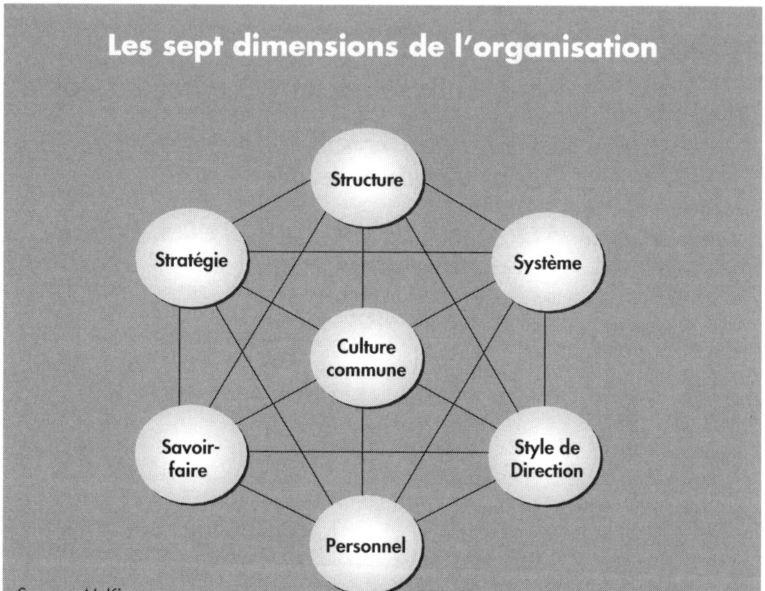

Source : McKinsey.

Annexe 2

Les dimensions sont en partie substituables

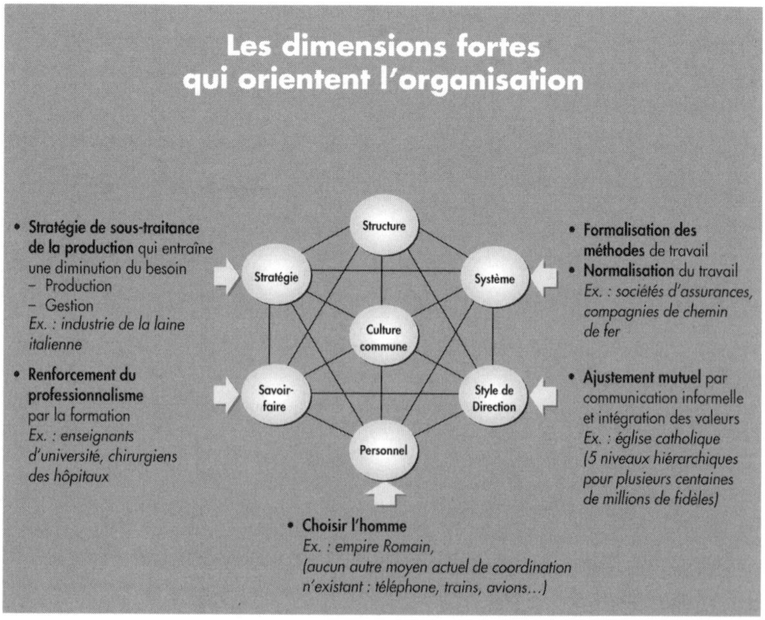

Le modèle des sept dimensions intervient dans la mise en œuvre de la stratégie *(Annexe 1).*

Un modèle à sept dimensions

Ces sept dimensions[1] présentent, comme il apparaît ici, plusieurs caractéristiques importantes. Elles sont :

Multiples et de nature différente

Leur multiplicité traduit la complexité des problèmes d'organisation, la difficulté de gérer le changement selon les caractéristiques propres de l'entreprise. La division selon sept dimensions permet de segmenter l'organisation en domaines sur lesquels la direction peut intervenir.

En partie substituables les unes aux autres

Certaines variables peuvent en effet se compenser : des valeurs fortes permettent d'alléger les systèmes, de décentraliser la structure.

D'égale importance *a priori*

Aucune variable ne peut être considérée *a priori* comme le levier le plus efficace et on ne peut pas, dans l'absolu, hiérarchiser ces variables par ordre d'importance. Leur importance relative est déterminée selon les organisations et l'instant à laquelle on les étudie.

Interdépendantes

L'idée centrale reste qu'il est difficile de faire un progrès significatif sur une variable sans faire évoluer les autres : la structure, les valeurs, les hommes, les compétences doivent changer avec la stratégie *(Annexe 2).*

1. En anglais, les 7 S : *Strategy, Structure, Systems, Shared Values, Style, Staff, Savoir-faire ou Skills.*

Annexe 3

Ces variables sont multiples et de nature différente

La culture comme élément fédérateur

Le *"hard"*

- **Stratégie**
  Définit les choix, compte tenu de la concurrence et de l'environnement, des domaines dans lesquels l'organisation s'engagera et détermine la nature et l'intensité de cet engagement
- **Structure**
  Tâches à accomplir, regroupements, liens d'autorité, de coopération et d'information qui unissent les individus
- **Système de gestion**
  Ensemble des procédures formelles ou informelles qui permettent la circulation de l'information (contrôle de gestion, budgets, comptabilité analytique, etc.)

Culture commune
Raison d'être, fondement de l'organisation et système de valeurs dominant

Le *"soft"*

- **Style de direction**
  Comportement de l'équipe de direction dans la poursuite des objectifs
- **Personnel**
  Ressources humaines de l'organisation et la façon dont elles sont acquises, développées et valorisées
- **Savoir-faire**
  Ensemble des compétences distinctes qui caractérisent l'entreprise (technologie, recherche, marketing, finances, etc.)

Un intérêt triple

L'intérêt de ce modèle pour la mise en œuvre d'une stratégie est triple :

- **Des variables fondamentales sont clairement identifiées** et on peut tester les points forts et les points faibles d'une organisation à partir de chacune d'elles.
- **Ce modèle confère une importance égale aux facteurs techniques** (structure, système, stratégie) **et** aux facteurs **humains** (valeurs, hommes, compétences) qu'il faut être capable de lier lors de la mise en œuvre de la stratégie. La culture commune est un principe fédérateur *(Annexe 3).*
- Le modèle des sept dimensions de l'organisation **introduit une réflexion sur les liaisons, les interdépendances,** qui existent entre les variables.

Grâce à ce système, il est possible de déterminer le levier d'action le plus efficace et de maîtriser le changement en suivant l'évolution de chacune des variables.

Annexe 4

Stratégie

Caractéristiques des meilleures entreprises	Exemples	Avantages généralement admis
• Stratégie **clairement explicitée,** souvent sous forme de vision de l'avenir	• Amazon : offrir le choix le plus large sur terre au prix le plus bas possible	• Clarifier la destination • Focaliser les énergies vers un but • Mobiliser, relever un défi
• Choix bien pensé des **marchés,** à prendre ou à développer et des **avantages concurrentiels** pour réussir	• Mac Donald's : le *fast-food* • Air liquide : les gaz industriels • Swatch	• Choisir le champ de bataille propice et les "armes les plus favorables" • Ne pas attaquer sur tous les fronts • Concentrer les efforts pour basculer l'adversaire
• Stratégies davantage axées sur **la création des valeurs** (qualité services, innovation...) que sur la réduction des coûts...	• IBM • Mars • LVMH	• "La banalité tue" • Reproduire l'avantage est plus difficile
• ... Avec une attention particulière portée à **la mise en œuvre**	• GM avec Saturn	• C'est la mise en œuvre qui fait la différence

Choix des axes de développement

La stratégie permet de choisir les domaines où l'organisation va s'engager pour se développer, ainsi que la nature et l'intensité de cet engagement selon les **avantages concurrentiels à acquérir ou à accroître.**

Action explicitée et résolue

En termes de stratégie, les meilleures entreprises se caractérisent par :

Mets de la lenteur pour aborder une entreprise ; mais, le travail commencé, poursuis-le avec énergie.

Bias de Priène

- Une **stratégie clairement explicitée,** souvent formulée en termes de vision de l'avenir. Elle nécessite de :
  - Clarifier la destination, le but à atteindre ;
  - Focaliser les énergies vers ce but ;
  - Mobiliser, proposer un défi à relever à l'intérieur de l'organisation dans son ensemble.
- Un choix fondé sur une **réflexion approfondie des marchés à prendre ou à développer.** Il s'agit pour cela de :
  - Choisir le champ de bataille propice ;
  - Ne pas attaquer sur tous les fronts ;
  - Concentrer les efforts pour bousculer l'adversaire.

Ne pas craindre d'être lent, craindre seulement de s'arrêter.

Valéry

- L'objectif délibéré de **trouver les avantages concurrentiels** pour réussir. Il est alors essentiel de :
  - Choisir les "armes" les plus favorables ;
  - Déstabiliser en faveur de l'entreprise l'équilibre concurrentiel ;
  - Imposer si possible sa "règle du jeu".

L'épaisseur du rempart compte moins que la volonté de le prendre.

Thucydide

- Une stratégie davantage **axée sur la création de valeur** (qualité, service, innovation...) que sur la réduction des coûts. Cette démarche repose sur les faits suivants :
  - "La banalité tue" ;
  - Reproduire l'avantage est plus difficile.
- Une **attention particulière est apportée à la mise en œuvre** car c'est elle qui fait la différence *(Annexe 4).*

Annexe 5

Structure

Caractéristiques des meilleures entreprises	Exemples	Avantages généralement admis
• **Structures entrepreneuriales** découpées par "SBU" *(Strategic Business Units)* largement autonomes	• Carnaud Metalbox • Hewlett-Packard • 3 M • Johnson & Johnson	• Responsabliser et motiver de petites armées efficaces et adaptables sur des objectifs ambitieux, chaque unité maîtrisant au maximum toutes les fonctions opérationnelles
• **Légères** dans leurs services fonctionnels, et **écrasées** avec un nombre limité de niveaux hiérarchiques intermédiaires	• SAS • Carnaud Matalbox • Lyonnaise des Eaux • LVMH	• Éviter la bureaucratie • Faciliter les échanges d'information • Réduire les coûts • Rechercher la cohérence à travers les valeurs partagées et non par les échelons de coordination
• **Communicantes** à travers des réunions formelles et informelles	• Matra • Accor	• Développer l'innovation • Réduire les coûts de coordination
• **Pragmatiques** avec la mise en place de groupes de projet temporaires pour traiter les problèmes sur plusieurs dimensions (produit/client/marchés/fonctions	• General Motors • Apple • 3 M • Lyonnaise des Eaux	• Reconnaître le besoin d'efforts multidimensionnels pour résoudre les problèmes et mettre en œuvre les solutions
• **Évolutives** avec des unités qui se scindent dès qu'elles atteignent une certaine taille	• Schneider Electric • Johnson & Johnson • 3 M	• Briser les habitudes • Petite dimension, source de productivité, motivation et souplesse

La structure correspond à l'organigramme d'une organisation. Avec elle, se déterminent la division des tâches à accomplir, les liens de coordination, de coopération et d'autorité, les systèmes d'information qui unissent les individus. La structure implique soit une spécialisation, soit une tendance à l'intégration des activités. Elle est centralisée ou décentralisée.

Les meilleures entreprises : des exemples riches d'enseignements

On peut observer empiriquement qu'elles se caractérisent par *(Annexe 5) :*

Un caractère entrepreneurial et décentralisé au maximum

L'organisation est une machine à maximiser les forces humaines.

Peter Drucker

Chaque unité maîtrise les fonctions opérationnelles. Ce qui a l'avantage de :

- Résoudre les problèmes opérationnels au niveau même où ils apparaissent ;
- Développer la capacité d'adaptation ;
- Distribuer clairement les responsabilités.

Une attitude pragmatique

Restructurer, c'est un chemin, pas une destination.

Jack Welch

Elle permet la mise en place de projets temporaires pour traiter les problèmes dans toutes ses dimensions (produit/client/marchés/fonctions). Ceci suppose de :

- Remettre en cause les habitudes ;
- Favoriser la petite dimension, source de productivité, de motivation et de souplesse dans l'action.

C'est l'écoute du marché qui doit commander la structure de l'entreprise.

Marc Assa

Une pyramide écrasée

Le nombre de niveaux hiérarchiques intermédiaires est limité, ce qui permet de :

- Faciliter les échanges d'information entre le haut et le bas ;
- Réduire les coûts ;
- Rechercher la cohérence à travers des valeurs partagées et non par des échelons de coordination.

Une certaine légèreté en ce qui concerne les services fonctionnels

Ceci représente l'avantage majeur de limiter la bureaucratie.

Une entreprise communicante

Des réunions formelles et informelles permettent de :

- Développer l'innovation ;
- Réduire les coûts de coordination.

La stratégie conditionne la structure

Les choix stratégiques dégagent souvent des types de structure.

La structure de l'entreprise suit sa stratégie.

Chandelier

La stratégie par différenciation

Elle réclame une structure souple et décentralisée, qui permet de réagir rapidement aux opportunités.

La structure par produits présente ainsi plusieurs avantages :

- Clarifier les responsabilités et renforcer la motivation ;
- Créer des centres de profit contrôlables ;
- Appliquer des politiques diversifiées suivant les produits ;
- Éliminer de nombreuses difficultés de coordination ;
- Simplifier l'adjonction de nouvelles acquisitions (ou l'élimination d'activités) ;
- Donner une plus grande souplesse de réaction et d'adaptation aux évolutions du marché.

La stratégie, c'est l'adaptation des structures de l'entreprise aux modifications structurelles de l'environnement.

Michael Allen

En revanche, certains services vont se retrouver dupliqués et les économies d'échelle sont limitées.

La stratégie de domination par les coûts

Elle nécessite, à l'inverse, des économies d'échelle. Elle correspond davantage à une structure par fonction qui a l'avantage de :

- Favoriser l'expertise, la compétence spécialisée par domaine (Recherche & Développement, Marketing, Production) ;
- Permettre, dans un environnement stable, une productivité sans doute plus grande. Cependant un tel type de structure ne va pas sans poser quelques problèmes de coordination et réclame souvent l'arbitrage de la direction générale.

La décentralisation par *"business unit"*

Elle doit être conforme à la segmentation stratégique si l'on veut assurer une flexibilité dans l'allocation des ressources et la poursuite d'orientations spécifiques par segment.

Le système de gestion représente l'ensemble des procédures, formelles ou informelles, qui permettent à l'organisation de fonctionner au jour le jour et sur l'année (contrôle de gestion, budget, comptabilité analytique, logistique, mais aussi organisation de réunions et de la circulation à l'information).

Le miroir de l'organisation

Le système est bien souvent le miroir de l'organisation, c'est-à-dire de son formalisme ou de sa flexibilité, de sa capacité à réagir et à innover.

Les entreprises les plus performantes se caractérisent par :

Des systèmes formels simples, légers et concrets

Ils permettent de favoriser :

- La responsabilisation de chacun ;
- La clarté, qui facilite la compréhension ;
- La concentration sur l'essentiel.

Un suivi de gestion efficace, simple et rapide

Il est construit sur des objectifs clés, parfois définis par référence aux meilleurs concurrents, avec une diffusion rapide des résultats comparatifs.

Il est alors possible de :

- Rester réaliste ;
- Se montrer exigeant en se comparant aux meilleurs ;
- Stimuler les hommes par des objectifs et des résultats concrets.

Annexe 6

Systèmes

Caractéristiques des meilleures entreprises	Exemples	Avantages généralement admis
• **Systèmes simples,** axés sur le concret, cohérents avec les facteurs clés de succès et la culture commune	• Mérieux : simplicité, pas d'organigramme, peu de paperasse, peu d'administratifs • Procter & Gamble : mémos d'une page • Texas : objectifs concrets "il faut que l'usine se trouve à 75 % de sa capacité avant le 15 mars prochain"	• Responsabiliser • Se concentrer sur l'essentiel
• **Suivi de gestion** simple, rapide et motivant – construit aux 3/4 sur des objectifs clés – parfois définis par référence aux meilleurs concurrents – avec diffusion rapide des résultats comparatifs	• Carnaud Metalbox : "Nous voulons devenir l'IBM de l'emballage"	• Rester réaliste • Se monter exigeant (comparaison aux meilleurs) • Agir et réagir rapidement
• Intensité et rôle marqué des **communications informelles**	• HP : utilisation du prénom IBM : politique de la porte ouverte	• Favoriser les échanges entre les différents services • Éviter la paperasserie

L'intensité et l'importance des communications informelles

Les informations circulent librement. On peut ainsi :

- Favoriser les échanges entre les différents services ;
- Éviter la paperasse.

Une bonne interaction entre stratégie et systèmes

Une des étapes de la mise en œuvre consiste souvent à faire coïncider les orientations stratégiques et les données sur les coûts que le système de gestion traite. C'est en particulier le cas lorsqu'il s'agit d'investir sur les segments attractifs.

Mais le système d'information et de gestion est souvent **inadapté à la segmentation** et doit être revu *(Annexe 6)*.

Les deux variables, stratégie et systèmes, sont d'égale importance, ce qui veut dire que les cadres de l'analyse stratégique ne doivent pas nécessairement l'emporter pour définir le système de gestion.

Dans la banque, par exemple, le système **est** la stratégie : le développement et la mise en œuvre d'un système comptable particulièrement performant sont une des clés de la stratégie.

Annexe 7

Culture commune

Caractéristiques des meilleures entreprises	Exemples	Avantages généralement admis
• Affirmation de quelques **valeurs fondamentales**	• IBM : respect de l'individu • DMC : innovation, service et qualité	• Les valeurs focalisent l'attention des responsables sur quelques priorités : la qualité, le service… • Elles guident les micro-décisions prises à tous les niveaux dans le sens souhaité • Elles sont plus motivantes pour l'ensemble du personnel que des objectifs purement financiers • Elles constituent une "cause" à laquelle chacun peut se dédier
• Valeurs diffusées dans l'entreprise grâce à **l'exemple des dirigeants et responsables** à travers leur action quotidienne		• Les valeurs se transmettent par des actes et non des discours • Elles sont diffusées par des milliers d'actions quotidiennes qui pourraient être jugées insignifiantes

La culture d'entreprise se crée ou pas, mais elle ne se décrète pas.

Serge Weinberg

Il n'y a pas de position durable de leader sans valeurs, sans vision stratégique.

Gérard Mestrallet

C'est la raison d'être de l'organisation, ses fondements et ses finalités, les valeurs qui la caractérisent et qui guident son action. Il s'agit souvent d'aspirations qui n'ont pas été formalisées en tant que telles, mais qui forment le consensus, le climat et l'esprit maison. On peut également y inclure la vision du futur que la direction générale réussit à faire partager à tous les niveaux de l'entreprise et qui se résume parfois en un slogan. Ces idées procurent une solidité, une base de stabilité qui s'accordent avec la dynamique de l'entreprise.

Les entreprises qui réussissent, présentent sur le plan des valeurs les traits suivants :

Quelques valeurs fondamentales...

Les entreprises qui réussissent sont celles qui ont une âme.

Jean-Louis Brault

Elles sont constamment mises en avant ce qui a pour effet de :

- Focaliser l'attention des responsables sur quelques priorités : la qualité, le service... ;
- Guider les nombreuses micro-décisions prises à tous les niveaux dans le sens souhaité ;
- Motiver davantage les salariés que des objectifs purement financiers ;
- Constituer une "cause" à laquelle chacun peut se dédier.

... diffusées dans l'entreprise grâce à l'exemple

Du haut en bas de l'échelle sociale, l'exemple est la plus belle forme de l'autorité.

Cesare Romiti

Les dirigeants et responsables agissent quotidiennement en les appliquant, ce qui a pour effet de :

- Transmettre ces valeurs par des actes et non par des discours ;
- Traduire ces valeurs en milliers d'actions quotidiennes qui pourraient être jugées insignifiantes si elles n'allaient pas toutes dans le même sens *(Annexe 7).*

Paradoxalement, les sociétés qui se focalisent sur les valeurs, plutôt que sur les profits, finissent par améliorer leurs résultats.

Charles Garfield

La stratégie doit correspondre au système de valeurs, aux missions de l'organisation. La stratégie de rupture permet l'entrée d'outsiders sur des marchés en phase de maturité, car les entreprises installées ont du mal à voir les opportunités qui se présentent. Les valeurs de ces entreprises sont confortées par les succès remportés. Le professionnalisme acquis empêche d'envisager une autre manière d'exercer le métier.

Lorsque Dupont a inventé le briquet jetable, il a créé une filiale indépendante pour le développer car les habitudes prises dans la maison mère et les réflexes professionnels acquis auraient entravé le développement de ce nouveau concept, le passage au bas de gamme étant généralement mal perçu dans les entreprises fondées sur le haut de gamme.

Annexe 8

Style de direction

Caractéristiques des meilleures entreprises	Exemples	Avantages généralement admis
• Les dirigeants jouent sur leur **emploi du temps** comme d'un levier symbolique puissant	• Entreprises pétrolières performantes : plus de temps consacré aux problèmes de prospection par les dirigeants	• Mettre en évidence les priorités : les actions sont plus parlantes que les mots ; elles sont le reflet des priorités réelles
• Les dirigeants se rendent régulièrement sur le **terrain,** dans leurs entreprises ou auprès de leurs clients	• Darty : le D.G. endosse régulièrement la veste des vendeurs ; il est client régulier des magasins du Groupe	• Obtenir une compréhension claire des problèmes, des données de première main, l'engagement des employés • Mettre l'accent concrètement sur ce qui est réellement important • Créer des relations décontractées, de confiance et de coopération
• Les dirigeants privilégient les **signes de reconnaissance positifs** vis-à-vis de leurs collaborateurs		• Obtenir un changement de comportement dans le sens souhaité • Renforcer le processus d'engagement

Le comportement de l'équipe de direction...

Diriger une entreprise suppose que l'on ait un but et une volonté de dévouement qui implique même un engagement émotionnel. Ceci constitue une caractéristique essentielle de la personnalité d'un vrai manager.

Harold Geneen

Le style de direction illustre le comportement de l'équipe de direction, c'est-à-dire sa manière de poursuivre des objectifs et de soutenir le système de valeurs dominant. Il ne se résout pas à la personnalité des membres de l'équipe dirigeante : il s'agit de comportements, de décisions, de faits, d'emploi du temps. Le style de management est fortement lié à la culture de l'entreprise et il a des retentissements à tous les niveaux de l'organisation, pas seulement au sommet.

Dans les entreprises excellentes, on observe que :

Les dirigeants jouent sur leur **emploi du temps** comme d'un levier symbolique puissant, ce qui a l'avantage de mettre en évidence les priorités ; les actions sont plus frappantes que les mots, car elles sont le reflet des priorités réelles.

Les grands danseurs ne sont pas grands à cause de leur technique. Ils sont grands à cause de leur passion.

Martha Graham

Les dirigeants se rendent régulièrement sur le **terrain,** dans l'entreprise ou chez les clients. Ils peuvent ainsi :

- Obtenir une compréhension claire des problèmes et des données de première main, ainsi que l'engagement des employés ;
- Mettre l'accent sur ce qui est réellement important ;
- Créer des relations décontractées, de confiance et de coopération *(Annexe 8).*

Ce que je sais faire de mieux, c'est faire partager mon enthousiasme.

Bill Gates

Les dirigeants privilégient les **signes de reconnaissance positifs** vis-à-vis de leurs collaborateurs, ce qui leur permet :

- De renforcer l'engagement du personnel ;
- D'obtenir un changement de comportement dans le sens souhaité.

... véhicule un message symbolique puissant

Rien n'est plus contagieux que l'exemple.

La Rochefoucauld

La façon dont la direction agit est porteuse d'un message symbolique qui permet de transmettre les objectifs stratégiques de l'organisation avec une grande efficacité. L'attention que la direction va porter sur les objectifs, sa présence sur le terrain, permettent d'allier la stratégie avec la culture de l'entreprise.

Rien n'est plus contagieux que l'enthousiasme.

Coleridge

Cette coïncidence est particulièrement critique en cas d'acquisition. L'acquisition de Telemecanique par Schneider s'appuyait sur une complémentarité stratégique entre Telemecanique et Merlin Gerin ; mais l'opération s'est trouvée freinée par des problèmes de culture d'entreprise et de style de direction.

Le management des hommes...

Un chef se juge à la qualité de son état-major.

Lyautey

Le personnel de l'entreprise englobe tous ses membres, la manière dont ils sont recrutés, rémunérés, distribués sur l'échelle des salaires et formés. En d'autres termes, il s'agit de la façon dont les ressources humaines de l'entreprise sont acquises, développées et valorisées.

... représente un levier capital pour les meilleures entreprises

Les entreprises performantes présentent, pour ce qui est du personnel, les caractéristiques suivantes :

On doit s'occuper de ses hommes comme on le ferait de sa soif.

Le samouraï Takeda Nobushige

Une orientation marquée vers les individus

C'est le meilleur moyen pour obtenir des résultats extraordinaires avec des hommes ordinaires.

Cela implique aussi de jouer sur les individus moyens plutôt que sur les meilleurs, ce qui donne davantage de résultats car ils sont plus nombreux.

La clé de notre philosophie est de faire partager le personnel à tous les niveaux

Paolo Fresco

Une information largement partagée

Ceci permet aux employés :

- De contrôler leur travail ;
- D'ajuster leurs efforts ;
- De s'identifier à l'entreprise.

Former les hommes, ce n'est pas remplir un vase, c'est allumer un feu.

Aristophane

Des efforts de formation intenses

L'intérêt est de :

- Transmettre les valeurs de l'entreprise ;
- Développer les compétences des individus et le potentiel de l'entreprise ;
- Maintenir l'unité de l'organisation.

Annexe 9

Personnel

Caractéristiques des meilleures entreprises	Exemples	Avantages généralement admis
• **Orientation** marquée vers les individus	• IBM : respect de l'individu • Mac Donald's : le personnel est un membre de l'équipe	• Obtenir des résultats extraordinaires avec des hommes ordinaires • Jouer sur les individus moyens plutôt que sur les meilleurs
• **Information** largement partagée		• Permettre aux employés à tous les niveaux de contrôler leur travail, d'ajuster leurs efforts et de s'identifier à l'entreprise
• Efforts de **formation** intenses	• IBM • Schneider Electric	• Transmettre les valeurs de l'entreprise • Développer les compétences des individus et de l'entreprise • Maintenir l'unité de l'organisation
• **Engagement individuel** reconnu et apprécié		• Susciter fierté et motivation en témoignant reconnaissance, appréciation

L'engagement individuel reconnu et apprécié

Il s'agit ainsi :

- De susciter la fierté en appréciant les efforts ;
- D'encourager la motivation en témoignant de la reconnaissance.

Méfiez-vous toujours de quelqu'un qui ne trouve rien à redire à son supérieur.

John Churton Collins

Une attention toute particulière portée à la préparation des futurs managers

Ceci permet de développer, enrichir et utiliser une ressource rare : les hommes.

Le soin apporté au suivi de carrière pour les postes à haut potentiel

Il est réalisé au plus haut niveau.

Une attention toute particulière portée aux jeunes embauchés

L'art de la réussite consiste à s'entourer des meilleurs.

Kennedy

On ne change pas les hommes et le personnel du jour au lendemain en fonction de la stratégie. On ne transforme pas un gestionnaire en développeur.

C'est pourquoi le lien entre stratégie et personnel se fait souvent au niveau du premier poste d'un jeune manager. Les entreprises excellentes introduisent des jeunes recrutés dans les postes qui vont dans le sens du métier de l'organisation, déterminé par les grandes orientations stratégiques.

Si vous êtes stupide, entourez-vous de gens intelligents. Si vous êtes intelligent, entourez-vous de gens intelligents qui ne sont pas d'accord avec vous.

Aaron Sorkin

Si l'innovation représente un axe stratégique clé, le premier poste d'un jeune à fort potentiel sera par exemple l'introduction d'un nouveau produit sur le marché. Si le marketing est un axe de développement, le jeune diplômé commencera par la vente, etc. *(Annexe 9).*

Annexe 10

Savoir-faire

Caractéristiques des meilleures entreprises	Exemples	Avantages généralement admis
• **Choix des segments de marché** dont les facteurs clés de succès correspondent le mieux à ce que l'on sait faire	• SAS : le marché des hommes d'affaires	• Ne pas attaquer sur tous les fronts/ éviter la dispersion des ressources
• **Développement "à outrance" des compétences clés** pour développer des avantages concurrentiels	• Le service IBM • Matra : technologie pointue de l'électronique	• Imposer sa règle du jeu
• **Recours aux alliances** complémentaires et à la sous-traitance chaque fois que nécessaire	• Club Méditerranée-Nouvelles Frontières	• Développer des barrières concurrentielles

Les compétences caractérisent le savoir-faire d'une organisation et plus particulièrement ce qu'elle sait mieux faire que les autres, ou du moins qu'elle est capable de réussir mieux que ses concurrents (technologie, recherche, marketing, finance, etc.).

On peut également considérer qu'y participe sa capacité à acquérir les nouvelles compétences nécessaires à son succès.

Un domaine lié à la capacité de changement...

De ce point de vue, les compétences sont liées à la capacité de changement, donc à la structure et aux systèmes de gestion.

La vraie différence entre succès et échec dans une société peut souvent être retracée à la manière dont l'organisation fait émerger les énergies et les talents de ceux qui la composent. Que fait-elle pour les aider à se mobiliser pour une cause commune ?

Tom Watson

Sur le plan du savoir-faire, les entreprises performantes développent particulièrement leur capacité à :

- **Choisir des segments de marché** dont les facteurs clés de succès correspondent le mieux à ce que l'on sait faire pour :
  - Ne pas attaquer sur tous les fronts ;
  - Éviter la dispersion des ressources.
- **Développer "à outrance"** des compétences clés pour accroître des avantages concurrentiels. Ce qui présente l'intérêt :
  - D'imposer sa règle du jeu ;
  - De développer des barrières concurrentielles.
- **Recourir aux alliances complémentaires** et à la sous-traitance chaque fois que nécessaire *(Annexe 10).*

... particulièrement critique en cas de diversification

Le lien entre stratégie et savoir-faire est particulièrement critique dans le cas d'une volonté stratégique de diversification qui réclame le développement de compétences nouvelles. C'est une des tâches les plus difficiles que d'abandonner les compétences traditionnelles pour en favoriser de nouvelles au sein d'une organisation.

Le problème se pose également quand il s'agit de transformer une organisation fondée sur des compétences techniques et de fabrication en une entité tournée vers le marketing.

D'UN COUP D'ŒIL

L'ÉVOLUTION DE LA PLANIFICATION STRATÉGIQUE

Le premier stade : la planification budgétaire	Une gestion élémentaire Une réflexion stratégique réservée à la DG
Le deuxième stade : la planification financière	Une prévision à plus long terme Des limitations importantes
Le troisième stade : la planification intégrée	Des pressions de quatre ordres La démarche s'appuie sur un plan stratégique
Le quatrième stade : le management stratégique	Un processus plus abouti L'objectif : créer de la valeur

L'ÉVOLUTION DE LA PLANIFICATION STRATÉGIQUE

La planification stratégique est un processus logique de raisonnement permettant d'identifier un ensemble de manœuvres stratégiques et de choisir celles qui donnent à l'entreprise les meilleures chances d'atteindre ses objectifs et de réaliser sa finalité.

Michel Montebelo

La planification stratégique se transforme selon l'état de l'art c'est-à-dire selon les outils d'analyse à disposition pour mener un diagnostic stratégique ; mais le moteur majeur de l'évolution tient surtout aux divers types de pressions auxquelles les entreprises doivent répondre.

Les phases d'évolution se différencient essentiellement par la manière dont le système de gestion s'articule avec la visée stratégique et ceci selon :

- *Le type d'informations recueillies,*
- *Les outils de prévision,*
- *L'implication des différents acteurs dans le processus (fonctionnels, opérationnels, direction générale).*

Annexe 1

La planification dans les grandes entreprises passe généralement par trois ou quatre stades distincts

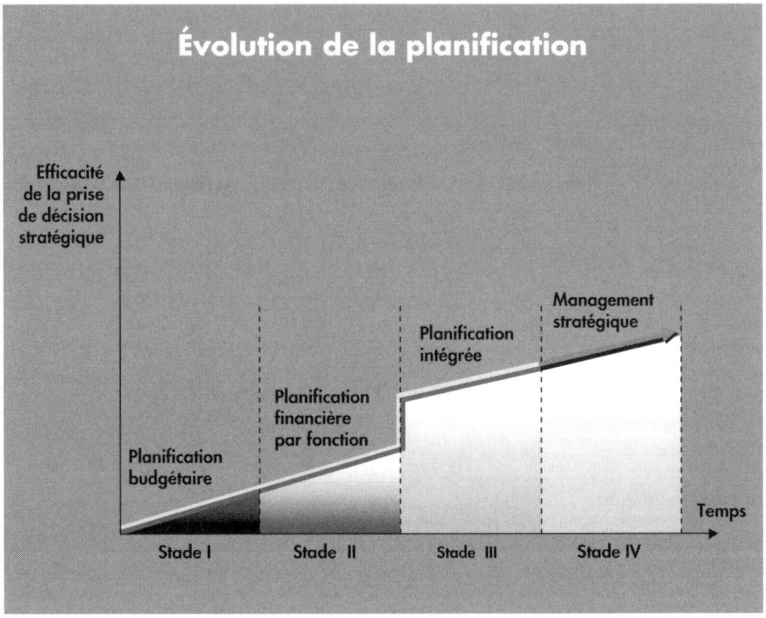

Annexe 2

Peu de grandes entreprises ont atteint le 3ème ou 4ème stade

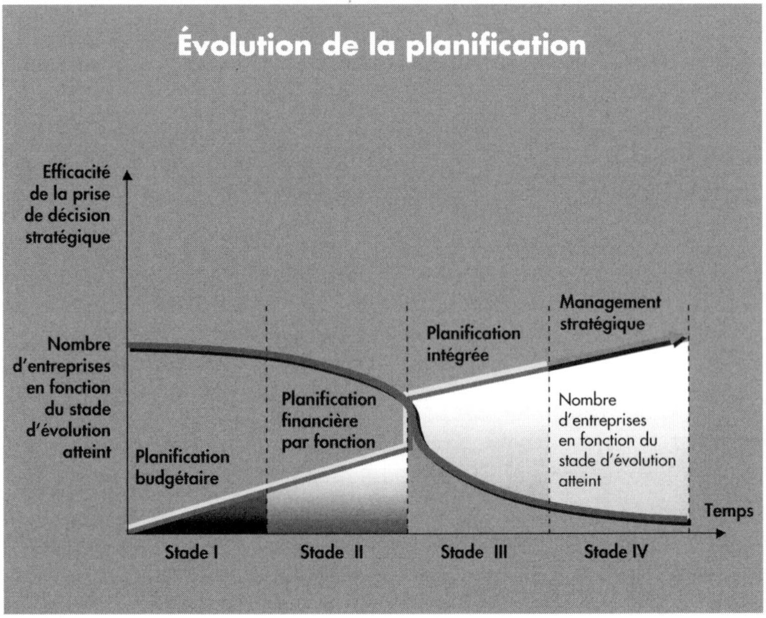

La planification dans les grandes entreprises passe par trois ou quatre phases distinctes.

Planification budgétaire

Toutes les entreprises, grandes ou moyennes, sont passées par la première phase qui est celle de la planification budgétaire *(Annexe 1).*

Planification financière

La plupart d'entre elles connaissent le deuxième stade, correspondant à la planification financière par fonction.

Planification intégrée

La différence se fait à partir du troisième stade qui concerne la planification intégrée.

Management stratégique

Enfin, rares sont celles qui ont atteint le stade du management stratégique ; à ce stade, d'ailleurs, certaines ont même abandonné la formalisation du plan stratégique (et même parfois des budgets, comme Carnaud) pour affirmer clairement qu'elles privilégient la réflexion par rapport au système *(Annexe 2).*

LE PREMIER STADE : LA PLANIFICATION BUDGÉTAIRE

Une gestion élémentaire

Il s'agit d'une gestion élémentaire fondée sur :

- Des budgets annuels,
- Un point de vue strictement comptable, axé principalement sur les coûts, peu sur les marges, pas du tout sur les objectifs,
- Une interaction faible entre opérationnel et fonctionnel.

Une réflexion stratégique réservée à la DG

Dans un tel mode de fonctionnement, la réflexion stratégique est réservée à la direction générale et les décisions qui en découlent sont :

- Essentiellement intuitives : il s'agit d'une "imagination stratégique",
- Non explicitées,
- S'appuyant, en cas d'urgence, sur des études ponctuelles.

Le système de valeurs qui domine alors dans l'entreprise est "Réaliser le budget".

Annexe 3

Le plan aborde la question stratégique de la répartition des ressources

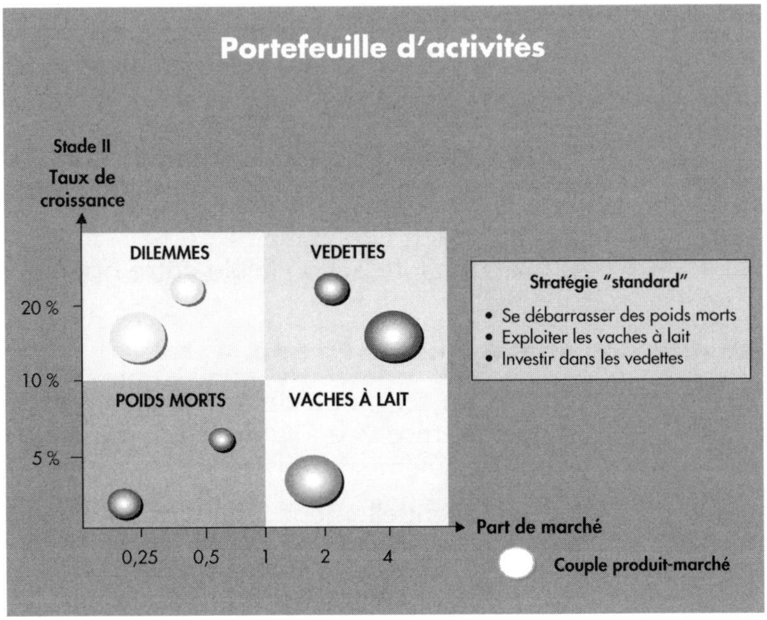

LE DEUXIÈME STADE : LA PLANIFICATION FINANCIÈRE

Une prévision à plus long terme

La planification financière analyse les fonctions et prévoit à plus long terme.

Le système de gestion se caractérise par :

- **Un horizon prolongé** à n années en fonction des investissements, grâce à :
  - des outils de prévision et de projection,
  - des budgets pluriannuels par fonctions.
- **Les questions stratégiques abordées** prennent en compte :
  - les cycles de vie des produits,
  - les cycles du cash-flow (marge brute d'autofinancement),
  - le profit tiré des investissements,
  - la répartition des ressources *(Annexe 3).*

Des limitations importantes

Cependant, la planification financière présente des limites :

- Les stratégies sont déterministes,
- La répartition des ressources est statique,
- Les opérationnels sont impliqués le moins possible dans la planification,
- Certaines fonctions ne sont pas intégrées (R&D, Marketing).

Le système de valeurs dominant est : "Prédire l'avenir".

LE TROISIÈME STADE : LA PLANIFICATION INTÉGRÉE

La planification évolue sous la pression d'une complexité croissante des activités de l'entreprise.

Ces pressions expliquent, en grande partie, le bond en avant dans la capacité de planifier que constitue le troisième stade, celui de l'intégration.

Des pressions de quatre ordres

Internes à l'entreprise

Il s'agit :

- De gérer la taille,
- D'organiser la diversité,
- De décentraliser.

Technologiques

Il convient alors de :

- Faire face à la rapidité des évolutions,
- Choisir parmi la multiplicité des choix,
- Mesurer les coûts du progrès.

Économiques

La mondialisation génère :

- des interdépendances,
- des fluctuations monétaires,
- des réactions protectionnistes.

Concurrentielles

- la pression est internationale,
- les concurrents sont nombreux et divers,
- les enjeux se compliquent.

Annexe 4

Recherche et analyse dynamiques des possibilités d'améliorer le positionnement des activités

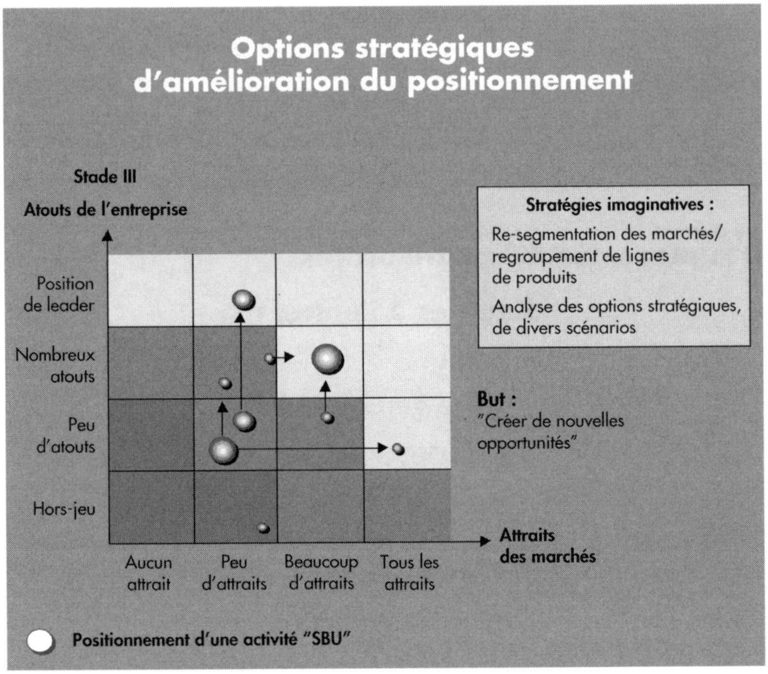

La planification intégrée, véritable révolution culturelle en réponse à cette série de pressions, est fondée sur l'intégration des fonctions. Elles participent toutes au pouvoir de décision en fonction de leur importance pour la réussite de l'entreprise.

La démarche s'appuie sur un plan stratégique

Ce plan est axé sur quatre axes.

Un diagnostic détaillé

Ce diagnostic évalue :

- la performance multicritères,
- les facteurs clés de succès,
- la position concurrentielle,
- les stratégies des concurrents.

Des analyses dynamiques

Elles aboutissent à des options stratégiques *(Annexe 4).*

Un développement externe

Ce développement est axé sur la compétition.

Des fonctions intégrées

Elles favorisent des synergies transversales (Technique/Marketing par exemple).

Les intégrations avec les opérationnels pour définir la stratégie restent cependant faibles.

Le système de valeurs devient alors : "Raisonner stratégiquement".

Annexe 5

L'objectif fondamental est de créer de la valeur

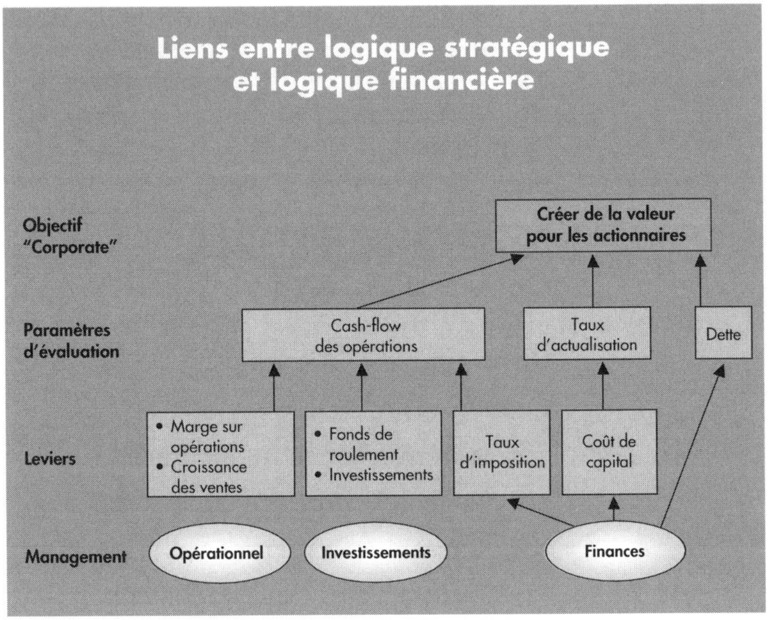

LE QUATRIÈME STADE : LE MANAGEMENT STRATÉGIQUE

Dans la planification au stade précédent, il s'agit d'une évolution plutôt que d'une révolution.

Un processus plus abouti

Ici, le processus d'intégration est encore plus abouti : la gestion opérationnelle, la gestion financière, la planification stratégique y sont impliquées.

Les plans ne sont rien. C'est la planification qui compte.

Eisenhower

Le management stratégique consiste à :

- Lancer une large formation stratégique dans l'entreprise ;
- Structurer la planification stratégique au moyen :
  - de révisions différenciées,
  - d'une importance nouvelle accordée au cash-flow à court et à moyen termes,
  - de négociation des objectifs ;
- Développer les "incorporels" ;
- Créer des réseaux d'alliances ;
- Trouver des financements imaginatifs ;
- Introduire un système de motivation encourageant la mise en œuvre de la stratégie.

L'objectif : créer de la valeur

Le système repose sur l'idée de "Créer de la valeur" et raccorde logique stratégique et logique financière *(Annexe 5)*.

D'UN COUP D'ŒIL

L'ORGANISATION DE LA MISE EN ŒUVRE

Un dialogue récurrent permet d'équilibrer la vision du groupe et celle des SBU

- Équilibrer vue d'ensemble et vision détaillée
- Un processus en quatre phases

Les plans d'action descendent en cascade

- Définir des plans d'action
- Relier les plans d'action au budget

Les plans de l'unité sont traduits en programmes d'actions

- Définir les actions individuelles
- Effectuer un bilan de l'activité
- Finaliser le PIAP

L'ORGANISATION DE LA MISE EN ŒUVRE

La plupart des stratégies sont le résultat d'un ensemble de décisions émanant souvent de l'encadrement intermédiaire.

Patrick Barwise

Le management stratégique repose sur la négociation des objectifs qui permet d'harmoniser la vision d'ensemble, au niveau du groupe, et la vision détaillée, au niveau des SBU (Strategic Business Units).

Ce processus aboutit à des plans d'action réalisables à court et moyen termes jusqu'à s'articuler à la gestion courante et au budget des unités de base de l'entreprise à tous les niveaux.

Pour encourager la mise en œuvre, des plans d'actions individuels sont élaborés, en accord avec les objectifs de l'unité.

Annexe 1

Élément clé de la planification stratégique : l'équilibre vision d'ensemble/ vision détaillée

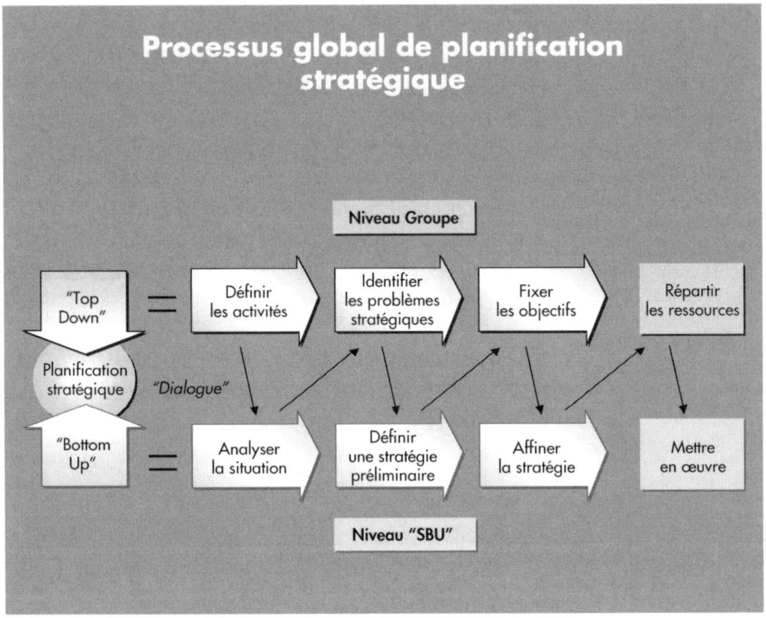

Annexe 2

Arbitrer les objectifs généraux du Groupe et les objectifs spécifiques des SBU

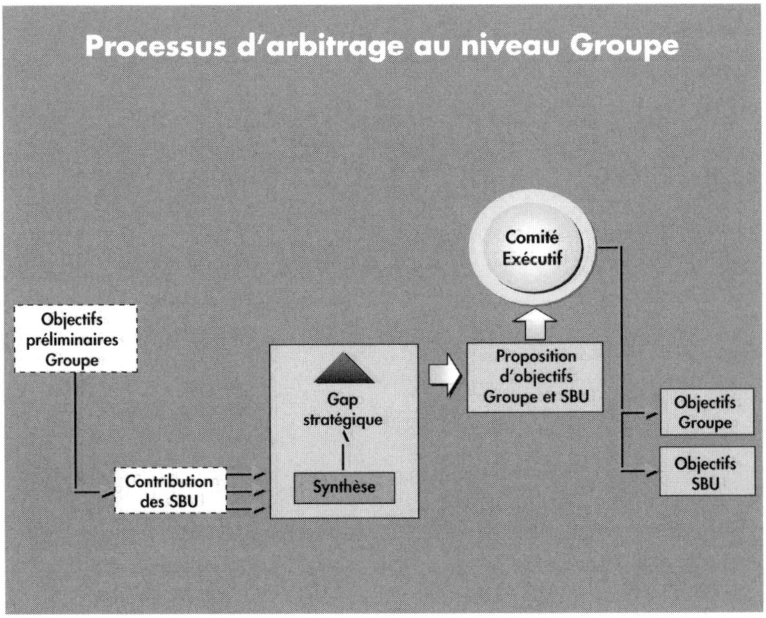

UN DIALOGUE RÉCURRENT PERMET D'ÉQUILIBRER LA VISION DU GROUPE ET CELLE DES SBU

Équilibrer vue d'ensemble et vision détaillée

L'élément clé de la planification stratégique consiste à équilibrer, dans la réflexion, la vision d'ensemble que le groupe formule et la vision détaillée que chacun des SBU affirment *(Annexe 1)*.

Un processus en quatre phases

Lorsque j'étais plus jeune, j'imaginais que les grandes décisions stratégiques de l'entreprise étaient conçues et prises dans une sorte de salle du conseil. Plus tard, j'ai compris que cette salle n'existait pas... Pas un seul homme n'a en tête la stratégie d'entreprise. En tous cas, moi, je n'en ai jamais rencontré. La stratégie se matérialise simplement dans les décisions que l'on prend.

J. Brian Quinn

Le processus se déroule en quatre phases :

- Le groupe définit les activités et les SBU analysent la situation ;
- En synthétisant les données issues des SBU, le groupe identifie les problèmes stratégiques, puis les SBU définissent chacun une stratégie préliminaire ;
- Lors de la troisième phase, le groupe fixe les objectifs et les SBU affinent leur stratégie. C'est là qu'ont lieu les principaux arbitrages *(Annexe 2)* ;
- Enfin le groupe répartit les ressources et la mise en œuvre de la stratégie, négociée et argumentée tout le long de la demande, prend effet.

Annexe 3

Les plans d'action sont d'abord formulés en cascade, les synthèses et les synergies remontent ensuite

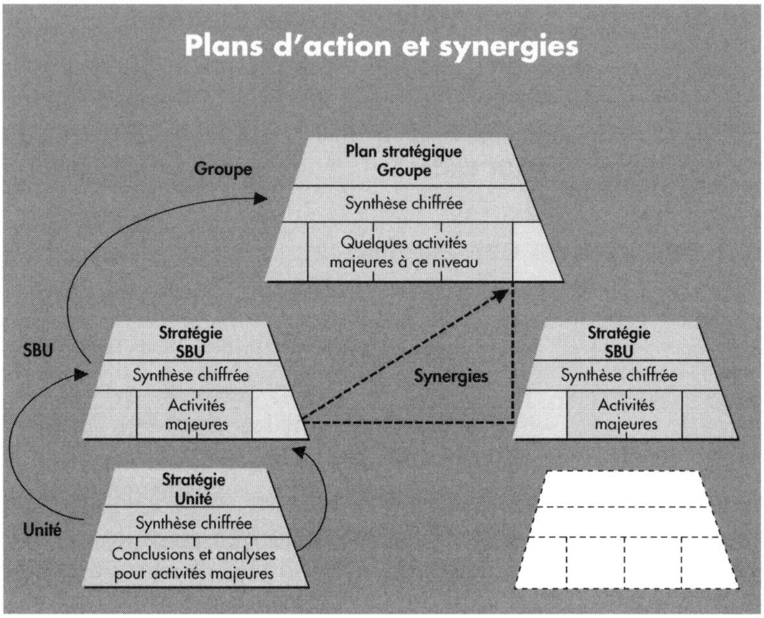

LES PLANS D'ACTION DESCENDENT EN CASCADE

Pour assurer la réussite de la mise en œuvre, il faut parvenir à :

- Assurer la cohérence et l'articulation à tous les niveaux de l'organisation ;
- Faire coïncider des objectifs à long, à moyen et court termes.

Définir des plans d'action

Le groupe définit des axes stratégiques majeurs qui intègrent :

- L'ensemble des activités du groupe ;
- Les nouvelles orientations concernant :
  - la politique de développement international,
  - les défis humains et sociaux.

Mais le plan stratégique du groupe permet à la direction générale de se former une **perspective d'ensemble** et d'avoir une connaissance des problèmes et des activités majeures pour le groupe et pour chaque SBU.

Le plan d'action concerne uniquement les problèmes stratégiques fondamentaux du groupe, formulés sous forme de synthèses chiffrées *(Annexe 3).*

Le plan de SBU ou POLT (Plan d'orientation à long terme) prend en compte :

- L'impact et le coût à court terme des stratégies retenues ;
- Les éléments de rentabilité intégrant les synergies entre les différents SBU.

Mais le POLT regroupe les seuls éléments nécessaires à la prise de décision pour atteindre les objectifs spécifiques du SBU et contribuer aux axes stratégiques majeurs du groupe.

Le plan des unités (départements, secteurs), pour mettre en œuvre les stratégies retenues, se concentre sur les produits ou les services majeurs en :

- Intégrant des facteurs externes ;
- Prenant en compte l'ensemble des moyens fonctionnels requis pour mettre en œuvre des stratégies (exemple : Recherche, Marketing, Commercial) ;
- Évaluant l'impact social et humain de ces stratégies.

Relier les plans d'action au budget

Il s'agit d'élaborer des programmes d'action à court terme et les budgets correspondants avec le souci de mettre en œuvre les stratégies retenues.

Un bon plan aujourd'hui vaut mieux qu'un plan parfait demain.

Patton

Le principe directeur, sur lequel cette démarche est fondée, consiste à réagir en souplesse, c'est-à-dire à préparer des réponses stratégiques face aux aléas de la conjoncture et aux opportunités majeures, sans remise en cause fondamentale des objectifs à long terme.

Au niveau du groupe, il s'agit de se réserver la possibilité de moduler l'engagement financier en fonction des réalisations actuelles et des prévisions à court terme, sans bouleverser les objectifs à long terme.

Le dernier acte de tout jugement ayant trait aux affaires est toujours intuitif.

Alfred P. Sloan

Pour **évaluer les résultats** et gérer l'ensemble du groupe avec un langage commun il est important de :

- Faciliter la consolidation des éléments des SBU ;
- Comparer les résultats prévisionnels entre SBU, notamment en ce qui concerne l'allocation des ressources ;
- Dégager des résultats économiques qui prennent en compte les synergies entre SBU.

La raison peut nous avertir de ce qu'il faut éviter ; l'intuition seule dit ce qu'il faut faire.

Joseph Joubert

Pour **assurer la cohérence** des programmes d'actions à court terme et des budgets avec les axes stratégiques majeurs, il convient de :

- Tenir des budgets d'investissements en phase avec les problèmes d'investissements du plan stratégique ;
- Raccorder les budgets d'exploitation avec les objectifs de la première année du plan stratégique ;
- Inscrire le programme d'action annuel dans les plans stratégiques à long terme.

Les réponses sont rarement carrément noires ou blanches. Le plus souvent, dans les affaires, il faut faire autant appel au flair, à l'instinct et au toucher qu'aux chiffres, si ce n'est plus. Attendre la réponse parfaite, c'est se condamner à voir passer les trains.

Jack Welch

Au niveau des SBU et des unités, il est nécessaire de prévoir, pour les activités majeures, des plans stratégiques de rechange ou des plans à engagement progressif, en fonction des résultats obtenus à court terme.

Il est nécessaire de :

- Faciliter la consolidation des résultats des unités ;
- Comparer les résultats futurs entre unités, notamment en ce qui concerne l'allocation des ressources.

En outre, des programmes d'actions à court terme établis par le contrôle de gestion doivent être évalués en fonction des objectifs stratégiques des SBU.

LES PLANS DE L'UNITÉ SONT TRADUITS EN PROGRAMMES D'ACTIONS INDIVIDUELS

Je n'ai jamais rien produit de bon que par une succession de menus efforts.

André Gide

Parallèlement à un processus de formation qui permet aux responsables des unités de maîtriser les éléments essentiels de la réflexion stratégique, il est souhaitable que la mise en œuvre se traduise par des programmes d'actions qui engagent personnellement chacun des cadres de l'entreprise.

Tel est le cas du **PIAP (Programme individuel d'actions prioritaires)** qui doit s'articuler avec le plan d'actions prioritaires de l'unité, lui-même fondé sur les plans des SBU ou POLT. La démarche se déroule en trois phases.

Définir les actions individuelles

Une suite de petites volontés fait un gros résultat.

Baudelaire

Une fois de plus, je mesurais les avantages qu'il y a à se comporter à la manière d'une petite entreprise. Donner de la visibilité à un projet prioritaire, y faire travailler des hommes fantastiques et leur allouer un budget généreux – telle est et reste la meilleure recette.

Jack Welch

Durant la première phase, chaque cadre doit :

- **Identifier,** dans le plan d'actions et le budget de l'unité **ce qui relève de la responsabilité de son équipe** en se posant les questions suivantes :
  - Quel est le rôle des services que je dirige dans la réalisation de cette action ?
  - Quel objectif de résultat peut-on se fixer ?
  - Qui devra participer à la réalisation de cette action pour qu'elle aboutisse ?
  - Quels moyens devront nécessairement être mis en œuvre pour la réaliser ?
- **Choisir ensuite les actions les plus appropriées** grâce à :
  - L'analyse des sensibilités (chemin critique) ;
  - L'analyse des risques.
- **Préciser les actions qui incombent personnellement au responsable** de l'entité en distinguant :
  - Les tâches à accomplir ;
  - Les travaux à déléguer ou qui sont du ressort des collaborateurs.

Annexe 4

Les plans de l'unité sont traduits en programmes d'actions personnelles

EXEMPLE

Programme individuel d'actions prioritaires

Actions/étapes	Objectifs de résultats	1ère échéance de suivi
Actions à caractère technique ou économique Actions commerciales pays • Portugal : Effectuer 5 visites en clientèle clé avec l'équipe locale • Israël : Pour lancer l'Ase, aider le responsable local à mettre en place la nouvelle organisation Négocier avec l'équipe de direction pour obtenir l'autonomie des vendeurs pharma. • ... Réduction du découvert clients • Israël : Mettre en place le système de relance systématique • ...	Mex 04 + 0,6 MF Mars Mex 04 + 0,6 MF < 90 jours	 Juillet Juin
Action d'évolution de l'organisation • Rendre opérationnelle avant juin l'entrée en interaction direct des commandes sur Épure	Non Quantifiable	Juin
Action de gestion et développement personnel • Organiser le départ et le remplacement de Monsieur X • ...		Novembre
Action de perfectionnement et développement personnel • Assumer pendant toute l'année 04 les fonctions de chef de produit Ase • Assumer la fonction de chef du projet "mise en place du système Palmarès produits/pays/clients"	Non Quantifiable	Décembre Juin

Effectuer un bilan de l'activité

La deuxième phase consiste à effectuer un bilan de l'entité dont on est responsable pour définir les actions à entreprendre. Il s'agit alors :

Le succès est une conséquence, non un but.

Flaubert

- D'analyser la performance de l'entité supervisée ;
- D'évaluer son coût, son efficacité et son mode de fonctionnement ;
- De mesurer les performances de ses collaborateurs et leur développement professionnel ;
- D'examiner son propre développement professionnel.

Finaliser le PIAP

Enfin il s'agit de finaliser le PIAP, c'est-à-dire :

- De formuler une synthèse des différentes actions par domaines et de hiérarchiser les actions ;
- D'apprécier les difficultés de réalisation et les moyens nécessaires ;
- De fixer des objectifs et de préciser l'appui nécessaire ;
- De se concerter avec son supérieur directeur et ses collaborateurs pour ajuster les programmes respectifs de chacun *(Annexe 4).*

EN CONCLUSION

La prise de décision stratégique est le sine qua non de la réussite du management. Pourtant, la plupart des processus formalisés de planification stratégique constituent un exercice coûteux et démoralisant. Et la plupart des plans stratégiques générés par ce processus sont sans valeur.

Lou Gerstner

Les plus belles stratégies s'écrivent au passé.

Alphonse Allais

S'il faut en croire LOU GERSTNER, l'un des principaux développeurs des concepts de planification stratégique chez McKinsey, la plupart des lourds processus développés dans les grandes entreprises pour planifier leurs activités sont coûteux et sans valeur.

Mais cela ne veut pas dire que l'exercice de réflexion en lui-même le soit aussi, bien au contraire. Sinon GERSTNER n'aurait pas réussi à redresser IBM magistralement comme il l'a fait.

Ce que cela signifie, c'est qu'il ne faut pas que le processus mécanique de planification fasse perdre de vue l'objectif fondamental du manager, qui est de penser et d'agir en termes stratégiques.

En rédigeant cet ouvrage, notre seul souci a été d'apporter aux lecteurs un ensemble de méthodes concrètes et pratiques pour les aider, les guider et faciliter leur réflexion, et non pour les aider à "construire des plans".

APPENDICES

EXEMPLES DE FACTEURS CLÉS DE RÉUSSITE

Aide à l'identification

La liste qui suit est donnée à titre indicatif pour aider à identifier les facteurs clés de réussite.

Structure de l'industrie

- **Taille**
  - Taille critique ;
  - Faible.
- **Internationalisation**
  - Expérience internationale ;
  - Implantation sur marché(s) clé(s) ;
  - Implantation mondiale.
- **Accords**
  - Contrats entre firmes complémentaires ;
  - Système verrouillé.

Marché

- **Produits**
  - Qualité ;
  - Prix ;
  - Spécialisation ;
  - Renouvellement ;
  - Gamme étendue.
- **Clients**
  - Pénétration sélective ;
  - Connaissance particulière d'un segment clé ;
  - Pénétration tous segments.

- **Distribution**
  - Circuit supérieur ;
  - Internet.
- **Usage du produit**
  - Capacité à développer de nouveaux usages ;
  - Effet de gamme.
- **Base de la décision d'achat**
  - Prix compétitifs ;
  - Service supérieur ;
  - Notoriété de la marque ;
  - Qualité supérieure.

Facteurs économiques

- **Investissement**
  - Procédés performants ;
  - Tailles optimales ;
  - Sites plus importants.
- **Coûts/volume**
  - Coûts de fabrication compétitifs ;
  - Gros volumes/coûts faibles ;
  - Petits volumes/coûts élevés.
- **Intégration**
  - Contrôle des matières premières ;
  - Contrôle des débouchés.
- **Personnel**
  - Main-d'œuvre hautement qualifiée ;
  - Cadres de valeur.

- **Gestion**
  - Qualité de la gestion ;
  - Outsourcing.

Technologie

- **Recherche**
  - Recherche fondamentale supérieure ;
  - Recherche orientée par le marché ;
  - Bonne exploitation des résultats.
- **Licences/brevets**
  - Possession des meilleures licences ;
  - Protection par brevets.
- **Technique**
  - Maîtrise continue d'une technologie délicate.

Exemples dans différentes industries

Les quelques exemples ci-après ont été rencontrés par les auteurs au cours de leur carrière. Ils sont donnés à titre purement indicatif et peuvent avoir fortement évolué au cours des dernières années.

Grande distribution alimentaire

- Taille de la chaîne (pouvoir de négociation) ;
- Développement de marques de distributeurs ;
- Emplacement des implantations ;
- Rotation des stocks.

Habillement

- **Fabrication**
  - Créativité pour s'adapter aux tendances de la mode ;
  - Flexibilité de l'outil de production et rapidité de réaction ;
  - Maîtrise des coûts ;
  - Contrôle/intégration de la distribution.
- Distribution
  - Notoriété, puissance de la marque ;
  - Intégration amont (bureau de style) ;
  - Implantation et gestion du réseau.

Informatique

- **Logiciels**
  - Innovation dans la création de logiciels répondant à des besoins nouveaux ;
  - Solutions logicielles globales, ouvertes aux échanges de données ;
  - Imposition de ses propres standards.
- **Services informatiques**
  - Positionnement dans des métiers à revenus récurrents (ex. : infogérance) :
  - Connaissance des métiers de ses clients, et développement de pôles de compétences à l'interne pour cibler l'offre client ;
  - Développement d'une offre globale, des services en amont à l'après-vente.

Nutrition animale

- **Additifs** (ex.: acides aminés, vitamines...)
  - Développement imaginatif pour "débanaliser" les produits ;
  - Assistance spécifique aux clients sur la formulation des produits de nutrition, aide à la mise en place et formation des responsables ;
  - Distribution à l'échelle mondiale ;
  - Programmation des investissements de capacité.

Parfumerie et Cosmétiques

- Capacité d'innovation de molécules et principes actifs et créativité pour les parfums ;
- Capacité à financer des campagnes de lancement importantes ;
- Maîtrise de la logistique.

Pétrole

- Recherche et diversification des sources ;
- Taille ;
- Marketing sélectif international.

Pharmacie humaine

- **Spécialités éthiques nouvelles**
  - Focalisation sur un petit nombre de domaines thérapeutiques ;
  - Capacité de R&D permettant de développer des molécules à fort potentiel (les *blockbusters*[2]) et surface financière ;
  - Capacité de lancement rapide à l'échelle mondiale grâce à ses propres implantations ou grâce à des accords.
- **Produits anciens**
  - Développement de nouvelles indications et formes galéniques ;
  - Procédés de fabrication au meilleur coût.
- **Produits OTC**
  - Disponibilité de molécules pouvant passer sur ce segment ;
  - Notoriété de la marque et capacités de marketing grand public.

Pharmacie vétérinaire

- **Animaux de compagnie :** similaire aux facteurs clés de pharmacie humaine ;
- **Animaux d'élevage**
  - Capacité à développer des molécules ou vaccins répondant aux grands types de fléau de l'élevage (ex. : fièvre aphteuse) ;
  - Mise au point de procédés de fabrication permettant un prix de revient minimum par tête ;
  - Capacité de commercialisation à l'échelle mondiale.

---

2. Spécialités représentant plus d'un milliard de dollars de chiffre d'affaires par an.

Produits phytosanitaires

- **Produits nouveaux**
  - Effort efficace de recherche pour développer de nouvelles molécules et/ou de nouvelles formulations à fort potentiel et respectant l'environnement ;
  - Compréhension intime du marché agricole et effort commercial efficace ;
  - Capacité à fournir à l'utilisateur un service poussé de conseil ;
  - Exploitation rapide à l'échelle mondiale, directement ou à travers des licences.

Produits chimiques

- **Grands intermédiaires**
  - Accès aux matières premières à faible coût ;
  - Sélection des procédés de fabrication et des tailles d'usines les plus économiques ;
  - Débouchés assurés garantissant des volumes importants ;
  - Localisation géographique stratégique des implantations ;
  - Timing des investissements.
- **Molécules banalisées**
  - Concentration sur les produits et les clients les plus rentables à moyen terme ;
  - Contrôle serré des coûts de production et de vente ;
  - Exploitation maximale des sous-produits ;
  - Programmation efficace de la production et bonne gestion des stocks ;
  - Effort commercial agressif, allié à un service supérieur.

- **Matières plastiques**
  - Focalisation sur les spécialités les plus rentables et les marchés en croissance ;
  - Mise au point de produits nouveaux en relation avec les besoins de la clientèle ; service technique d'application efficace ;
  - Accès aux matières premières (résines) à prix compétitifs ;
  - Sélection des procédés de fabrication et des tailles d'usines les plus économiques ;
  - Choix du moment des investissements dans la vie des produits ;
  - Effort commercial agressif pour développer le volume.
- **Produits de spécialités**
  - Relations étroites avec les industries clientes (ex. : pharmacie, parfumerie, cosmétologie... ;
  - Esprit d'innovation (et flair) pour développer de nouvelles formules ;
  - Connaissances techniques pointues dans les synthèses organiques complexes ;
  - Niveau de qualité élevé.

Sidérurgie

- Fils acier courants : Prix.
- Fils acier de qualité : Qualité et prix.

Télécommunications

- **Téléphonie fixe**
  - Prix compétitifs ;
  - Fiabilité du réseau ;
  - Offre de services associés (ADSL, télévision...) ;
  - Pour les entreprises : offres spécifiques adaptées.

- **Mobiles**
  - Prix compétitifs ;
  - Capacité d'investissement en infrastructures ;
  - Capacité à fidéliser sa clientèle ;
  - Offre rapide des nouveautés technologiques (SMS, MMS…)

Textile

- **Fibres chimiques**
  - Produits compétitifs (qualité/prix) ;
  - Courant continu d'innovation par le développement de produits, de tissus et de tricots neufs (pour habillement, maison, industrie) ;
  - Effort commercial efficace orienté vers les applications finales ;
  - Service supérieur à la clientèle (livraison, service technique, aide commerciale, réponse aux questions…) ;
  - Coûts de fabrication bas, en particulier pour les produits anciens ;
  - Augmentations de capacité bien planifiées, échelonnées suivant le développement des marchés et les décisions stratégiques des priorités et d'équilibre entre les fibres.
- **Grands intermédiaires**
  - Accès aux matières premières à prix bas et constant ;
  - Sélection des procédés de fabrication et des tailles d'usine les plus économiques ;
  - Débouchés assurés pour garantir des volumes importants ;
  - Localisation géographique stratégique des installations ;
  - Choix du moment des investissements dans la vie des produits.

Tourisme

- **Tour-opérateurs**
  - Positionnement sur les destinations porteuses ou politique de niche sur destinations peu fréquentées ;
  - Présence sur Internet :
  - Puissance d'achat et capacité de négociation ou intégration sur la chaîne de valeur ;
  - Couverture des risques (change, carburants...).
- **Agences de voyages**
  - Spécialisation sur les destinations porteuses et parfaite connaissance de l'environnement local ;
  - Capacité à proposer une large gamme de services (voyages organisés en groupe, voyages à la carte, courts séjours, voyages individuels...) ;
  - Offre complète, incluant tous les services connexes (assurances, locations de voitures, visites et excursions...) ;
  - Réactivité et capacité à trouver les réservations désirées ;
  - Capacité de fidélisation de la clientèle.

Transport aérien

- Choix des routes et obtention des *slots ;*
- Négociation des tarifs ;
- Planification des achats d'avions ;
- Déploiement de la flotte ;
- Maîtrise des coûts.

Transport routier de marchandises

- Capacité logistique (gestion de flux complexes) ;
- Optimisation du taux de remplissage des camions (en particulier : fret retour) ;
- Fiabilité et qualité de service ;
- Diversification des clientèles (compensation des cycles) ;
- Dimension européenne.

GLOSSAIRE

Actif client
Portefeuille de clients avec lesquels une entreprise bénéficie d'une relation durable et auxquels elle consacre ses efforts, en visant à créer et distribuer de la valeur.

Alliance stratégique
Association entre deux ou plusieurs entreprises. L'objectif d'une telle alliance peut être de développer une nouvelle activité, s'introduire sur de nouveaux marchés, résister à l'attaque d'un concurrent commun, etc.

Analyse concurrentielle
Analyse des atouts et faiblesses relatives des principaux concurrents d'une activité pour comprendre les principales forces de la concurrence et identifier les options stratégiques de l'entreprise.

Analyse de la valeur
Méthodologie permettant d'obtenir les meilleurs résultats économiques en ajustant les performances des produits aux besoins des clients, et en utilisant les ressources financières, techniques et en temps, juste nécessaires pour y parvenir.

Analyse stratégique
Science de la conduite d'une entreprise à long terme grâce à une réflexion stratégique formalisée. Elle consiste à analyser en détail la position de l'entreprise dans son environnement concurrentiel et à identifier des actions permettant de combler l'écart entre la situation prévisible et la situation voulue de l'entreprise.

Attrait d'un segment
Valeur ou intérêt (rentabilité, croissance...) intrinsèque d'un segment stratégique.

Atouts d'une entreprise
Capacité de l'entreprise à réussir dans un segment stratégique donné, grâce à sa maîtrise des facteurs clés de succès.

Avantages concurrentiels
Avantages déterminants d'une entreprise par rapport à ses concurrents dans le même secteur stratégique.

Axes stratégiques
Choix et orientations découlant de la stratégie.

Barrières à l'entrée
Obstacles rendant l'accès à un secteur difficile ou coûteux.

Business
En anglais, ensemble d'activités constituant un segment stratégique.

Canevas stratégique
Description résumée de la stratégie de l'entreprise sous forme séquentielle : mission, objectifs stratégiques, options stratégiques, plans d'action, plans de rechange...
Particulièrement utile à la communication.

Chaîne de valeur
Suite des étapes d'élaboration d'un produit, depuis la matière première jusqu'à la vente et même l'après-vente.

Benchmarking
Processus continu d'évaluation des produits, services, méthodes par rapport à ceux des concurrents les plus sérieux ou des entreprises leaders dans leur secteur.

Choix stratégique
Modification de la position stratégique à la suite d'une décision stratégique.

Cible
Objectif spécifique et quantifié à atteindre comme résultat d'un programme d'action dans une période donnée. Par exemple : niveau de ventes par catégorie de produits, date d'achèvement, réductions de coûts, niveau de service client...

Compétences clés
Assemblage unique de savoir-faire et d'expertise, long à construire, difficile à imiter. Il est issu de l'apprentissage collectif et inscrit dans les processus organisationnels . Transverses aux différentes entités d'un groupe, les compétences clés sont une source d'avantage concurrentiel pour l'organisation.

Contexte concurrentiel
Ensemble des variables caractérisant l'environnement économique de l'entreprise dans un segment stratégique donné.

Courbe d'expérience
Effet d'expérience représenté sous forme graphique (généralement une droite ou une succession de segments de droites).

Coût de transfert
Ensemble des dépenses résultant, pour l'entreprise, d'un changement de fournisseur.

Coût moyen du capital
(en anglais : *Weighted Average Cost of Capital* – WACC).
Coût des moyens de financement engagés, en dettes et en fonds propres.

Coûts spécifiques
Coûts résultant de la différenciation d'un produit.

Culture d'entreprise
Ensemble de conventions traditionnellement reconnues et acceptées dans l'entreprise. Ces conventions sont souvent exprimées par des symboles – mythes, rites, interdits –. Elles reflètent des valeurs généralement admises et respectées dans l'entreprise.

Cycle de vie du produit
Évolution, au cours du temps, des caractéristiques d'un produit, en termes de volume, chiffre d'affaires et rentabilité. Un produit passe en général par quatre phases : introduction, développement, maturité et déclin.

Décision stratégique
Modification de la position stratégique d'une entreprise dans une activité donnée, à la suite d'un choix stratégique.

Développement interne
Développement de l'entreprise sans acquisition d'entreprises extérieures.

Développement externe
Développement de l'entreprise par acquisitions.

Différenciation des produits
Modification des produits afin que le consommateur les perçoive comme uniques ou suffisamment supérieurs (en qualité, valeur d'usage, etc.) pour justifier un prix supérieur à celui de ses concurrents.

Discounted Cash-Flow – DCF
Cumul des flux de liquidité futurs, actualisés pour refléter leur valeur aujourd'hui. Expriment la capacité d'une entreprise à générer durablement des profits.
Ils correspondent au *cash-flow* d'exploitation diminué des investissements de la période nécessaire à l'exploitation.

Diversification géographique
Implantation de l'entreprise dans des zones géographiques nouvelles pour elles et où les facteurs clé de succès ne sont pas forcément les mêmes que ceux de ses zones actuelles.

Diversification horizontale
Extension des activités de l'entreprise à de nouveaux domaines, complémentaires du portefeuille d'activités existantes.

Diversification verticale
Extension des activités de l'entreprise, soit vers l'amont (production de matières premières ou de produits intermédiaires) soit vers l'aval (distribution, commercialisation).

Domaine d'activité stratégique (DAS)
Terme utilisé en analyse stratégique pour désigner un domaine d'activité homogène, en particulier en termes de facteurs clés de réussite.

Économies d'échelle
Baisse des coûts unitaires de production, grâce à une augmentation du volume de production ou du volume d'affaires de l'entreprise qui permet de répartir les frais fixes sur des quantités plus importantes de produits ou de services.

Économie de marché
Type d'économie dans lequel la production est censée s'adapter aux besoins du marché.

Economic Value Added – EVA
Écart entre les liquidités générées par l'entreprise et le rendement attendu du capital. Traduit la nécessité de couvrir *a minima* le coût du capital par le résultat opérationnel pour créer de la valeur.
Mode de calcul : profit opérationnel – (rendement exigé du capital × capital).

Économie de production
Type d'économie où, le marché étant considéré comme acquis d'avance (pour des raisons de pénurie ou de monopole), le seul souci de l'entreprise est de produire.

Effet d'apprentissage
Amélioration de la productivité du travail, dû à la répétitivité des tâches.

Effet d'expérience
Diminution du coût unitaire total d'un produit d'un certain pourcentage chaque fois que sa production cumulée au sein d'une entreprise double.

Entrant (Nouvel)
Concurrent s'introduisant dans un secteur où il n'était pas présent jusque-là.

Entreprise
Organisation dont la raison d'être est la production de biens (et/ou services) à partir de matières premières, et grâce à des techniques de production et du personnel, en vue de répondre à un besoin du marché.

Environnement d'une entreprise
Inclut tous les facteurs d'influence externe qui impactent ses décisions et ses performances. Ces facteurs d'influence sont extrêmement divers, de nature macro et micro-économique, et présentent pour la plupart un fort degré d'incertitude.

Compte tenu de cette diversité et cette incertitude, l'analyse exige :

- Un cadre de réflexion pour structurer les différents facteurs et cerner leur impact ;
- Une approche pour anticiper les évolutions et concevoir les futurs possibles.

Évaluation stratégique

Audit *a posteriori* d'une décision et de ses conséquences qualitatives et quantitatives, afin de comprendre les raisons qui l'ont motivée, la manière dont elle a été mise en œuvre et, enfin, d'évaluer ses résultats.

Facteurs clés de réussite (ou de succès)

Petit nombre d'éléments qu'une entreprise doit maîtriser pour réussir dans un métier particulier.

Fidélisation

Engagement profond à racheter de façon régulière un produit ou un service malgré les circonstances changeantes ou des actions marketing suffisantes pour entraîner un changement de comportement.

La fidélisation augmente la valeur de l'actif client par l'enrichissement du portefeuille, l'augmentation du chiffre d'affaires et le profit généré.

Flexibilité

Capacité à adapter l'outil de production facilement, rapidement et à moindre coût, aux évolutions des besoins du marché.

Frais fixes

Coûts insensibles aux variations de l'activité à court terme. Ils évoluent généralement par paliers.

Frais variables

Coûts proportionnels au niveau de l'activité.

Groupe stratégique

Ensemble de sociétés qui suivent la même stratégie au sein d'un secteur particulier (exemple : la pharmacie éthique).

Hypothèses stratégiques
Hypothèses de base qui sous-tendent la stratégie et peuvent la remettre en cause en cas de modification.

Elles concernent aussi bien l'environnement que le marché, les concurrents actuels ou potentiels ou les capacités de l'entreprise au niveau humain, technique et financier.

Image de l'entreprise
Transcription de l'idée que se font, d'une entreprise donnée, un groupe d'individus.

Intégration amont
Décision de l'entreprise de réaliser elle-même tout ou partie de ce qu'elle achetait préalablement à un (ou des) fournisseurs (exemple : production d'intermédiaires organiques en amont des matières actives par une entreprise pharmaceutique).

Intégration aval
Prise en charge, par l'entreprise, d'activités précédemment réalisées par ses clients à partir de ses produits ou services. (exemple : organisation de circuits touristiques pour des groupes par une agence de voyages à la place d'un *tour operator* précédemment son client).

Management
S'utilise en français dans deux cas distincts :

- Gestion : art de mobiliser l'intelligence et l'énergie de tous dans l'entreprise pour atteindre les objectifs de celle-ci ;
- Équipe de direction de l'entreprise.

Matrice d'analyse stratégique

Outil de diagnostic qui permet une analyse globale et simultanée de l'ensemble des activités d'une entreprise. Toutes les matrices d'analyse stratégique ont en commun de viser une représentation synthétique et graphique des portefeuilles des entreprises diversifiées.

Elles positionnent les activités stratégiques sur deux dimensions, qui représentent, en général, l'attrait de l'activité et les atouts dont dispose l'entreprise par rapport à ses concurrents.

Mission

La mission répond à la question *"Qui sommes-nous ?"*.

Elle exprime un consensus sur la raison d'être et les valeurs fondamentales de l'entreprise. Elle donne le sens profond de l'action au-delà du marché et des produits de l'entreprise. Elle révèle les motivations qui justifient son existence. Elle s'appuie sur un ensemble de valeurs, c'est-à-dire un nombre limité de principes intangibles sur lesquels l'entreprise est construite (ce seraient les hypothèses de base dans un système mathématique).

Elle est généralement exprimée sous forme d'une déclaration relativement brève, reflétant le positionnement stratégique de l'entreprise, ses compétences clés et ses valeurs communes.

Niche

Sous-segment stratégique d'un marché. Il nécessite la formulation d'une offre spécfique.

Objectif stratégique
Description d'un but relativement large à atteindre par l'entreprise à plus ou moins long terme. Relativement peu détaillé, il reste généralement valable pour plusieurs années.

Il peut être qualitatif (par exemple : devenir ou rester le leader du marché), ou quantitatif (par exemple : atteindre une rentabilité de 15 % des capitaux investis avant impôts).

Il peut être révisé en fonction de ce que l'on a pu raisonnablement faire.

Chaque fois que cela est possible, un objectif stratégique doit être déclin au niveau de chaque division, DAS ou *SBU*.

Options stratégiques
Grandes orientations possibles pour l'activité de l'entreprise dans le cadre logique de sa mission. Elles résultent de son positionnement stratégique et sont liées à sa maîtrise des facteurs clés de réussite dans son métier.

Patrimoine technologique
Ensemble des technologies, procédés et know-how possédés par l'entreprise, qu'elles les ait effectivement mis en œuvre ou non.

Pilotage stratégique
Contrôle des hypothèses stratégiques, suivi de la réalisation des plans opérationnels et vérification de l'atteinte des objectifs. Éventuellement, déclanchement des plans de rechange.

Planification d'entreprise
Procédure formalisée de prise de décision. Elle commence par la vision de l'avenir de l'entreprise et va jusqu'aux modalités détaillées de la mise en œuvre des décisions qui lui permettront de devenir une réalité. On distingue la planification stratégique, la planification opérationnelle et la planification individuelle.

Planification opérationnelle
Procédure de traduction des orientations stratégiques en programmes d'actions destinés à organiser les actions de toutes les unités de l'entreprise – branches, divisions, départements, services – afin qu'elles contribuent à la réalisation de la stratégie, dans le cadre de leurs activités courantes.

Planification stratégique
Procédure formalisée consistant à définir la mission et les objectifs de développement à long terme de l'entreprise. En particulier, elle doit préciser les domaines d'activité dans lesquels l'entreprise doit s'engager ou rester et ceux dont elle doit se séparer, ainsi que la manière d'allouer ses ressources rares, humaines et financières.

Planification stratégique intégrée
Système de planification des activités de l'entreprise qui intègre planification stratégique, planification opérationnelle et individuelle, budgets, comptes de résultat et bilans prévisionnels.

Politique
Définition de ce que l'entreprise veut faire, accepte ou interdit (exemple : à compétences égales, salaire égal). La politique est généralement qualitative et peut évoluer dans le temps.

Portefeuille d'activités
Ensemble des segments stratégiques dans lesquels l'entreprise est engagée.

Position concurrentielle dans un domaine d'activité
Évaluation de la position quantitative et qualitative d'une entreprise par rapport à ses concurrents, dans le domaine d'activité considéré.

Prévisions
Estimation chiffrée du résultat que l'équipe de direction estime le plus probable pour la stratégie proposée, en fonction des hypothèses retenues sur l'évolution de l'environnement et de la performance espérée de l'entreprise.

Programme d'action
Programme de mise en œuvre à court terme destiné à atteindre un objectif précis et, si possible, chiffré. Il décrit comment le responsable du programme va s'y prendre et spécifie les tâches détaillées à entreprendre, le responsable de chacune, leur enchaînement et leur calendrier, les moyens nécessaires et à sa disposition, ainsi que le résultat attendu à chaque étape. Il est souvent représenté par une charte de GANTT.

Programme individuel d'actions prioritaires (PIAP)
Programme de mise en œuvre à court terme au niveau d'un responsable.

Ressources humaines
Incluent tous les aspects de la gestion des ressources humaines de l'organisation, comment elles sont acquises, développées et valorisées.

Ceci comprend aussi bien :

- Le *"hard" :* modes de recrutement, programmes de formation, systèmes d'évaluation et de rémunération, déroulement de carrière ;
- Le *"soft" :* moral, attitudes, motivation et comportement.

Rumeur
Ensemble des communications informelles des entreprises. La rumeur, vraie ou fausse, détient toujours une part apparente de vérité et peut s'avérer particulièrement nuisible.

La réflexion stratégique doit donc impérativement être accompagnée d'une communication efficace pour éviter les rumeurs.

Rupture stratégique

Événement soudain, voulu ou non, survenant dans la vie de l'entreprise ou dans son environnement, et dont les conséquences sont particulièrement importantes au niveau des produits (ou services) et des marchés.

Savoir-faire

Compétences techniques alliées à l'expérience dans l'exercice d'une activité professionnelle. Ce que la société fait le mieux, en particulier mieux que ses concurrents.

Scénarios

Description des futurs possibles.

La technique des scénarios a été développée pour représenter différentes configurations possibles de l'environnement et envisager des options stratégiques permettant de s'adapter à ces différentes visions du futur.

Segment stratégique

Sous-ensemble homogène des activités de l'entreprise ou d'un secteur économique. Il se caractérise par une même combinaison de facteurs explicatifs de succès. Ce sous-ensemble d'activités homogènes peut faire l'objet d'une et une seule stratégie.

Le segment est un concept clé en analyse stratégique car il permet de définir les concepts "portefeuille d'activités", de groupe stratégique, d'industrie ou de métier.

Segmentation marketing

Découpage du marché en segments homogènes susceptibles d'être atteints à l'aide d'un mix de produits ou services spécifiques.

Segmentation stratégique

Découpage des activités de l'entreprise en groupes homogènes (voir plus haut : segments stratégiques).

Spécialisation

Concentration, mobilisation et renforcement constants des ressources d'une entreprise sur un domaine d'activité particulier pour y renforcer sa position.

Strategic Business Unit (SBU)

Sous-ensemble d'une entreprise positionné sur un segment stratégique.

Stratégie

Choix, compte tenu de l'évolution anticipée de l'environnement et de la concurrence, des domaines dans lesquels l'entreprise va s'engager pour se développer, nature et intensité de cet engagement, avantages concurrentiels à acquérir ou à développer, faiblesses à corriger. Le concept inclut également la manière dont l'entreprise va déployer ses ressources, compte tenu de la concurrence et de l'évolution de son environnement.

On dit aussi que c'est l'art, pour l'entreprise, de rassembler, développer et coordonner ses moyens, *avant* l'action, pour accomplir sa mission.

Stratégie de coût

Recherche du coût total minimum pour acquérir la capacité à imposer les prix de référence sur le marché. Les moyens employés sont la taille, les volumes de production élevés, la réduction des coûts d'achat et les efforts intensifs de productivité (voir également : courbe d'expérience).

Stratégie de différenciation

Développement d'une offre unique difficile à concurrencer et/ou à substituer.

Stratégies types

Grands types de stratégies qu'une entreprise peut adopter en fonction de l'avantage concurrentiel qu'elle recherche.

Stratégies de rupture

Innovations radicales dans la manière de conduire une activité. Elles consistent à redéfinir les "règles du jeu" et déstabiliser les conditions de marché. La notion de stratégie de rupture s'est progressivement enrichie :

- Elle a été défini à l'origine par le cabinet McKinsey sous l'appellation : *"New Game Strategy"*
- Elle a été ensuite développée par deux universitaires et consultants, Gary Hamel et C.K. Prahalad, dans différents articles publiés par la *Harvard Business Review* et dans leur livre : "La conquête du futur".
- Elle a trouvé un champ d'application majeur dans le domaine de l'Internet.

Structure

Ensemble des fonctions/postes d'une entreprise, de type hiérarchique ou fonctionnel et des relations entre elles.

Elle doit être complétée, pour chaque poste, par des définitions de fonctions incluant les tâches à accomplir, les regroupements, les liens d'autorité, de coopération et d'information qui unissent les individus et les limites de leurs responsabilités.

Les structures se différencient par le degré de décentralisation qu'elles adoptent et les moyens de coordination auxquels elles font appel.

En d'autres termes, la structure :

- divise les tâches et permet leur coordination ;
- équilibre la spécialisation et l'intégration ;
- est centralisatrice ou décentralisatrice ;
- est conditionnée par la stratégie ; par exemple, la diversification entraîne généralement la décentralisation.

Structure cible

Structure idéale de l'entreprise, compte tenu de la stratégie retenue.

Structure par divisions
Structure divisée en centres de profits individualisés, ayant des pouvoirs de gestion étendus sur un produit (ou un service) ou un ensemble de produits (ou de services) et le marché correspondant.

Style de direction
Modes de comportement adoptés par une équipe de direction pour mettre en œuvre la mission de l'entreprise, poursuivre ses objectifs et soutenir ou renforcer les valeurs communes.

C'est la manière dont les dirigeants se comportent et sont perçus et non leur personnalité. Il se révèle par la manière dont ils passent leur temps, au delà des discours.

Substitution
Remplacement d'un produit ou service existant par un autre remplissant une fonction similaire, améliorée ou plus large.

Synergie
Résultat de la combinaison de deux (ou parfois plusieurs) activités qui, lorsqu'elles sont exercées en commun, le sont plus efficacement que séparément.

Systèmes
Ensemble de procédures, formelles et informelles, qui permettent le fonctionnement de l'organisation au jour le jour :

- Budgets, Contrôle de Gestion, Comptabilité Analytique, Systèmes d'information, Logistique ;
- Mais aussi : réunions, etc.

Système d'information
Ensemble des flux d'information de l'entreprise, généralement, mais non obligatoirement, informatisé.

Tableaux de Bord

Ensemble d'indicateurs traités de façon à leur conférer une valeur ajoutée, afin de fournir une aide à la décision pour différents niveaux de responsabilité, qu'ils soient opérationnels ou stratégiques.

On y trouve généralement des critères d'avancement, de performance, de qualité et de productivité et des critères concernant l'environnement de l'entreprise.

Tableau de bord équilibré

Nouveau système de mesure de la performance issu des travaux de Kaplan et Norton. Il se présente comme un ensemble d'indicateurs directement reliés à la stratégie.

Il offre à l'utilisateur l'opportunité de piloter tous les déterminants de la performance.

Il complète ainsi les données financières relatives au résultat actuel par d'autres paramètres liés à la satisfaction client, l'efficacité des processus, les innovations et l'apprentissage qui éclairent sur la performance future. Il est comparable aux voyants et compteurs d'un cockpit d'avion qui fournissent au pilote les différentes données permettant la navigation.

Tactique

Coordination à court terme des moyens de l'entreprise, *pendant* l'action, pour atteindre un objectif spécifique.

Technologie

Connaissances scientifiques et techniques appliquées à la conception, au développement et à la production d'un produit.

Technologies clés

Technologies dont l'application à une activité donnée peut avoir un impact majeur sur la position concurrentielle d'une entreprise.

Valeur ajoutée
Chiffre d'affaires moins coût total des achats.

La valeur ajoutée représente la valeur comptable du travail effectué par le personnel de l'entreprise.

Valeurs
Ensemble de valeurs, d'aspirations et de préférences d'action, écrites ou non, qui reflètent la philosophie de l'entreprise et des dirigeants et qui s'imposent à ses membres (exemple : souci du client).

Les valeurs vont au-delà des objectifs et forment le ciment de l'organisation. Ce sont les principes fondamentaux autour desquelles l'organisation est construite (les hypothèses de base dans un système mathématique).

Valeurs personnelles
Préférences culturelles, principes moraux et attitudes psychologiques qui influent sur la réflexion et le jugement des dirigeants (exemple : religion).

La veille stratégique
Processus volontariste par lequel l'entreprise cherche des informations à caractère anticipatif, concernant l'évolution de son environnement, dans le but d'identifier ou de créer des opportunités, ou de répondre à des menaces externes.

Veille technologique
Collecte systématique d'informations sur l'environnement technologique de l'entreprise et son exploitation pour la mise au point ou l'infléchissement de sa stratégie.

Vision
Elle répond à la question *"Où voulons-nous aller ?"*.

Elle se traduit par un projet ambitieux à long terme et doit être décrite sous une forme inspirante qui génère l'enthousiasme.

BIBLIOGRAPHIE

ABELL DF, *Defining the business: the starting point of strategic planning,* Prentice Hall, 1980.

ANSOFF HI, *Corporate Strategy,* McGraw Hill, 1965.

ARGYRIS C., *Savoir pour agir. Comment surmonter les obstacles à l'apprentissage organisationnel,* InterEditions, 1995.

ARTHUR BW, "Increasing returns and the new world of business", *Harvard Business Review,* vol. 74, 4, Jul-Aug 1996.

ASHKENAS R. ULRICH D., JICK T., KERR S., *The Boundaryless Organisation: Breaking the Chains of Organizational Structure,* Jossey-Bass, San Francisco, 1995.

BARTLETT CA, GHOSHAL S, *Managing across Borders – The Transnational Solution,* Harvard Business School Press, 1989.

BOJIN J., MACK M., "Les laboratoires du Management", *Politique Industrielle* N° 8, été 1987.

BOSTON CONSULTING GROUP, *Perspectives et Stratégie,* 32, 1972.

CHAKRAVARTHY B., "A new strategy framework for coping with turbulence", *Sloan Management Review,* vol. 38, 2, winter 1997.

CLIFFE S., "Human Resources : Winning the war for talent", *Harvard Business Review,* vol. 76, 5, Sept-Oct 1998.

COLLINS JC, PORRAS JI, *Built to last,* Harper, 1994.

COURTNEY H., KIRKLAND J., VIGUERIE P., "Strategy Under Uncertainty", *Harvard Business Review,* vol. 75, 6, 1997.

D'AVENI RA, "Strategic supremacy through disruption and dominance", *Sloan Management Review,* vol. 40, 3, Spring 1999.

D'AVENI RA, *Hypercompetition,* The Free Press, 1994.

DRUCKER P., *The Practice of Management,* Heinmann, Londres, 1955.

GERSTNER, Louis V., Jr. "Can strategic planning pay off ?", *The McKinsey Quarterly, hiver 1973.*

GEUS A. de, *The living Company,* Longview Publishing Limited, 1997.

GEUS A. de, "Planning as learning", *Harvard Business Review,* vol. 66, 2, 1988.

GOUILLART F., KELLY J., *Du mécanique au vivant,* Village Mondial, 1995.

GRANT RM, "The resource-based theory of competitive advantage : implications for strategy formulation", *California Management Review,* vol. 33, 3, 1991.

GROUARD B., MESTON F., *L'entreprise en mouvement,* Dunod, 1993.

GROVE A., *Only the Paranoïd survive,* Bantam Books, 1996.

HAMEL G., "Strategy innovation and the quest for value", *Sloan Management Review,* vol. 39, 2, 1998.

HAMEL G., *Breaking the Frame : Strategy as Stretch and Leverage, Working Paper,* London Business School, December 1991.

HAMEL G., PRAHALAD CK, "Strategic Intent", *Harvard Business Review,* vol. 67,3, 1989.

HAX, AC, MAJLUF NS, "Le planning stratégique après le BCG", *Harvard l'Expansion,* printemps 1984.

HAX, AC, MAJLUF NS, *The Strategy Concept and Process,* 2nd edition, Prentice Hall, 1996.

HAX, AC, WILDE DL, Jr. *The Delta Project: Discovering new sources of profitability in a networked economy,* Palgrave, 2001.

ISTVAN RL, "A new productivity paradigm for competitive advantage", *Strategic Management Journal,* vol. 13, 1992, pp. 525-537.

JICK TD, "Customer-supplier partnersphips: Human Resources as Bridge Builders", *Human Resource Management,* vol. 24, 4, Winter 1990.

KIM WC, MAUBORGNE R., "Creating New Market Spaces", *Harvard Business Review,* vol. 77, 1, 1999.

LABOWITZ G., ROSANSKY V., *The Power of Alignement,* Wiley, 1997.

LEARNED EP, CHRISTENSEN CR, ANDREWS KR, GUTH WD, *Business Policy, Text and Cases,* R. Irwin, 1965.

LOCHRIDGE RK, "Strategy in the 80s", *Perspectives on Strategy,* BCG, Wiley, 1998.

MASCRENHAS B., BAVEJA A., JAMIL M., "Dynamics of Core Competencies in Leading Multinational Companies", *California Management Review,* vol. 40, 4, 1998.

MILAN G., "La plate-forme stratégique dans un environnement instable", *Revue Française de Gestion,* Novembre-Décembre 1991.

MILLER D., *The Icarus Paradox,* Harper Business, 1990.

MINTZBERG H., "Strategy-making in three modes", *California Management Review,* vol. 16, 2, Winter 1973.

MINTZBERG H., LAMPEL J., AHLSTRAND B., *Strategy Safari,* The Free Press, 1998.

OMAE K., *The mind of the strategist,* Pergamon Books, 1983.

PENROSE E., *The Theory of the Growth of the Firm,* John Wiley & Sons, New York, 1959.

PETERAF MA, "The cornerstones of competitive advantage ; a resource-base view", *Strategic Management Journal,* vol. 14, 1993, pp. 179-191.

PETERS TJ, *The Circle of Innovation,* Knopf, New York, 1997.

PETERS TJ, WATERMAN RH Jr, *In Search of Excelence: Lessons from America's Best-Run Companies,* Harper and Row, 1982.

PORTER ME, *Competitive Advantage,* The Free Press, New York ; 1985.

PORTER ME, "The contributions of industrial organization to strategic management", *Academy of Management Review,* 4, 1981.

PORTER ME, *Competitive Strategy,* The Free Press, New York, 1980.

PRAHALAD CK, HAMEL G, "Strategy as a field of study: why search of a new paradigm ?", *Strategic Management Journal,* Special Issue, Summer 1994.

PRAHALAD CK, HAMEL G., "The core competencies of the corporation", *Harvard Business Review,* vol. 68, 3,1990.

QUINN JB, *Inteligent Enterprise,* The Free Press, 1992.

SAÏAS MA, GREFFEUILLE J., *L'état de l'art : Vers de nouveaux paradigmes stratégiques,* IAE Aix-en-Provence, Université Aix-Marseille III, Working Paper 401, Septembre 1992.

SCHEIN EH, "How can organizations learn faster? The challenge of entering the green room", *Sloan Management Review,* Winter 1993.

SCHUMPETER JA, *Capitalism, Socialism and Democracy,* 3rd ed, New York, Harper & Row, 1950.

SENGE P., *La cinquième discipline,* Éditions First, 1991.

SHRIVASTAVA P., SCHNEIDER S., "Organizational Frames of Reference", *Human Relations,* vol. 37, 10, October 1984.

SLYWOTSKY A., *Value Migration,* Harvard Business School Press, 1996.

SLYWOTSKY A., MORRISON D., *The Profit Zone,* Times Books, 1997.

STALK G., EVANS P., SHULMAN E., "Competing on capabilities: the new rules of corporate strategy", *Harvard Business Review,* vol. 70, 2, 1992.

STAKL G., HOUT TM, *Competing against time: how time-based competition is reshaping global markets,* The Free Press, 1990.

SUN TSU, *L'Art de la guerre,* Flammarion, 1972.

TAYLOR B., "The Return of Strategic Planning – Once more with Feeling", *Long Range Planning,* vol. 30, 3, 1997.

WATERMAN RH, Jr. *The Renewal Factor: How The Best Get and Keep The Competitive Edge,* Bantam, 1987.

ZACK MH, "Developing a knowledge strategy", *California Management Review,* vol. 41, 3, Spring 1999.

INDEX

D

E

F

G

H

I

J

L

M

N

O

Q

R

S

T

U

V

Utilisation du CD-Rom

Configuration requise

PC avec processeur Pentium II 400, 128 Mo de RAM,
Système d'exploitation Windows 9x ou supérieur.

Macintosh avec processeur PowerPC Gx, 128 Mo de RAM,
Système d'exploitation MacOS 8.5 ou supérieur.

Le logiciel Acrobat reader 4.0 (ou supérieur) est nécessaire à la consultation des fichiers PDF.

Pour utiliser ce CD-Rom (environnement Windows)

Insérer le CD-Rom dans le lecteur. Le contenu devrait s'afficher automatiquement, mais vous pouvez aussi ouvrir le CD *via* le poste de travail.
Vous accédez aux documents en ouvrant le fichier **sommaire.pdf** et en naviguant grâce aux liens.
Un dossier **annexes tiff** est à votre disposition à la racine du CD-Rom. Ce dossier contient toutes les annexes du livre en format Tiff (nommées par leur numéro de page dans l'ouvrage et leur numéro. Ex. : p4-1.tif). Les annexes en format tiff sont ouvrables sur tout logiciel d'image et sont intégrables dans vos présentations sous Powerpoint.

Pour utiliser ce CD-Rom (environnement MacOs)

Insérer le CD-Rom dans le lecteur.
Double-cliquez sur l'icône montée sur le bureau. Vous pouvez accéder aux documents en ouvrant le fichier **sommaire.pdf** et en naviguant grâce aux liens.
Un dossier **annexes tiff** est à votre disposition à la racine du CD-Rom. Ce dossier contient toutes les annexes du livre en format Tiff. (nommées par leur numéro de page dans l'ouvrage et leur numéro. Ex. : p4-1.tif) Les annexes en format tiff sont ouvrables sur tout logiciel d'image et sont intégrables dans vos présentations sous Powerpoint.

Adressez vos réclamations éventuelles à :
multimedia@eyrolles.com

Composé par Sandrine Rénier

Dépôt légal : juin 2006
N° d'éditeur : 3154
IMPRIMÉ EN FRANCE

Achevé d'imprimer le 26 juin 2006
sur les presses de l'imprimerie «La Source d'Or»
63200 Marsat
Imprimeur n° 11550